MANAGEMENT UND EDV

Eine Analyse des Interface-Gap zwischen Management und EDV-Spezialisten

Von Dr. Erich A. Tertilt

Band 16 der Schriften zur theoretischen und angewandten Betriebswirtschaftslehre

Herausgeber:
Prof. Dr. Ludwig Pack
Prof. Dr. Helmut Wagner

Die Entwicklung und Einführung computergestützter Informationssysteme in Unternehmungen – seien es einfache Abrechnungssysteme oder komplexe Management-Informationssysteme – erfordert eine intensive Zusammenarbeit zwischen EDV-Spezialisten, Organisatoren, Systembenutzern und Managern.

Bei dieser Zusammenarbeit zwischen EDV-Spezialisten und EDV-Nutzern zeigt sich häufig eine tiefe Kluft zwischen diesen beiden Gruppen, die neuerdings mit dem Begriff *"Interface-Gap"* umschrieben wird. In der vorliegenden Untersuchung analysiert der Verfasser die Ursachen dieser Kluft und entwickelt, darauf aufbauend, Lösungsansätze, die geeignet sind, die Schwierigkeiten in der Zusammenarbeit zwischen EDV-Spezialisten und dem Management bzw. den EDV-Nutzern wenigstens in Teilbereichen zu überwinden. Dazu werden neben betriebswirtschaftlichen und organisationstheoretischen Gesichtspunkten auch psychologische und soziologische Aspekte in die Untersuchung einbezogen.

Eine gründliche Analyse der Interaktionen zwischen Managern und EDV-Spezialisten sowie der intrapersonalen Einflußfaktoren des Interface-Gap gibt der Arbeit die Basis, um die Effizienz der Führung und der Organisationsgestaltung im Interface zwischen den EDV-Spezialisten und den betrieblichen Entscheidungsträgern systematisch zu untersuchen. Auch dieser Teil des Buches wird durch einige empirische Studien abgesichert.

Abschließend faßt der Verfasser die Hauptergebnisse seiner Untersuchung in Form von Hypothesen zusammen. Diese verdeutlichen die wesentlichen Ansatzpunkte für eine schrittweise Lösung der bei der Entwicklung und Implementierung von computergestützten Informationssystemen auftretenden Probleme und weisen weiteren Untersuchungen den Weg.

Erich A. Tertilt

Management und EDV

Schriften zur theoretischen und angewandten Betriebswirtschaftslehre

Herausgeber:

Prof. Dr. Ludwig Pack
o. Professor der Betriebswirtschaftslehre an der Universität Mannheim (WH)

Prof. Dr. Helmut Wagner
o. Professor der Betriebswirtschaftslehre an der Universität Münster

Band 16

Dr. Erich A. Tertilt

Management und EDV

Eine Analyse des Interface-Gap zwischen Management und EDV-Spezialisten

ISBN 978-3-409-30171-8 ISBN 978-3-322-91061-5 (eBook)
DOI 10.1007/978-3-322-91061-5

Vorwort des Herausgebers

Die Entwicklung und Einführung computergestützter Informationssysteme in Unternehmungen – seien es einfache Abrechnungssysteme oder komplexe Management-Informationssysteme – erfordert eine intensive Zusammenarbeit zwischen EDV-Spezialisten, Organisatoren, Systembenutzern und Managern. Funktioniert diese Zusammenarbeit nicht, so entstehen meist gravierende Probleme; diese äußern sich z. B. in erheblichen Zeitverzögerungen bei der Systementwicklung, nicht bedarfsgerechten Systemen oder gar in sog. „Systemleichen" – also Systemen, die nach ihrer Entwicklung überhaupt nicht implementiert werden oder aber nach wenigen Monaten der Nutzung wieder abgeschafft werden.

Bei der Zusammenarbeit zwischen EDV-Spezialisten und EDV-Nutzern zeigt sich häufig eine tiefe Kluft zwischen diesen beiden Gruppen. Diese wird neuerdings mit dem Begriff "Interface-Gap" umschrieben. In der vorliegenden Untersuchung analysiert der Verfasser die Ursachen dieser Kluft, um darauf aufbauend Lösungsansätze entwickeln zu können, die geeignet sind, die Schwierigkeiten in der Zusammenarbeit zwischen EDV-Spezialisten und dem Management bzw. den EDV-Nutzern wenigstens in Teilbereichen zu überwinden. Dazu werden neben betriebswirtschaftlichen und organisationstheoretischen Gesichtspunkten auch psychologische und soziologische Aspekte in die Untersuchung einbezogen.

Bei der Analyse der Interaktionen zwischen Managern und EDV-Spezialisten wird zunächst aufgezeigt, welche Störfaktoren auf syntaktischer, semantischer und pragmatischer Ebene die Kommunikation im Interface beeinflussen, welche Bedeutung das Phänomen der Fachsprachen hat und vor allem wie Erkenntnisse über den Ablauf innovativer Kommunikationsprozesse für die Überwindung des Gap genutzt werden können. Da Störungen in den Interaktionen zwischen den beiden Gruppen auch durch Machtprozesse und durch Konflikte in den Rollenbeziehungen ausgelöst bzw. beeinflußt werden, erfolgt auch eine eingehende Analyse der Macht- und Rollenbeziehungen.

Bei der Untersuchung intrapersonaler Einflußfaktoren des Interface-Gap wird das Schwergewicht auf differierende kognitive Stile gelegt. Daraus ergibt sich ein weiterer wesentlicher Ansatzpunkt zur Erklärung der Kluft zwischen Managern und EDV-Spezialisten, der es ermöglicht, spezifische Ansatzpunkte zu ihrer Überbrückung zu entwickeln.

Die Analyse der Interaktionen und der intrapersonalen Faktoren gibt der vorliegenden Arbeit schließlich die Basis, um die Effizienz der Führung und der Organisationsgestaltung im Interface zwischen den EDV-Spezialisten und den betrieblichen Entscheidungsträgern systematisch zu untersuchen. Auch dieser Teil der Untersuchung wird durch einige empirische Studien abgesichert.

Abschließend faßt der Verfasser die Hauptergebnisse seiner Untersuchung in Form von Hypothesen zusammen. Diese verdeutlichen die wesentlichen Ansatzpunkte für eine schrittweise Lösung der bei der Entwicklung und Implementierung von computergestützten Informationssystemen auftretenden Probleme und weisen weiteren Untersuchungen den Weg.

HELMUT WAGNER

Inhaltsverzeichnis

Seite

Seite

Seite

Verzeichnis der Abbildungen

Abkürzung von Zeitschriftentiteln

AoMJ	Academy of Management Journal
ASR	American Sociological Review
ASQ	Administrative Science Quarterly
BTA	Bürotechnik und Automation
CB	The Computer Bulletin
DMR	Diebold Management Report
FB	Fortschrittliche Betriebsführung
FE	Financial Executive
HBR	Harvard Business Review
IO	Industrielle Organisation
JoSM	Journal of Systems Management
McKQ	McKinsey Quarterly
MS	Management Science
MSU	Michigan State University Business Topics
OR	Operations Research
ORQ	Operational Research Quarterly
ZfB	Zeitschrift für Betriebswirtschaft
ZfbF	Zeitschrift für betriebswirtschaftliche Forschung
ZfD	Zeitschrift für Datenverarbeitung
ZfO	Zeitschrift für Organisation

1 Grundlagen

1.1 Zur Problemstellung der Untersuchung

Eines der Kernprobleme des Einsatzes der Elektronischen Datenverarbeitung (EDV) bei betriebswirtschaftlichen Entscheidungen besteht in der Diskrepanz zwischen den Konzeptionen von Experten einerseits und dem Stand der Realisation in Betriebswirtschaften andererseits. Besondere Schwierigkeiten in der Realisation ergaben sich bei den Bemühungen um totale Management-Informations-Systeme (MIS).

Schwerpunktmäßig Ende der 60er und Anfang der 70er Jahre entstand eine fast unübersehbare MIS-Literatur, in der die angeblichen Möglichkeiten von MIS herausgestellt und Konzeptionen und Modelle entwickelt wurden. Inzwischen scheint die Idee eines umfassenden Management-Informations-Systems ad acta gelegt oder zumindest vertagt zu sein. Aber auch für die Entwicklung und die Anwendung von Subsystemen auf der dispositiven Ebene in Teilbereichen der Organisation, auf die man sich heute konzentriert, existieren weiterhin schwerwiegende Probleme.

Die Ursachen dieser enttäuschenden Situation in der betrieblichen EDV-Anwendung sind offenbar nicht so sehr im technisch-fachlichen Bereich, z.B. im mangelnden Spezialwissen der Experten zu sehen, sondern wesentlich stärker in Schwierigkeiten sozialer und organisatorischer Art im Grenzbereich zwischen Experten-Gruppe und Anwender-Management einschließlich Unternehmensführung.

Zwischen Managern und EDV-Spezialisten, die bei der Gestaltung computergestützter Systeme eng zusammenwirken müssen, bestehen anscheinend vielfältige Barrieren und "Klüfte". Die damit zusammenhängenden Probleme werden hier mit dem aus der amerikanischen Literatur entlehnten Begriff "Interface-Gap"[1] knapp und treffend bezeichnet. Diesem Bereich widmet sich die vorliegende Arbeit.

Als Ausgangspunkt werden dabei zwei Hypothesen zugrundegelegt:

Hypothese I: Ein erheblicher Teil der Faktoren, die den oft unzureichenden organisatorischen Erfolgsbeitrag von computergestützten Managementsystemen verursachen, kann auf Probleme in den Beziehungen zwischen Managern und EDV-Spezialisten, nämlich das "Interface-Gap", zurückgeführt werden.

Hypothese II: Intensive Forschung zum Interface-Gap zwecks Grundlegung einer auf das Interface-Gap ausgerichteten Organisation und Führung des Entwicklungs- und Einführungsprozesses computergestützter Management-Informations-Systeme hat gegenwärtig einen besonders positiven Einfluß auf den Erfolg von EDV in Organisationen.

Ausgehend von diesen Hypothesen, die in verschiedenen Ergebnissen empirischer Forschung, in Einzelstudien aus der Praxis und in kritischen Stellungnahmen von Wissenschaftlern[2] ihre Unterstützung finden, soll diese Forschungsarbeit vor allem solche Verhaltensweisen und Interaktionsprozesse im Interface zwischen Management und EDV untersuchen, die

- zur Entwicklung inadäquater Informationssysteme führen,

1 Vgl. u.a. Lipson, H.A., Darling, J.R., Reynolds, F.D., Interaction Process, 1970, S. 34 ff.; Tomaszewski, L.A., Decentralized Development, 1972, S. 61 ff..

2 Vgl. u.a. Grochla, E., Informationssysteme, 1975, S. 90 ff.; Urban, G.L., Building Models, 1974, S. 1 ff.; Kotler, P., Marketing Decision Making, 1971; Dearden, J., MIS is a mirage, 1972, S. 90 ff.; Nolan, R.L., EDP-Managers, 1976, S. 123 ff.; Woolsey, G., Homage to W.A.C. Benette, 1974, S. 3 ff..

- in organisatorischen Implementierungsproblemen , resultieren
- oder die paradox erscheinende Situation zum Ergebnis haben, daß qualifizierte computergestützte Managementsysteme implementiert worden sind, die dann aber von den Managern nicht genutzt werden.

Dies nämlich sind bei der EDV-Anwendung aufgetretene schwerwiegende Folgen, die meistens durch das Interface-Gap verursacht sind.

Die grundsätzliche Problemstruktur des Interface-Gap kann in folgender Weise charakterisiert werden:

Die EDV-Experten kennen den Informationsbedarf und die Problemlösungsstrukturen des Managements nur ungenügend. Die Manager haben relativ geringes Wissen über die Möglichkeiten und Grenzen der EDV. In der Gestaltung computergestützter Informations-Systeme für das Management müssen jedoch beide Wissensbereiche effizient zusammengeführt werden. Daß diese Symbiose bisher zu wünschen übrig läßt, scheint vor allem in Zusammenhang mit einer Reihe von sozial-organisatorischen Einflußfaktoren wie Kommunikationsbarrieren, Rollenzumutungen, Rollenkonflikten, latenten Rollenorientierungen, Einsatz spezifischer Machtinstrumente, Verteilung von Macht, Persönlichkeitsfaktoren und unterschiedlichen kognitiven Stilen zu stehen.

Bisher sind die hiermit verbundenen Probleme eher vereinzelt und am Rande behandelt worden. In dieser Arbeit soll jedoch versucht werden, in einem integrierten organisatorischen Ansatz die vielfältigen und komplexen Aspekte systematisch darzustellen. Ziel ist, den Problemkreis des Interface-Gap systematisch und spezifiziert zu analysieren und für Führung und Organisation bei der EDV-Anwendung auf dispositiver bzw. administrativer Ebene Ansatzpunkte zu einer Lösung aufzuzeigen.

Dabei sollte das Implementierungsproblem in der EDV-Anwendung im generellen Rahmen von Implementierungsproblemen bei der Anwendung moderner quantitativer Verfahren bei wirtschaftlichen Entscheidungsprozessen gesehen werden. Zunächst werden deshalb verschiedene Beiträge grundsätzlicher Art zu diesem generellen Implementierungsproblem unter bestimmten Gesichtspunkten geordnet und kommentiert. Auf dieser Basis kann das eigentliche Objekt der Untersuchung, das Interface-Gap bei der EDV-Anwendung, exakt abgegrenzt und das konzeptionelle Modell zur Analyse des Interface-Gap dargelegt werden.

1.2 Einordnung des Interface-Gap in das generelle Implementierungsproblem

Um verschiedene, in der Diskussion befindliche Literaturbeiträge zu Implementierungsproblemen in ihrer Zielrichtung einzuordnen und den Standpunkt dieser Forschungsarbeit aufzeigen zu können, erscheint der Rückgriff auf ein konzeptionelles Schema von Churchman und Schainblatt sinnvoll. Dieses Schema wurde zu einer Klassifizierung von Positionen entwickelt, die zum Implementierungsproblem eingenommen worden sind.

1.21 Das Vier-Positionen-Modell von Churchman und Schainblatt

1.211 Darlegung der Konzeption

In ihrer Analyse der kritischen Beziehungen zwischen Managern und OR/MS-Experten[1] bei der Konzipierung und Implementierung von Management-Science unterscheiden

1 OR/MS = Operations Research/Management Science.

Churchman und Schainblatt vier Positionen, die Forschung und Praxis zum Problem einnehmen könnten[1]:

(1) "separate-function position"
(2) "communication position"
(3) "persuasion position"
(4) "mutual understanding position".

Zu (1): Innerhalb der separate-function position wird das Arbeitsfeld des Spezialisten definiert als: Entwicklung einer zieladäquaten, funktionsfähigen Lösung für ein Managementproblem. In der Verantwortlichkeit des Managers liegt die Implementierung, d.h. die Einführung und Anwendung des Systems. Für keine der beiden Personengruppen ist es notwendig, die Funktion, die Tätigkeit, die Ziele und die Umweltsituation der jeweils anderen Gruppe zu verstehen.

Zu (2): Wenn die Beziehung zwischen Manager und Spezialist als "communication position" verstanden wird, ist nur an Verstehen vom Manager her gedacht. Hier muß der Manager begreifen, "what (the specialist, d.Verf.) ... is trying to do and why he does what he does".[2] Die Lösung des Implementierungsproblems besteht in der Erziehung bzw. Ausbildung des Managers. Der Spezialist muß hierbei seine OR-Lösung vor allem verständlich kommunizieren. Er muß seine Arbeitsergebnisse mit geeigneten Mitteln darlegen, z.B. durch Weglassen der mathematischen Formeln, durch graphische Darstellung,

---

1 Vgl. zu dieser Klassifizierung und den nachfolgenden Erläuterungen Churchman, C.W., Schainblatt, A. H., The Researcher and the Manager, 1966, S. B-69 ff.; Dyckman, T.R., Attitudinal Study, 1967, S. B-612 ff.; Duncan, W.J., Researcher and Manager, 1974, S. 1157 ff.. Auf diese Klassifizierung wird z.B. auch Bezug genommen bei Kotler, P., Marketing Decision Making, 1971; Shakun, M.F., Situational Normativism, 1972, S. B-367 ff.; Rölle, H., Informationssystemplanung, 1971, S. 21 (Rölles Bezug auf Churchman/ Schainblatt erscheint offensichtlich, obwohl kein Literaturhinweis gegeben wird).

2 Vgl. Churchman, C.W., Schainblatt, A.H., The Researcher and the Manager, 1966, S. B-73.

durch Beschränkung auf die grundsätzliche logische Struktur eines Modells. Dadurch soll er Verstehen und Akzeptanz erreichen. Das wiederum ermöglicht es dem Manager, die Lösungen erfolgreich mit seiner subjektiven Erfassung und Beurteilung imponderabler Faktoren zu kombinieren.

Eine vorgeschlagene Kommunikationsstrategie besteht darin, Verstehen und Akzeptanz durch "on-the-problem-training" zu erreichen.[1] Dabei wird z.B. ein Manager, der mit einem OR-Verfahren vertraut gemacht werden soll, in das OR-Forschungsteam einbezogen. Ihm wird erlaubt, an der Formulierung und Lösung des Problems zu partizipieren; er soll so die Struktur des Modells verstehen und das Modell beherrschen und manipulieren lernen.

Zu (3): In der "persuasion position" wird die Rolle des Spezialisten darin gesehen, den Manager in der Weise zu verstehen, daß er sein System an den Manager verkaufen und Widerstand gegen die Implementierung überwinden kann. Die Kommunikationsposition wird abgelehnt, weil der Manager zu beschäftigt ist, als daß er die Zeit aufwenden könnte, um den Spezialisten zu begreifen und seine Verfahren bzw. Methoden zu erfassen. Der Spezialist muß folglich die Person und die Entscheidungssituation des Managers insoweit verstehen, daß er die tatsächlichen Strukturen der Aufgabe und die Implementierungsvoraussetzungen erkennt. Dadurch nur könne der Spezialist verhüten, daß er seine Zeit auf OR-Lösungen für irrelevante Probleme verschwendet, die für den Manager zu dessen Zielerreichung völlig belanglos sind. Nur mit dieser Strategie könne vermieden werden, daß z.B. weiterhin so wenig OR in den Organisationen "verkauft" wird.

---

1 Vgl. Churchman, C.W., Schainblatt, A.H., The Researcher and the Manager, 1966, S. B-69 ff. und die dort angegebene Literatur.

Zu (4): In der vierten Position, der "mutual understanding position", wird ein gegenseitiges Verstehen gefordert. Danach muß der Manager selbst zu einem gewissen Grade OR-Spezialist werden, weil er nur so mit diesem effektiv interagieren kann. Ebenso muß der Spezialist gewissermaßen Manager werden, um so zielgerichtet auf das reagieren zu können, was der Manager als Manager zu tun versucht (... "to respond to what the manager qua manager is trying to do"[1]). Effiziente Entwicklung und Implementierung kann nach dieser Meinung nur erreicht werden, wenn ein gegenseitiges Verständnis der jeweiligen Bedürfnisse, Ziele, Motivationen, Mittel und Restriktionen gewonnen wird. Das häufig vorzufindende sich Zurückziehen bzw. sich Berufen auf unbewußte Prozesse - beim Spezialisten auf Kreativität und beim Manager auf Intuition - wodurch echte Kommunikation oft sehr schnell abgeblockt wird, soll überwunden werden.

Die in dieser Weise beschriebenen vier Positionen lassen sich grundsätzlich auf zwei Annahmen über die erwünschten Beziehungen zurückführen und in einer Matrix darstellen.
Die Annahmen sind:

A. Implementierung setzt voraus, daß der Manager den Spezialisten versteht.

B. Implementierung setzt voraus, daß der Spezialist den Manager versteht.

Die matrixförmige Verknüpfung dieser Annahmen ergibt folgende Darstellung:[2]

1 Churchman, C.W., Schainblatt, A.H., The Researcher and the Manager, 1966, S. B-73.

2 Vgl. Churchman, C.W., Schainblatt, A.H., The Researcher and the Manager, 1966, S. B-70 u. S. B-86.

	B	$\bar{B}$
A	mutual understanding $A \cap B$	communication $A \cap \bar{B}$
$\bar{A}$	persuasion $\bar{A} \cap B$	separate functions $\bar{A} \cap \bar{B}$

Abb. 1.1: Die vier Positionen nach Churchman/ Schainblatt[1]

Quelle: Churchman, C.W.; Schainblatt, A.H., The Researcher and the Manager, 1966, S. B-70 u. S. B-86.

Churchman und Schainblatt resümieren, daß sie dieses Klassifizierungsschema zur Kategorisierung von Meinungen entwickelt haben, um den Leser von dem für die Zukunft zu fordernden Standpunkt, vom "mutual understanding" zu überzeugen.[2] Insofern ist das Schema dialektisch zu sehen. In diesem dialektischen Sinn sollen auch die folgenden Ausführungen verstanden werden. Zunächst werden a) empirisch untersuchte Einstellungen zu den Positionen wiedergegeben und b) vorliegende Literaturansätze in bezug auf ihr Verhältnis zu den Positionen überprüft. Danach kann der Standort dieser Arbeit klar herausgearbeitet werden.

1 Die Symbole $\bar{A}$ und $\bar{B}$ bezeichnen die Komplemente der Annahmen A und B ($\bar{A}$ = Implementierung setzt nicht voraus, daß der Manager den Spezialisten versteht. $\bar{B}$ = Implementierung setzt nicht voraus, daß der Spezialist den Manager versteht).

2 Vgl. Churchman, C.W., Schainblatt, A.H., The Researcher and the Manager, 1966, S. B-82.

1.212 Die Einstellung von Spezialisten und Managern zu den vier Positionen

Über die Eignung der verschiedenen von Churchman und Schainblatt beschriebenen Positionen zur Überwindung der Probleme zwischen Experten und Management sind heftige und konträre Diskussionen geführt worden (siehe insbesondere die Oktober-Ausgabe 1966 der Zeitschrift Management Science). Dies beweist, daß die ersten drei Positionen nicht so naiv und abwegig sind, wie sie bei oberflächlicher Betrachtung erscheinen mögen.

Die Bedeutung dieser Positionen ist auch in breiterem Rahmen empirisch untersucht worden. In einer nach dem Beitrag von Churchman und Schainblatt im Jahre 1967 veröffentlichten Untersuchung von Dyckman[1] und in einer späteren von Duncan (1974)[2] wurde ein größerer Kreis von Betroffenen zu ihrer Einstellung zu den vier Positionen befragt. Bei Dyckman gaben 90 Manager und Spezialisten verwertbare Antworten, bei Duncan waren es 499. Die jeweiligen (recht unterschiedlichen) Ergebnisse sind in der Abbildung 1.2 wiedergegeben.

Eindeutige Zustimmungen und eindeutige Ablehnungen erscheinen in beiden Untersuchungen zu allen Positionen. Darin wird die Vielfalt der Einstellungen bei Implementierungsproblemen deutlich. Ein Vergleich der Verteilung der zustimmenden Antworten zwischen der späteren Studie von Duncan (1974) und der früheren von Dyckman (1967) scheint darüberhinaus eine wichtige Entwicklung aufzuzeigen. Die Zustimmung zur Position des "mutual understanding" ist stark gestiegen, insbesondere bei den befragten Managern. Der

1 Vgl. Dyckman, T.R., Attitudinal Study, 1967, S. B-612 ff..

2 Vgl. Duncan, W.J., Researcher and Manager, 1974, S. 1157 ff..

Position	Researcher's Responses					
	Disagree		Neutral		Agree	
	Dyck-man	Duncan	Dyck-man	Duncan	Dyck-man	Duncan
Separate functions	34	220	3	11	7	7
Communication	15	188	4	21	25	27
Persuasion	7	110	5	39	31	88
Mutual understanding	10	23	4	30	28	185
Totals	66	541	16	101	91	307

Dyckman n = 45
Duncan n = 240

Position	Manager's Responses					
	Disagree		Neutral		Agree	
	Dyck-man	Duncan	Dyck-man	Duncan	Dyck-man	Duncan
Separate functions	22	253	2	2	19	3
Communication	9	228	6	10	29	19
Persuasion	15	139	6	28	24	91
Mutual understanding	9	15	9	27	26	215
Totals	55	635	23	67	98	328

Dyckman n = 45
Duncan n = 259

Abb. 1.2: Einstellungen zu den Positionen von Churchman und Schainblatt

Quelle: Duncan, W.J., Researcher and Manager, 1974, S. 1158.

Anteil der Zustimmungen zur "separate functions" Position ist dagegen verschwindend klein geworden. Dies scheint eindeutig auf einen Bewußtseinsprozeß bei Implementierungsproblemen hinzudeuten, der eine Hinwendung zur Notwendigkeit des gegenseitigen Verstehens bewirkt hat.

1.213 Klassifizierung von Literaturbeiträgen nach dem Vier-Positionen-Modell

Im folgenden sollen einige neuere Beiträge aus der Literatur, die sich mit der Überwindung von Implementierungsproblemen auseinandersetzen, den oben dargelegten Positionen zugeordnet werden.[1] Diese Einordnung soll - wie schon gesagt - der Abgrenzung des eigenen Ansatzes von anderen Ansätzen zum Implementierungsproblem dienen.

Der häufig diskutierte[2] "decision calculus" von Little fordert bei der Gestaltung mathematischer Modelle für das Marketing die Beachtung der Gestaltungsprinzipien Einfachheit, Benutzungssicherheit, Prüfbarkeit, Anpassungsfähigkeit, Vollständigkeit und Kommunikationsmöglichkeit.[3] Ausgehend von dem großen Problem des Management Science, daß Manager On-line- oder auch Off-line-Modelle praktisch nie benutzten und die Schwierigkeiten in der Implementierung lägen, sollten nach Little die Spezialisten Modelle schaffen,

---

1 Solch eine Klassifizierung ist selbstverständlich subjektiv, da sie eine Interpretation der jeweiligen Beiträge in Hinblick auf die Meinungen der Autoren verlangt.

2 Vgl. hierzu z.B. Meffert, H., Computergestützte Marketing-Informationssysteme, 1975, S. 53 ff.; Breitung, A.F., Management-Informationssysteme, 1974, S. 219 ff.; Kotler, P., Marketing Decision Making, 1971, S. 650 ff..

3 Vgl. Little, J.D.C., Decision Calculus, 1970, S. B-466 ff..

die auf die Entscheidungssituation des Managers auch tatsächlich ausgerichtet sind und vom Manager einfach und problemlos genutzt werden können.[1]

Dieser Ansatz des "decision calculus" für die Gestaltung computergestützter MIS verlangt hauptsächlich von den Experten mehr Verstehen der Bedingungen und Entscheidungsprämissen der Situation des Managers und eine darauf ausgerichtete Entwicklung von Modellen. Little scheint damit die "persuasion position" zu vertreten.

Ebenfalls in diese Meinungsposition dürfte auch der Beitrag von Mason und Mitroff[2] eingeordnet werden können. Sie schlagen ein Forschungsprogramm in bezug auf Management-Informations-Systeme vor, das auf die Variablen psychologische Typen von Managern, Problemklassen, Erkenntnismethoden der Manager, Problemebenen und Form der Informationspräsentation auszurichten ist. Bisher hätten die meisten MIS-Gestalter implizit vorausgesetzt, daß die Bedingungen in den Organisationen charakterisiert seien durch denkerisch-sensitive Entscheidungsträger, wohlstrukturierte Probleme auf operativer Ebene, durch eine daten- oder modellorientierte Basis und dadurch, daß der Computer-Output unpersönlich präsentiert werden sollte.[3] Diese Prämissen entsprächen jedoch nicht der Realität. Die deshalb von Mason/Mitroff aufgestellten Forderungen können zusammenfassend gekennzeichnet werden als Neuorientierung der MIS-Forschungsaktivitäten auf die tatsächlichen Entscheidungssituationen in realen Organisationen und ein hierauf ausgerichtetes MIS-

---

1 Vgl. Little, J.D.C., Decision Calculus, 1970, S. B-466 ff..

2 Vgl. Mason, R., Mitroff, J.I., Program for Research, 1973, S. 475 ff..

3 Vgl. Mason, R., Mitroff, J.I., Program for Research, 1973, S. 485 ff..

Design durch die Spezialisten. Diese Forderungen sind ebenfalls einseitig an die Spezialisten gerichtet, die bisher meistens die Entscheidungsgegebenheiten in den Organisationen nicht verstanden bzw. berücksichtigt hätten.[1]

Die Konzeption des "situational normativism" nach Shakun[2] scheint dagegen der "mutual understanding position" zugeordnet werden zu können. Kernpunkt ist hierbei, daß Manager und Spezialist gemeinsam nach einem "synthetischen Situationsrahmen" der Verständigung suchen. Bei teamartiger Zusammenarbeit soll ein deskriptiv-normativer Ansatz auf der Basis einer Beschreibung der Entscheidungssituation in bezug auf die Teilnehmer, ihre Normen und Entscheidungsregeln und bei ausdrücklicher Berücksichtigung von Implementierungsbeschränkungen zu der Entwicklung und Implementierung eines computergestützten Systems bzw. Modells führen. Manager und Spezialisten sollen in diesem Prozeß ständig voneinander lernen, kontinuierliche Anpassungen an wahrscheinliche Änderungen in der Situationswahrnehmung vornehmen und sich als Change Agents betätigen.

Ebenfalls in die Position des "mutual understanding" lassen sich wohl auch das "systems management model" von Sampson[3] und der Sieben-Phasen-Modellkonstruktionsprozeß von Urban[4] einreihen. Urban fordert eine teamartige Zusammenarbeit von Managern und Spezialisten mit besonderen Schwerpunkten in der Problemfindung bzw. -formulierung und der kontinuierlichen Pflege und Anpassung des Systems.[5]

---

1 Vgl. Mason, R., Mitroff, J.I., Program for Research, 1973, S. 475 ff..

2 Vgl. zum folgenden Shakun, M.F., Situational Normativism, 1972, S. B-367 ff..

3 Vgl. Sampson, H.L., Model for Participation, 1974, S. 30 ff..

4 Vgl. Urban, G.L., Building Models, 1974, S. 1 ff..

5 Vgl. Urban, G.L., Building Models, 1974, S. 3 ff..

Schließlich soll für die vierte Position noch der zweiphasige Interaktionsprozeß der Marketing-Modell-Konstruktion nach Lipson-Darling-Reynolds[1] angeführt werden. Die Entwicklung des computergestützten MIS wird nach diesem Ansatz in einer ersten Phase, in der ein verbales konzeptionelles Modell entwickelt wird, schwerpunktmäßig den Managern übertragen. In der zweiten Phase der detaillierten Systementwicklung übernehmen hauptsächlich die Spezialisten die engeren Aufgaben der technisch-fachlichen Gestaltung. Das konzeptionelle Modell soll beiden Gruppen ein Mittel zum gegenseitigen Verstehen sein und so das Interface-Gap überbrücken helfen.

1.214 Der Standort dieser Arbeit

Die im vorhergehenden Abschnitt klassifizierten Ansätze leisten jeweils einen wichtigen Beitrag zur Überwindung bzw. Beseitigung von Implementierungsproblemen. Eine Überprüfung der Positionen der verschiedenen Autoren ergab, daß in der neueren Literatur der "separate-functions"- und der "communication"-Position keine weitere Bedeutung zuzukommen scheint.

Besonders häufig werden dagegen Beiträge diskutiert, die der "persuasion-position" zugeordnet werden können. Dies erscheint verständlich, weil gerade von der Seite der Spezialisten her die Implementierungsprobleme besonders stark gesehen werden. Von dieser Seite werden daher auch der Frage der Durchsetzung (dem "Verkaufen" von MIS) besondere Bemühungen gewidmet. Die Ansätze dieser Richtung scheinen jedoch zu einseitig auf eine Einstellungs- und Verhaltensänderung der Spezialisten ausgerichtet zu sein. Allein dadurch will man das Implementierungsproblem lösen, welches

1 Vgl. hierzu Lipson, H.A., Darling, J.R., Reynolds, F.D., Interaction Process, 1970, S. 34 ff..

hiernach darin besteht, die Konzeptionen der Experten und die Anwendung computergestützter Modelle ganz generell beim Management durchzusetzen. Wirtschaftlichkeitsaspekte und die Orientierung der Implementierungsbemühungen an den Organisationszielen werden dagegen nicht einbezogen.

Unter betriebswirtschaftlichen Gesichtspunkten ist jedoch gerade eine vorrangige Berücksichtigung der wirtschaftlichen Ziele der Organisationen erforderlich. Die Position der Ansätze auf der Basis der "persuasion position" kann deshalb für betriebswirtschaftlich orientierte Organisationsforschung nicht akzeptiert werden.

Daraus folgt, daß die vorliegende Arbeit von der "mutual understanding" Position ausgehen muß. Dies war auch - wie schon angeführt - bei Churchman und Schainblatt der Standpunkt, der für die Zukunft gefordert wurde.[1] Die empirische Studie von Dyckman ließ ebenfalls eine Hinwendung von Managern und Praktikern zu dieser Position erkennen.[2] Deshalb sollten weitere betriebswirtschaftliche Forschungsbemühungen zu Implementierungsproblemen bei MIS von diesem Standort des "mutual understanding" ausgehen. Ob jedoch - wie teilweise versucht - hierbei ein generelles, normatives Lösungsmodell entwickelt werden kann, erscheint mehr als fraglich.

Vordringlicher dürfte es vielmehr sein, die verschiedenen Einflußfaktoren im Interface zwischen Manager und Spezialist systematisch zu erfassen und zu erklären. Dies scheint der vorerst wichtigste Schritt in Richtung auf eine zieladäquate Zusammenarbeit der verschiedenen Gruppen bei der Entwicklung und Implementierung von EDV-Anwendungen auf der Managementebene zu sein. Zu diesem Zweck dürfte ein integrierter organisatorischer Ansatz, in dem sowohl verhal-

---

1 Vgl. S. 8.

2 Vgl. S. 9 f..

tenswissenschaftliche Komponenten als auch Aspekte der administrativen Führung und organisatorischen Gestaltung berücksichtigt werden, eine tragfähige Basis sein.[1] Die auf dieser Basis beabsichtigte umfassende Analyse des Interface-Gap soll erstens ein Beitrag zum besseren Verstehen zwischen den an Implementierungsprozessen beteiligten Personen sein; zweitens sollten aus der Erklärung des Interface-Gap unmittelbar Ansatzpunkte zu bestimmten Lösungsmöglichkeiten für ein zieladäquates Zusammenwirken abgeleitet werden können.

Nachdem hiermit der Standort dieser Arbeit dargelegt wurde, soll im folgenden Abschnitt das zu behandelnde Interface-Gap näher eingegrenzt werden, wobei zunächst auf verschiedene Implementierungsebenen eingegangen wird.

1.22 Abgrenzung verschiedener Implementierungsbereiche

Fragen der Implementierung treten vielfältig und in verschiedenen Ebenen auf. Im folgenden sollen vier wichtige Bereiche unterschieden werden.

(1) Umsetzung wissenschaftlicher Forschungsergebnisse in die Praxis. Die Umsetzung von Forschungsergebnissen in die praktische Anwendung ist der weiteste Rahmen für Implementierungsbemühungen und Implementierungsschwierigkeiten. Das Problemfeld reicht weit über die Anwendung des Management Science hinaus. Die verschiedenen Ansätze der Betriebswirtschaftslehre streben, nach Heinen, alle eine Hilfestellung bei Entscheidungen in der Betriebswirtschaft an.[2] Darüberhinaus ist diese Implementierungsebene interdisziplinär zu sehen. Auf

1 Ein ähnlicher Ansatz wird auch von Grochla vertreten; vgl. Grochla, E., Informationssysteme, 1975, S. 147.

2 Vgl. Heinen, E., Der entscheidungsorientierte Ansatz der Betriebswirtschaftslehre, 1971, S. 21 f..

dieser Ebene werden kontinuierlich grundsätzliche Fragen zur Relevanz bestimmter Forschungstätigkeiten und zur mangelnden Implementierung bzw. zu Blockierungen im Interaktionsprozeß zwischen Wissenschaft und Praxis diskutiert.[1]

(2) Implementierung von computergestützten Management-Science-Modellen in die Praxis. Bezüglich des Standortes der beteiligten Personen ist dieser zweite Implementierungsbereich noch eng mit dem zuerst genannten Bereich verbunden. Jedoch handelt es sich hier nicht mehr um die Erforschung relativ allgemeinen Wissens, sondern um die Entwicklung von MS-Modellen, die direkt - oder mit geringfügigen Anpassungen an die konkrete Implementierungssituation - in komplexen Entscheidungsprozessen in wirtschaftlichen Organisationen eingesetzt werden sollen.[2] Die Träger dieser Modellentwicklung befinden sich im wissenschaftlichen Bereich, d.h. hauptsächlich an Universitäten und z.T. in unabhängigen Organisationen. (Die meisten der entwickelten EDV-Modelle entstanden an Universitäten der USA.) Die Rate implementierter, d.h. tatsächlich angewandter Modelle ist trotz aller Bemühungen bisher gering.[3]

(3) Das Implementierungsproblem zwischen OR-Gruppen in Betrieben und Funktionsabteilungen. Viele Unternehmen schufen in den Jahren seit 1950[4] MS- bzw. OR-Gruppen, die relativ zentral in die Organisationsstruktur

---

1 Vgl. beispielhaft Neubauer, K.W., von, et al., Kommunikation in Forschung und Entwicklung, 1972.

2 Mit diesem Problembereich beschäftigt sich auch eine Reihe von Beiträgen zu einem Symposium in Köln; vgl. Grochla, E., Szyperski, N. (Hrsg.), Modell- und computergestützte Unternehmensplanung, 1973.

3 Vgl. z.B. Urban, G.L., Building Models, 1974, S. 1 ff..

4 Das Jahr 1950 markiert etwa den Beginn von Aktivitäten auf dem Fachgebiet Unternehmensforschung. Die ersten mathematischen Methoden wurden während des 2. Weltkrieges für militärisch-logistische Probleme entwickelt und angewandt. Die 50er Jahre waren die Pionierjahre in den Unternehmen. Die Operations Research Society of America (ORSA) wurde z.B. 1952 gegründet.

eingebettet waren. Diese Gruppen haben auf der Basis ihres Expertenwissens die Aufgabe, für schwierige quantitative Probleme in allen Unternehmensbereichen geeignete Lösungsalgorithmen zu entwickeln. Die Experten werden von den Funktionsabteilungen bei bestimmten Problemen um Unterstützung gebeten oder unterbreiten auch auf eigene Initiative Lösungsvorschläge.

In den USA ist die Zahl der OR-Gruppen in den vergangenen Jahren kontinuierlich zurückgegangen.[1] Zum Teil wird für diese Entwicklung Enttäuschung in den Unternehmen über die ausbleibenden Erfolge von Management Science verantwortlich gemacht,[2] z.T. werden aber auch andere Entwicklungen berührt, die im folgenden Abschnitt noch anzusprechen sind.

(4) Implementierungsprobleme zwischen EDV-Spezialisten und Funktionsmanagement. Die vierte Implementierungsebene umfaßt die Beziehungen der EDV-Gruppe in Organisationen bzw. in Unternehmen zum Management. Diesem Ausschnitt des generellen Implementierungsproblems gelten die Bemühungen der vorliegenden Arbeit. Deshalb ist der vierte Problembereich im folgenden ausführlicher zu behandeln.

1.23 Das Problemfeld dieser Arbeit

Die Probleme zwischen Managern und EDV-Spezialisten in Organisationen treten bei der notwendigen Zusammenarbeit für die Gestaltung computergestützter Systeme auf. Die Schwierigkeiten auf dieser vierten Implementierungsebene scheinen vielfältig und sehr komplex zu sein. Um die Beziehungen zwischen Managern und EDV-Spezialisten zu untersuchen, sollte zunächst auf die Organisations-

1 Zwischen 1960 und 1970 betrug die 'Sterberate' in Großunternehmen jährlich ca. 6 %. Vgl. Radnor, M., Neal, R.D., The Progress of Management-Science Activities, 1973, S. 427.

2 Vgl. Radnor, M., Neal, R.D., The Progress of Management-Science Activities, 1973, S. 427 ff..

mitglieder, die diesen beiden Gruppen angehören, näher eingegangen werden.

Zur Gruppe der EDV-Spezialisten innerhalb von Anwenderorganisationen zählen grundsätzlich die drei Subgruppen der Systemanalytiker, Programmierer und Operatoren.[1] In der Praxis haben sich noch weitere Differenzierungen, die z.T. lediglich anderslautende Bezeichnungen sind, herausgebildet. Beispiele sind: Systemprogrammierer, Chefprogrammierer, EDV-Organisator, Systemplaner, Datenbankspezialist, System-Analysator, Informationsanalytiker, Konfigurationsplaner, Communication-Analytiker, System-Ingenieure und auch EDV-Unternehmensforscher[2] (Fischer hat in diesem Zusammenhang den Begriff des Spezial-Spezialisten geprägt).[3]

In den Unternehmen ist eine Tendenz festzustellen, auch die OR-Spezialisten in die EDV-Gruppe zu integrieren,[4] da moderne Operations-Research-Verfahren nur mit Hilfe des Computers einsetzbar sind. Deshalb werden z.T. OR-Spezialisten in Unternehmen als eine Subgruppe der Systemanalytiker und Programmierer angesehen.[5] (Diese organisatorische Integration bietet eine weitere bzw. andere Erklärung für die festgestellte Abnahme der OR-Gruppen in Unternehmen.)[6]

1 Vgl. Scharfenberg, H., Neue Berufe im betrieblichen Rechnungswesen, 1971, S. 302 ff.; Zuberbühler, H., Elektronische Datenverarbeitung, 1972, S. 139 ff.; Arvey, R.D., Hoyle, J.C., Evaluating Computing Personnel, 1973, S. 69; Eichholz, R.E., Auswahl von Systemplanern, 1971, S. 308; Stichting, Studiecentrum voor Administratieve Automatisering (Hrsg.), Neue Berufsbilder, 1966.

2 Vgl. insbesondere Scharfenberg, H., Neue Berufe im betrieblichen Rechnungswesen, 1971, S. 302.

3 Vgl. Fischer, G., Spezialisten, 1971, S. 292 f..

4 Vgl. Radnor, M., Neal, R.D., The Progress of Management-Science Activities, 1973, S. 427 ff..

5 Vgl. Waschek, G., Management von EDV-Projekten, 1973, S. 6. Diese Einordnung ist auch erkennbar aus der empirischen Untersuchung von Radnor/Neal. Vgl. Radnor, M., Neal, R.D., The Progress of Management-Science Activities, 1973, S. 427 ff.. Neben der Subgruppe der OR-Spezialisten existieren weitere Subgruppen wie z.B. Statistik-Spezialisten; vgl. hierzu Mans, G., Empirische Untersuchung, 1973, S. 57 f..

6 Vgl. S. 18 dieser Arbeit.

Die Herausbildung der beruflichen Rollen in den EDV-Bereichen der Anwenderorganisationen ist noch nicht abgeschlossen. Die auch andernorts vorgenommene grobe Dreiteilung des Personals in Operatoren, Programmierer und Systemanalytiker erscheint deshalb für diese Arbeit sinnvoll und gerechtfertigt.

Das Management einer Organisation ist der Personenkreis, der die Verantwortung für das Erreichen der Organisationsziele trägt.[1] Dazu gehören bei einem Unternehmen die Unternehmensleitung, die Leitungen der Funktionsbereiche und auch die Entscheidungsträger auf mittlerer und unterer Organisationsebene (Top-, Middle- und Lower-Management). Im allgemeinen deutschen Sprachgebrauch werden mit dem Begriff Management insbesondere Unternehmensleitung und die Leitungen der Funktionsbereiche oder Sparten umfaßt, d.h. die Mitarbeiter auf den ersten beiden (bzw. drei) Organisationsebenen.

Für die Untersuchung der Beziehungen zwischen EDV-Spezialisten und Management ist eine Reduktion der Komplexität aller möglichen Beziehungsstrukturen nicht nur möglich, sondern vielmehr notwendig. Die Behandlung des Interface-Gap zwischen Management und EDV geht von zwei relativ homogenen Personengruppen auf den beiden Seiten des Interface-Gap aus. Im Vordergrund stehen bei der Untersuchung des Gap die Beziehungen zwischen Systemanalytikern und Managern in den Funktionsabteilungen. Zwischen diesen Subgruppen finden die meisten Interaktionen in der Systemgestaltung und -implementierung statt.[2] Soweit relevante Aspekte des Interface-Gap auch andere Subgruppen betreffen, z.B. Programmierer, Operatoren, Angestellte in den Funktionsabteilungen auf unteren Ebenen, werden diese zum Teil in die Darstellung einbezogen. Insbesondere ist auch das Dreiecksverhältnis zwischen Top-

1 Vgl. Illetschko, L.L., (Stichwort) Management, 1969.

2 Vgl. Mumford, E., Job Satisfaction, 1972, S. 136.

Management - Funktionsmanagement - EDV-Spezialist zu berücksichtigen. In der Abbildung 1.3 ist das in dieser Arbeit zu behandelnde Interface-Gap auf den wichtigsten Managementebenen verdeutlicht.

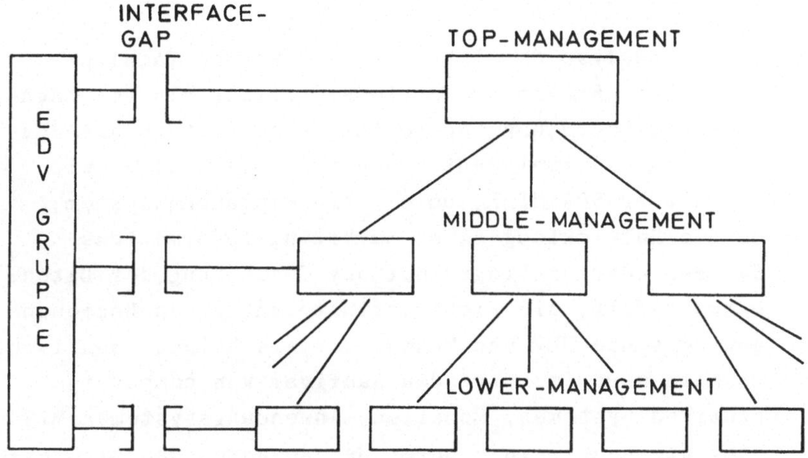

Abb. 1.3: Darstellung des Interface-Gap

Zur aktuellen Bedeutung ist festzustellen, daß das grundsätzlich vorhandene Gap zwischen EDV-Spezialisten und Managern erst mit dem Beginn der Entwicklung und Implementierung computergestützter Planungs- und Entscheidungssysteme vertieft wurde. Solange die Umstellung einfacher Systeme (wie z.B. Lohnbuchhaltung) auf EDV vorgenommen wurde, war die Aufgabe klar strukturiert. Die Spezialisten waren zur Entwicklung einfacher Systeme und zu deren Einführung nur wenig auf die Funktionsabteilungen angewiesen. Mit dem Angehen computergestützter Management-Informations-Systeme dagegen wurde eine enge Zusammenarbeit zwischen EDV-Experten und Managern notwendig. Die Aufgabe der Entwicklung solcher Systeme ist innovativ, komplex und schlecht strukturiert.[1]

1 Vgl. Kirsch, W., Probleme der Unternehmensführung, 1974, S. 176.

Beide Gruppen sind hierbei in großem Maße aufeinander angewiesen,[1] da die EDV-Spezialisten die Informationsbedürfnisse und -strukturen der Manager nur unzureichend kennen und die Manager zu geringes EDV- bzw. System- oder Modellwissen haben.[2] Das Interface-Gap ist in diesem Zusammenhang besonders relevant.

In der Analyse des Interface-Gap werden fachlich-technische Fragen der Systemgestaltung als von nachrangiger Bedeutung angesehen. Ob es sich um die Entwicklung und Implementierung von EDV-Modellen wie DEMON oder SPRINTER,[3] um ein Finanzplanungssystem, um die Entwicklung eines Marketing-Informations-Systems oder um Fragen bei der Gestaltung der Datenbank handelt, die Problemstrukturen in den Beziehungen zwischen EDV und Management erscheinen identisch. Deshalb wird im folgenden häufiger von computergestützten Systemen, Modellen, Anwendungssystemen, MIS etc. die Rede sein - unter der Annahme, daß die verwandten Begriffe im behandelten Zusammenhang wechselseitig austauschbar sind.

---

1 Vgl. auch Franzen, H.M., Management-Informationssysteme (MIS), 1972, S. 7 ff.; Grochla, E., Informationssysteme, 1975, S. 147.

2 Vgl. auch die Ausführungen von E. Grochla zur Überforderung der Linienmanager und zu mangelndem praxis- und erfahrungsbezogenem Managementwissen der Spezialisten; Grochla, E., Organisatorische Voraussetzungen, 1973, S. 267.

3 Diese Marketing-Modelle sind u.a. dargestellt bei Meffert, H., Computergestützte Marketing-Informationssysteme, 1975.

1.3 Die relevanten Variablen für die Analyse

Zur Ableitung der relevanten Variablen für die Analyse des Interface-Gap erscheint es sinnvoll, hauptsächlich auf Konzepte der verhaltenswissenschaftlichen Organisationstheorie zurückzugreifen. Die Vielfalt der dort untersuchten Variablen und die Überschneidungen zwischen den verschiedenen Konzeptionen - was manche Autoren von dem Dschungel der Organisationstheorie sprechen läßt[1] - erschweren jedoch die Bestimmung eines umfassenden und widerspruchsfreien Konzeptes, das für die besonderen Probleme zwischen Managern und EDV-Spezialisten geeignet ist.

Die hier vorgenommene Bestimmung relevanter Variablen stützt sich vor allem auf die betriebswirtschaftlich orientierten Ansätze der verhaltenswissenschaftlichen Organisationstheorie.[2] Als relevant für eine Untersuchung von Störfaktoren in den Beziehungen zwischen Gruppen in einer Organisation (Unternehmung) werden bei diesen Ansätzen vorrangig Kommunikations-, Macht- und Rollenbeziehungen angesehen. Diese Aspekte von Interaktionen werden ausführlich im Kapitel 2 dieser Arbeit behandelt.

Kommunikation ermöglicht und prägt Beziehungen und differenzierte soziale Strukturen. Die Art der Effizienz der Kommunikationsbeziehungen erscheint daher von grundlegendem Einfluß für das Interface-Gap.

---

1 Vgl. Starbuck, W.H., The Current State of Organization Theory, 1974, S. 123; Krupp, S.R., Is Chaos necessary?, 1974, S. 140.

2 Vgl. Barnard, Ch.J., The Functions of the Executive, 1938; Kirsch, W., Entscheidungsprozesse, Bd. III, 1971; Simon, H., Administrative Behavior, 1970; March, J.G., Simon, H.A., Organizations, 1958; Katz, D., Kahn, R.L., Social Psychology, 1966; Kast, F.E., Rosenzweig, J.E., Organization and Management, 1974. Der gegenwärtige Stand betriebswirtschaftlich orientierter Organisationsforschung ist sehr gut dargestellt bei Hill, W., Fehlbaum, R., Ulrich, P., Organisationslehre, 1975, und Hoffmann, F., Organisationsforschung, 1976.

Machtprozesse in Organisationen wirken sich in besonderer Weise auf die Zielerreichung der einzelnen Gruppen aus. Die Art der Machtverteilung und der Einsatz von Macht zwischen Managern und Spezialisten können verschiedene dysfunktionale Elemente für den Prozeß der Gestaltung und Einführung computergestützter Informationssysteme beinhalten.

Von typischem Einfluß für das Verhältnis zwischen den Gruppen ist die Struktur der Rollenbeziehungen. Das Verhältnis der Rollen zueinander und die jeweiligen Rollenerwartungen scheinen wesentliche Einflußfaktoren zu sein.

Als direkt auf Beziehungen einwirkend sollten auch intrapersonale Einflußfaktoren bei der Analyse des Interface-Gap einbezogen werden. Die Ausprägung einer Persönlichkeit, ihre spezifischen Eigenschaften, ihre Schwächen und Stärken können relevanten Einfluß ausüben. Zu untersuchen ist deshalb, ob typische Unterschiede zwischen Managern und Spezialisten vorliegen, die Störungen in ihrem Verhältnis zueinander verursachen. Auf die Beziehungen zwischen Personen in einer Unternehmung hat generell auch die Umweltsituation Einfluß. Dieser Faktor soll hier jedoch nicht weiter verfolgt werden, da keine besonderen Auswirkungen für das Interface-Gap zu sehen sind.

Unter betriebswirtschaftlichen Aspekten besonders relevant für diese Untersuchung sind noch zwei Variable, die als hervorragende Instrumente einer effizienten Gestaltung von Interaktionen in Organisationen eingesetzt werden. Zum einen handelt es sich hierbei um Führung in der EDV-Anwendung und zum anderen um die Ausgestaltung der Organisationsstruktur. Von diesen beiden Variablen dürften zunächst wesentliche Auswirkungen auf das Interface-Gap ausgehen. Vor allem aber können in Führung und Organisation bei dem Prozeß der Gestaltung von Informationssystemen entschei-

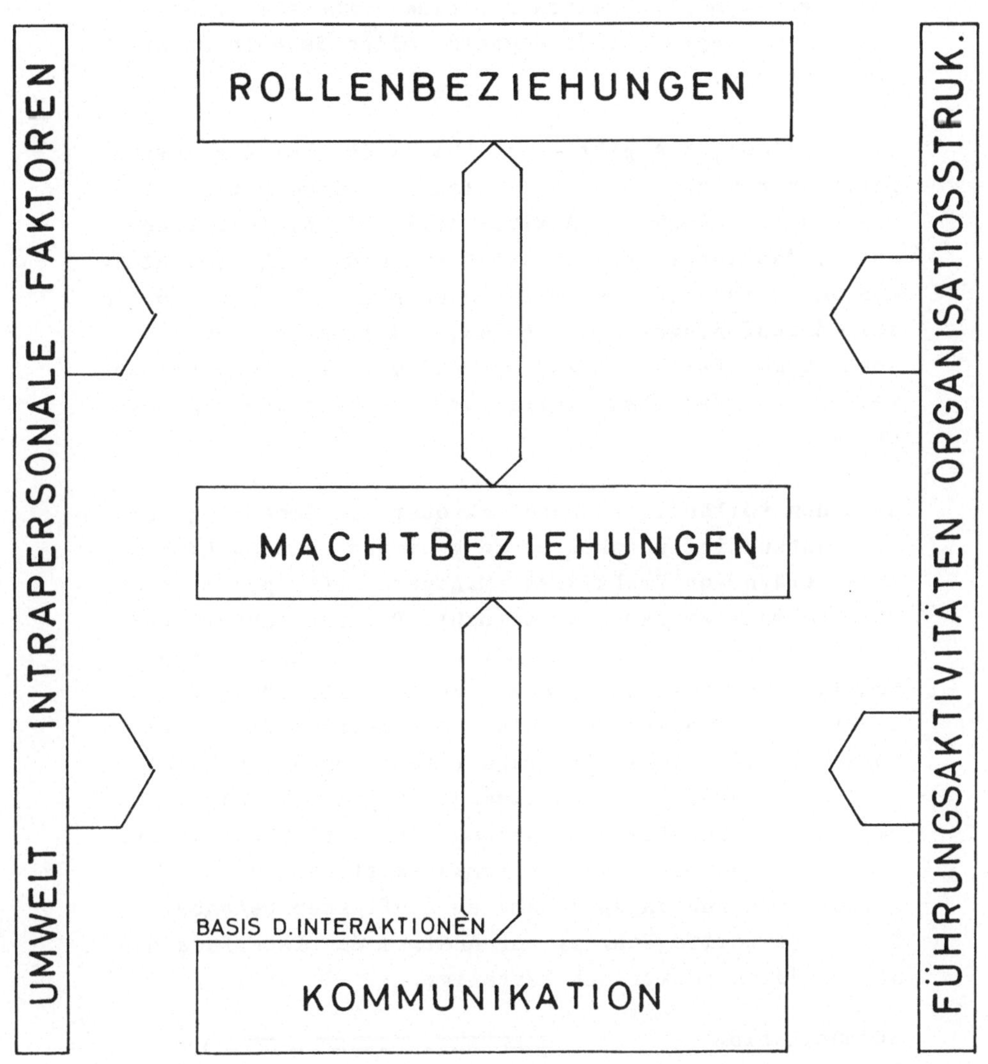

Abb. 1.4: Die Variablen in der Analyse des Interface-Gap

dende Ansatzmöglichkeiten für eine Verbesserung der Situation liegen. Beide Aspekte sollen deshalb untersucht werden.

Die Abbildung 1.4 gibt einen Überblick über die herausgestellten wichtigsten Variablen für diese Untersuchung. Die nun vorzunehmende Analyse soll zeigen, in welchem Ausmaß das Interface-Gap existiert und welche Bedeutung die verschiedenen Einflußfaktoren haben. Von vornherein soll darauf hingewiesen werden, daß eine getrennte Analyse der Faktoren zwar notwendigerweise vorgenommen werden muß, daß aber vielfältige Interdependenzen bestehen.

Um einen vorläufigen Überblick über die Bedeutung der relevanten Einflußfaktoren zu gewinnen, wurden Literaturbeiträge von Praktikern (Managern, EDV-Spezialisten, Unternehmensberatern) untersucht. Die aus subjektiver Sicht erörterten Probleme bei der EDV-Anwendung können in ihrer Gesamtheit gewissen Aufschluß über die praktische Relevanz verschiedener Faktoren vermitteln. Insgesamt 34 solcher Beiträge (siehe Anhang, S. 324) wurden überprüft. Die Abbildung 1.5 gibt die Häufigkeit der grundsätzlichen Nennung der Variablen wieder. Wie zu ersehen ist, wurden Kommunikations-, Macht-, Rollen- und Führungsprobleme am häufigsten behandelt. Das vorgestellte Konzept zur Analyse des Interface-Gap wird dadurch zusätzlich bestätigt.

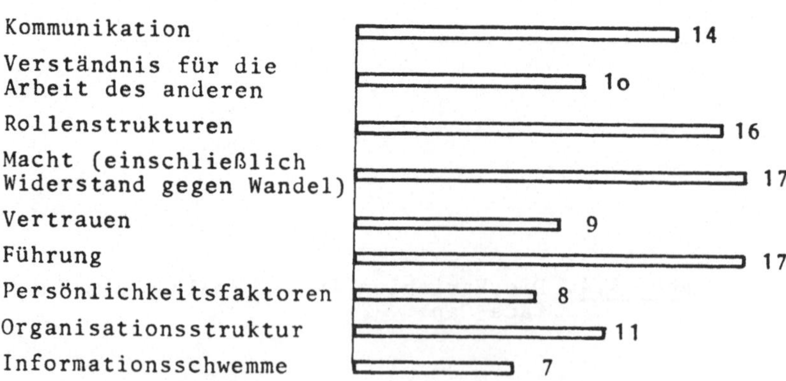

Abb. 1.5: Vorläufige Bedeutung der Variablen

2 Analyse des Interface-Gap zwischen Managern und EDV-Spezialisten

2.1 Beziehungen zwischen Managern und Spezialisten

Als zentral für die Analyse des Verhältnisses zwischen Organisationsmitgliedern sind die Kommunikations-, Macht- und Rollenbeziehungen herausgestellt worden. Anhand dieser Komponenten vor allem ist deshalb zunächst das Ausmaß und die Ausprägung des Interface-Gap zu untersuchen.

2.11 Kommunikation im Interface

Nach einer vor einigen Jahren durchgeführten Untersuchung der Diebold Group beurteilten 79 % der EDV-Spezialisten die effektive Kommunikation mit den Entscheidungsträgern in den betrieblichen Bereichen als von vorrangigster Bedeutung zur Erfüllung ihrer Aufgabe, also noch vor der Bedeutung des fachlichen Könnens.[1] Wie neuere Berichte zeigen, sind Kommunikationsschwierigkeiten ein anhaltendes Problem.[2] Bevor diese Probleme im einzelnen analysiert werden, sei kurz auf den Kommunikationsbegriff eingegangen. Die Literatur bietet eine Vielzahl sich überschneidender Definitionen an.[3] Dieser Arbeit wird ein Begriff mittlerer

---

1 Vgl. Diebold, J., Die Computer werden falsch eingesetzt, 1971, S. 15.

2 Vgl. Blau, H., Kommunikationsbarriere, 1976, S. 28 ff.; Büttner, R., EDV-Lösungen benutzerfreundlich?, 1974, S. 445 ff.; Nolan, R.L., EDP managers, 1976, S. 123 ff..

3 Um einen Überblick über die verschiedenen Definitionen zu geben, werden im folgenden einzelne angeführt: "Kommunikation kommt zwischen zwei Individuen dadurch zustande, daß mit Hilfe der Zeichen einer Sprache von einem zum anderen Nachrichten übermittelt werden" (Hax, H. (Stichwort), Kommunikation, 1969, S. 825). "... Aneinanderreihung einzelner Informationsübertragungsprozesse" (Bartram, P., Kommunikation, 1969, S. 41). "... beschäftigt sich die Kommunikationsforschung mit allen Wegen,

inhaltlicher Extension zugrundegelegt. Kommunikation ist danach: Austausch von Informationen zwischen Systemen - durch das gesprochene Wort, das Signal, durch Bilder, Gesten, Funk, Film, Schrift. Nicht-verbale Kommunikation ist auch hier in die Definition einbezogen, weil solche Interaktionen mittels Gestik, Mimik, Bilder insbesondere Einfluß auf die sozio-emotionale Ebene des Interface-Gap haben dürften. Da typische Aussagen für das Interface-Gap nicht möglich erscheinen, soll dieser Aspekt nicht näher verfolgt werden.

In der Analyse der Kommunikationsbeziehungen wird nach einer Darstellung und Erläuterung des Kommunikationsnetzwerkes zwischen EDV-Gruppe und Managern in Abschnitt 2.111 im weiteren auf die Kommunikationsqualität und auf Sprachbarrieren im Interface eingegangen. Abschließend sollen die Bedeutung besonderer Determinanten und Strukturen von Kommunikationssystemen mit innovativen Aufgaben und mögliche Ansatzpunkte in der Gestaltung der Kommunikationsbeziehungen behandelt werden (Abschnitt 2.113).

---

auf denen Informationen und Gedanken ausgetauscht und mitgeteilt werden. ... Wir richten unsere Aufmerksamkeit auf das gesprochene Wort, das Signal, die Gesten, das Bild, visuelle Darstellungen, das gedruckte Wort, den Funk und den Film. auf alle Zeichen und Symbole also, durch die Menschen versuchen, sich gegenseitig Gedanken und Wertvorstellungen mitzuteilen." (Schramm, W., Kommunikationsforschung in den USA, 1971, S. 15.) "Kommunikation: Austausch von Informationen zwischen dynamischen Systemen... . Von besonderem Interesse ist der Spezialfall, in dem Sender und Empfänger Menschen bzw. Gruppen von Menschen sind und die Kommunikation mit Hilfe der (geschriebenen oder gesprochenen) natürlichen Sprache stattfindet" (Klaus, G., Wörterbuch der Kybernetik, 1968, S. 305 f.). "... all of the procedures by which one mind may affect another" (Weaver, W., Recent Contributions, 1959, S. 95). "Kommunikation ist Erwartung, Verhalten, noch nicht Information. Kommunikation ist die Voraussetzung dafür, daß Information übertragen werden kann" (Watzlawik, v.B.P., Beavin, J.H., Jackson, R.D., Menschliche Kommunikation, 1971). "Alles Handeln, das für andere sichtbar ist, leistet zugleich eine mehr oder weniger bewußte Darstellung, also Übermittlung von Sinn. Insofern bestehen soziale Systeme letztlich aus Kommunikation" (Luhmann, N., (Stichwort) Kommunikation, S. 832).

2.111 Das Kommunikationsnetz

Die kommunikativen Beziehungen zwischen Mitgliedern einer Organisation bilden ein graphisch darstellbares Netz einer Vielzahl von Kommunikationswegen. Die Abbildung 2.1 stellt dieses Netz beispielhaft und vereinfachend für die Beziehung zwischen Managern und EDV-Spezialisten dar.

Die EDV-Spezialisten sind über Kommunikationskanäle nicht nur mit den Managern eines Funktionsbereichs verbunden, sondern auch mit der Unternehmungsleitung, mit allen anderen Unternehmensbereichen, mit EDV-Herstellerfirmen, mit EDV-Dienstleistungsunternehmen. Ebenso bestehen Kanäle zur Fachliteratur und über Fachliteratur sowie Schulungsmaßnahmen zu anderen Experten. Die hier stattfindende Kommunikation kann sowohl formaler als auch informaler Natur sein. Daneben existieren noch Kommunikationsbeziehungen rein informaler Art (bezogen auf den Betrieb), so zu Freunden, zur Familie, oder auch zu anderen Gesprächspartnern innerhalb und außerhalb der Organisation.

Eine ähnlich komplexe Kommunikationssituation kann für das Management in den Funktionsbereichen festgestellt werden. Auch hier existieren neben formalen Kanälen rein informale Kommunikationsbeziehungen. In der Abbildung 2.1 sind als Beispiel die wesentlichen kommunikativen Beziehungen des Marketing-Managements herausgestellt worden. Von besonderem Gewicht erscheinen für diesen Bereich die Kanäle zur Unternehmensspitze, zu den übrigen Organisationsmitgliedern im Marketing, zu den Absatzmittlern und den Kunden.

Diese Darlegungen geben erste Hinweise auf eine unterschiedliche Einstellung zur Bedeutung der Kommunikationsbeziehungen zwischen Managern und Spezialisten. Für anwendungsorientierte EDV-Spezialisten

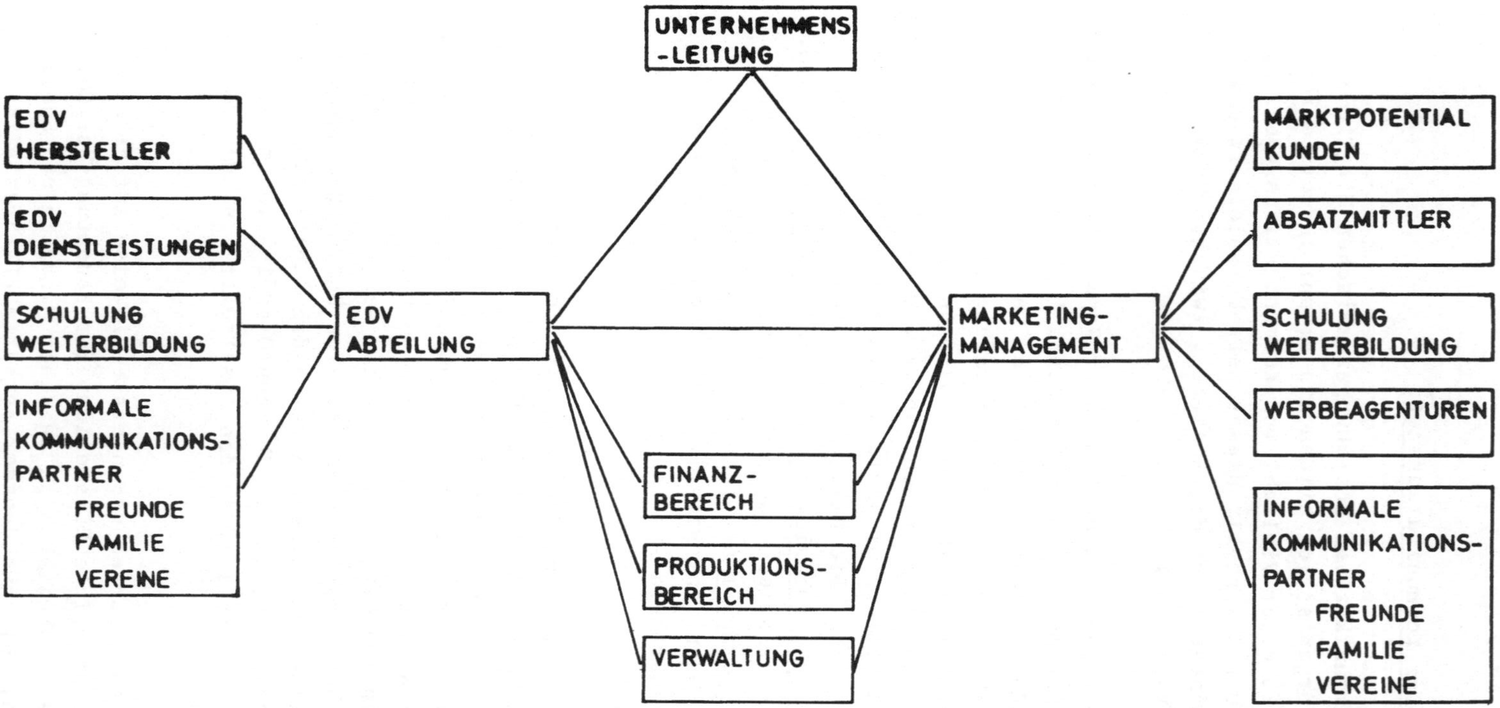

Abb. 2.1: Darstellung eines Kommunikationsnetzes zwischen EDV-Abteilung und Anwenderabteilung

kann die Verbindung zu Anwenderabteilungen als dominierend angesehen werden. Für die Manager in der Anwenderabteilung jedoch kommen Kommunikationskanäle zu den EDV-Spezialisten in der Bedeutungsfolge oft erst an nachgeordneter Stelle.[1] Insbesondere in dieser ungleichen Relation scheint u. a. eine Erklärung für den so häufig beklagten Zeitdruck der Manager und ihr mangelndes kommunikatives Interesse gegenüber den EDV-Spezialisten zu liegen.[2]

Im gesamten Kommunikationssystem (-netzwerk) einer Organisation lassen sich grundsätzlich vier Subsysteme unterscheiden[3]:

1. Autoritatives Kommunikationssystem
2. Informationell-instruktives Kommunikationssystem
3. Integratives Kommunikationssystem
4. Innovatives Kommunikationssystem .

Die Informationswege im autoritativen Netz einer Organisation sind charakterisiert durch die formalen Hierarchiebeziehungen, durch Anordnungs- und Kontrollinformationen.

Das informationell-instruktive Kommunikationsnetz umfaßt alle Informationen, die zur Aufgabendurchführung der Organisationsmitglieder notwendige Grundlage sind. Hier sind nicht nur Ausbildungsaktivitäten einzuordnen,

---

1 Vgl. Stewart, R., Do you know what you want?, 1971, S. 174 ff.; Huse, E.F., Impact of Computerized Programs, 1967, S. 300; Rölle, H., Informationssystemplanung, 1971, S. 39; siehe auch die Ausführungen in Abschnitt 2.132.1 "Zur Rolle des Managers".

2 Vgl. Mumford, E., The Human Factor, 1970, S. 286 ff.; Stewart, R., Do you know what you want?, 1971, S. 174 ff.; Huse, E.F., Impact of Computerized Programs, 1967, S. 282 ff..

3 Vgl. hierzu und zum folgenden Guetzkow, H., Communications in Organizations, 1965, S. 542 ff.; Greenbaum, H.H., Communication, 1974, S. 739 ff..

sondern auch Instruktionen bzw. Ratschläge[1] aus vertikaler und horizontaler Richtung (von Vorgesetzten und Kollegen) zur geeigneten Erfüllung der gestellten Aufgabe.
Das integrative Netz wird primär geprägt durch informale Gruppenstrukturen,[2] d.h. durch Sympathie- und Freundschaftsbeziehungen, durch gemeinsame Bezugspunkte wie Religion, Nachbarschaft, Vereine, gleiches Alter. Beziehungen solcher Art scheinen zwischen Managern und Spezialisten relativ seltener als zwischen anderen Organisationsmitgliedern zu sein[3], wodurch oft eine zusätzliche Kommunikationsbarriere gebildet wird.

Das innovative Netz einer Organisation ist gerichtet auf die Anpassung an Veränderungen interner und externer Art, die der Zielerreichung und - als Basisziel - dem Überleben der Organisation dienen. Hier geht es um Problemlösungsprozesse, um organisatorischen Wandel und um die Strategien und Prozesse der Gewinnung und Durchsetzung von Innovationen.

Die vorgenommene Unterscheidung von vier verschiedenen Subsystemen des gesamten Informationssystems ergibt sich aus der unterschiedlichen Bedeutung einzelner Kommunikationsprozesse für die Unternehmung. Das

---

1 Ob Kommunikationen als Befehl oder als Information empfangen werden, ist eine Frage der Interpretation durch den Empfänger. Nach einer Untersuchung von Burns wurde von den als Befehl gesendeten Botschaften von den Untergebenen nur die Hälfte als Befehl aufgefaßt; die übrigen als reine Information bzw. Ratschlag. Vgl. Burns, T., directions of communication, 1954, S. 95, hier zitiert nach Guetzkow, H., Communications in Organizations, 1965, S. 544.

2 Vgl. hierzu Bartram, P., Kommunikation, 1969.

3 Vgl. Brill, A.E., The alienation of the systems analyst, 1974, S. 26 ff.; Garrity, J.T., Management and the computer, 1971, S. 38 ff.; Gilb, T., Kontrolle der EDV, 1974, S. 210 ff. und S. 309 ff.; Sherwood, H.F., Kannitverstan, 1972, S. 45 ff..

autoritative, das informationell-instruktive, das integrative und das innovative Teilnetz dienen in jeweils anderer Weise der Organisation. Für die Behandlung des Interface-Gap zwischen Fachabteilungsmanagement und Spezialisten sind das autoritative und das instruktive Netz von geringerer Bedeutung, weil sich diese nahezu ausschließlich auf Kommunikationsverbindungen innerhalb der EDV-Gruppe oder innerhalb der Funktionsbereiche beziehen. Die für diese Untersuchung relevanten Kommunikationsbeziehungen und -störungen finden vor allem im innovativen Netz statt. Deshalb wird auf zentrale Aspekte innovativer Netzwerke in Abschnitt 2.113 gesondert eingegangen.

Zur Aufdeckung der Ursachen von Kommunikationsstörungen ist die Einbeziehung einer weiteren Determinante von Netzwerken wesentlich: Einstufigkeit bzw. Mehrstufigkeit der Kommunikation. Der Austausch von Informationen bei der Gestaltung eines MIS findet häufig nicht direkt (einstufig) zwischen EDV-Spezialist und demjenigen Manager statt, dem in erster Linie das System zur Entscheidungsunterstützung dienen soll, vielmehr sind weitere Kommunikationsteilnehmer im Kanal zwischengeschaltet. Ein Teil der gesamten Informationsmenge, die das Interface passiert, wird z.B. innerhalb der EDV-Gruppe vom Systemanalytiker zum EDV-Leiter übertragen, passiert auf hoher Ebene - von EDV-Leiter zu Funktionsbereichsleiter - das Interface, von dort erfolgt die Diffusion innerhalb der Gruppe des Fachmanagements. Ein anderer relevanter Fall ist ein mehrstufiger Kommunikationsprozeß vom Systemanalytiker zum Stab der Fachabteilung und von dort zum Management.

Die Art dieser Netzstrukturen wirkt sich auf die Qualität der Informationsübertragung aus. Wie allgemein für Kommunikationen gilt dabei im untersuchten Problemfeld: Je mehr Vermittlungsstationen (Knoten) ein

Kommunikationsprozeß hat, desto größer ist die Gefahr von Informationsverzerrungen und von generellen Störungen in den Kommunikationsbeziehungen zwischen Individuen.[1] Mit komplexeren Strukturen des Übertragungsprozesses ist auch verbunden, daß Störungen, vor allem Unsicherheiten beim Empfänger, generell zunehmen, je stärker Informationen von verschiedenen Quellen stammen.[2] Empirisch wurden insbesondere während der Implementierung von EDV-Systemen Informationsverzerrungen festgestellt, die in differierenden Quellen ihre Ursache hatten.[3] Die Entstehung und Diffusion von Gerüchten ist kennzeichnend für diese Art von Verzerrungen.[4]

Die Kommunikationsstrukturen zwischen Managern und EDV-Spezialisten sind neben der Mehrstufigkeit der Kommunikationsprozesse meist durch wenig festgelegte Informationskanäle gekennzeichnet.[5] Dies ist im wesentlichen aus der Tatsache erklärbar, daß immer noch zu wenig Erfahrung in bezug auf die EDV in den Unternehmen vorhanden ist und die involvierten Prozesse kaum routinisiert werden können. Trotzdem sollte auch in diesem Bereich beachtet werden, daß durch die definitive Festlegung von Kommunikationswegen die Ausnutzung dieser Wege erhöht werden kann.[6]

---

1 Vgl. Guetzkow, H., Communications in Organizations, 1965, S. 536 ff.; Hoffmann, F., Organisationsforschung, 1976, S. 195.

2 Vgl. Guetzkow, H., Communications in Organizations, 1965, S. 612.

3 Vgl. Mumford, E., Banks, O., The Computer and the Clerk, 1967, S. 212.

4 Vgl. Mumford, E., Banks, O., The Computer and the Clerk, 1967, S. 212; Mumford, E., The Human Factor, 1970, S. 286 ff.; Huse, E.F., Impact of Computerized Programs, 1967, S. 294 ff..

5 Vgl. z.B. Stewart, R., Do you know what you want?, 1971, S. 174; Mumford, E., The Human Factor, 1970, S. 286 ff..

6 Vgl. den Hinweis auf empirische Studien bei Hoffmann, F., Organisationsforschung, 1976, S. 195.

Wie aus diesen Ausführungen zu ersehen ist, determinieren die spezifischen Strukturen des Kommunikationsnetzwerkes in erheblichem Maße Kommunikationsstörungen, insbesondere sogenannte Kommunikationsbarrieren. Auf Ausprägungen von Kommunikationsbarrieren und spezifische Einflußfaktoren ist nun näher einzugehen.

2.112 Kommunikationsqualität

2.112.1 Bedeutung und Auswirkungen von Sprachbarrieren

Eine mindere Qualität der Kommunikation zwischen Managern und EDV-Spezialisten ist hauptsächlich auf Sprachbarrieren zurückzuführen. Kommunikation im Interface erfolgt vor allem verbal, in schriftlicher und mündlicher Form.

Wenn die Kommunikationsinhalte bei der Übertragung der Sprachelemente verzerrt werden, der Manager z.B. nicht genau das versteht, was der Spezialist ihm mitzuteilen beabsichtigte, können diese Störungen auf drei verschiedenen Ebenen stattfinden, der syntaktischen, der semantischen und der pragmatischen Ebene.[1]

---

1 Vgl. zu diesen Ebenen Bartram, P., Kommunikation, 1969, S. 24; Coenenberg, A.G., Die Kommunikation in der Unternehmung, 1966, S. 55 ff..

2.112.11 Störungen auf syntaktischer, semantischer und pragmatischer Ebene

Störungen auf der syntaktischen Ebene kommen dadurch zustande, daß ein Empfänger ihm unbekannte Signale nicht interpretieren kann. Auf die gravierenden Sprachbarrieren auf dieser Ebene beim Einsatz der EDV weist u.a. Sherwood in einem Kurz-Essay hin, dem er den Titel "Kannitverstan" gibt. Er spricht dort von babylonischer Sprachverwirrung, von Handbüchern, die nicht in der Landessprache vorliegen, von dem verärgerten Management, das sich über die unverständliche Sprache der jugendlichen EDV-Spezialisten beklagt.[1]

Solche für den Empfänger unverständliche Signale sind insbesondere in der Informationsflußrichtung vom Spezialisten zum Manager vorzufinden. Unverständliche Signale sind hier die vielen englischen Spezialbegriffe im EDV-Bereich, die vielfachen Abkürzungen oder auch die Elemente von Programmiersprachen. Diese Sprachbarrieren können nur durch die Bildung eines gemeinsamen Code beseitigt werden, d.h. durch Weglassen bzw. Ersetzen der für den Empfänger unbekannten Signale oder durch entsprechende Unterrichtung bzw. Schulung des Empfängers.

"Wie bei vielen Berichten über die Entwicklung und Einführung computergestützter Systeme ist auch bei Sihler ein Hinweis auf diese Barriere auf der syntaktischen Ebene vorhanden. In welcher Weise dieses Gap überwunden wurde, formuliert Sihler so: "Nach den ersten Gesprächen hatte er (der EDV-Spezialist, d.Verf.) rasch gemerkt, daß er uns Marketingleuten nicht Mathematik und Datenverarbeitung beibringen konnte, also hat er Marketing gelernt, und das Ergebnis gab ihm recht."[2]

Offensichtlich ist in anderen Fällen dieses Lernen nicht so erfolgreich wie in dem angegebenen Beispiel verlaufen oder es fehlte von vornherein der nötige Wille.[3]

---

1 Vgl. Sherwood, H.F., Kannitverstan, 1972, S. 45-47.

2 Sihler, H., Marketingorientierte Unternehmensführung mit Computern, 1975, S. 159.

3 Siehe folgende Seite.

Kommunikationsstörungen auf der semantischen Ebene betreffen unterschiedliche Bedeutungsinhalte von Signalen für Sender und Empfänger. Verbinden Manager und Spezialisten mit Signalen jeweils andere Inhalte, so existiert hier eine Sprachbarriere, die häufig nicht erkannt wird. Die Kommunikationspartner benutzen zwar dieselben Sprachelemente, aber geben den ausgetauschten Informationen einen verschiedenen Sinn. So sind Begriffe wie "Hauptspeicher", "Wort", "Konfiguration" oder "Entscheidungstabelle" als Worte verständlich, haben aber im EDV-Bereich ihre eigene Bedeutung, die von Laien nicht verstanden oder mißverstanden wird.

Die angesprochenen syntaktischen und semantischen Störungen sind überdies nicht nur im Interface zwischen Management und EDV, sondern auch zwischen den Spezialisten selbst vorhanden. Die schnell sich verändernde Entwicklung des EDV-Bereichs in der Vergangenheit, die Explosion neuer Begriffe scheint manche Experten zu reizen, neue Wörter und Abkürzungen auf den Markt zu bringen, um den eigenen Status zu erhöhen. Hier richten sich die Normierungsbemühungen nach DIN darauf, durch eine Festlegung zentraler Begriffe diese Sprachschwierigkeiten unter den Spezialisten zu beseitigen.[1]

Während die semantischen Störungen sich auf rein intellektuelle Prozesse beziehen, berücksichtigt die pragmatische Ebene auch die Wirkung von Werten,

---

3 Vgl. Mumford, E., The Human Factor, 1970, S. 286 ff.; Stewart, R., Do you know what you want?, 1971, S. 174 ff.; Soltis, R.J., Managing Change, 1970, S. 2 f.; Nolan, R.L., EDP managers, 1976, S. 123 ff.; Mumford, E., Banks, O., The Computer and the Clerk, 1967, S. 211.

1 Vgl. DIN Normen zur Informationsverarbeitung (DIN 44 300).

Zwecken, Absichten, Urteilen und Normen.[1] Man kann hier auch von den psychologischen Aspekten der Informationsabgabe und Informationsaufnahme[2] sprechen.

Eine möglichst störungsfreie Kommunikation auf der pragmatischen Ebene hängt in besonderem Maße von ähnlichen Erfahrungen und der Zugehörigkeit zu derselben oder zu vergleichbaren Gruppen ab. Insbesondere die Erfahrungsbereiche von Managern und EDV-Spezialisten sowie Bezugsgruppen-Orientierungen scheinen jedoch häufig zu differieren.[3] Darüberhinaus sind auch die Persönlichkeitsstrukturen oft unterschiedlich. Kommunikationsstörungen auf der pragmatischen Ebene können deshalb oft beobachtet werden.[4]

Generell kann Kommunikation auf der pragmatischen Ebene durch folgende Faktoren beeinflußt bzw. gestört werden:

- Absichten
- Vorurteile bzw. unbewußte Annahmen[5]
- Antipathie[6]
- Geheimniskrämerei, zu der in bürokratischen Organisationen eine besondere Neigung besteht

---

1 Vgl. Badura, B., Sprachbarrieren, 1973, S. 75.

2 Vgl. Coenenberg, A.G., Die Kommunikation in der Unternehmung, 1966, S. 61.

3 Vgl. insbesondere Abschnitt 2.13 "Rollen" und 2.2 "Intrapersonale Faktoren".

4 Vgl. hierzu die Hinweise auf Kommunikationsstörungen bei Stewart, R., Do you know what you want?, 1971, S. 174 ff.; Mumford, E., The Human Factor, 1970, S. 286 ff.; Scharfenberg, H., Die Angst des Vorstandes vor Computern, 1971, S. 70 ff.; Blau, W., Kommunikationsbarriere, 1976, S. 28 ff.; Nolan, R.L., EDP managers, 1976, S. 123 ff..

5 Vgl. Guetzkow, H., Communications in Organizations, 1965, S. 555.

6 Vgl. zur Bedeutung von Antipathie in der Beziehung zwischen Fachabteilungen und EDV-Gruppe: Mumford, E., Banks, O., The Computer and the Clerk, 1967, S. 211.

- Form der Motivation bzw. Mangel an Motivation
- Gesamtheit der sozialen Beziehungen.[1]

Welche dieser generell zu beobachtenden Faktoren bei gestörten Kommunikationsbeziehungen zwischen Managern und Spezialisten nun dominierend sind, kann hier nicht spezifisch und detailliert erörtert werden. Jeder Einzelfall ist verschieden gelagert. Dies hängt hauptsächlich ab von der Ausprägung der spezifischen Situationsdeterminanten, wie z.B. Dauer (Alter) der Kommunikationsbeziehung. Wenn man jedoch annimmt, daß sowohl beim Sender als auch beim Empfänger der Wille zu einer effektiven Kommunikationsbeziehung vorhanden ist, kann vermutet werden, daß unbewußte Annahmen und die sozialen Beziehungen besonders gewichtige Einflußfaktoren sind. Freilich bleibt andererseits zu beachten, daß viele Berichte durchaus auch auf negative Einstellungen von EDV-Spezialisten und Managern zur gegenseitigen Kommunikation schließen lassen.[2]

Die erläuterten Sprachbarrieren auf der syntaktischen, semantischen und pragmatischen Ebene sind im besonderen auf das Phänomen von Fachsprachen bzw. Gruppensprachen zurückzuführen. Diese Erscheinung soll im folgenden wegen ihrer Bedeutung für das Interface-Gap gesondert erörtert werden.

---

1 Vgl. Coenenberg, A.G., Die Kommunikation in der Unternehmung, 1966, S. 62 ff..

2 Vgl. Mumford, E., The Human Factor, 1970, S. 286 ff.; Stewart, R., Do you know what you want?, 1971, S. 174 ff.; Blau, W., Kommunikationsbarriere, 1976, S. 28 ff.; Sherwood, H.F., Kannitverstan, 1972, S. 45 ff.; Huse, E.F., Impact of Computerized Programs, 1967, S. 282 ff.; Büttner, R., EDV-Lösungen benutzerfreundlich, 1974, S. 445 ff..

2.112.12 Fachsprache als besonderes Phänomen kommunikativer Prozesse

Das Phänomen der Fachsprachen und des "Jargons" ist hauptsächlich eine Folge spezifischer Ausbildungswege und spezifischer Erfahrungsbereiche. Spezialsprachen sind selbstverständlich kein Problem, das nur auf die Beziehung zwischen Management und EDV beschränkt ist, vielmehr hat jede Gruppe in der Gesellschaft ihre eigene Sprache - es gibt so viele Sprachen wie Gruppen[1] ("each language has its own Tower of Babel").[2]

Im konkreten Fall des Interface-Gap kann die Situation offensichtlich wie folgt gesehen werden. Die Fach- bzw. Anwenderabteilungen weichen in ihrer spezifischen Sprache nur durch in der Anzahl begrenzte, zusätzliche Fachbegriffe von der allgemeinen Sprache ab. Die Fachsprache bzw. der Jargon der EDV-Gruppe hat jedoch eine besonders starke Ausprägung durch die anglo-amerikanisch geprägte Entwicklung im EDV-Bereich, durch die Neuheit des Computers und laufende Veränderungen bzw. Verbesserungen im EDV-Sektor erfahren. Wegen dieser sehr ausgeprägten Fachsprache EDV ist die Kommunikation zwischen EDV-Experten und Managern nicht nur erheblich gestört, sondern liegt häufig praktisch brach.[3]

Als logische Konsequenz dieser für die Zusammenarbeit zwischen Managern und Spezialisten bei der Gestaltung computergesteuerter Informationssysteme so ineffi-

---

1 Vgl. Badura, B., Sprachbarrieren, 1973, S. 97.

2 Vgl. Hetzker, J.O., A Sociology of Language, 1965, hier zitiert nach Badura, B., Sprachbarrieren, 1973, S. 97.

3 Vgl. Sherwood, H.F., Kannitverstan, 1972, S. 45 ff.; Sherwood, H.F., EDV und Management, 1972, S. 65 ff.; Stewart, R., Do you know what you want?, 1971, S. 174 ff.; Büttner, R., Der Weg zum gegenseitigen Verstehen, 1974, S. 600 ff..

zienten Situation könnte deshalb das Streben nach der Beseitigung dieser Spezialsprache erscheinen, um so die Basis für eine störungsfreie Kommunikation zu legen. Ein Lösungsansatz in dieser Richtung vernachlässigt jedoch, daß die Entstehung von Fachsprachen bzw. Fachjargons auch wesentliche funktionale Aspekte aufweist.

Sprache nämlich hat instrumentalen Charakter in doppelter Hinsicht, für Denken und für Kommunikation.[1] Unter Berücksichtigung dieser Aspekte hat die Entwicklung der speziellen Sprache der Computerspezialisten wichtige Vorzüge. Das Denken in schlecht strukturierten Situationen wird durch die Verdichtung von Informationen in Spezialbegriffen erleichtert. Ein schneller und effektiver Gedankenaustausch zwischen Spezialisten kann durch eine Fachsprache gefördert werden. Neue Worte für neue Sachverhalte, neue Begriffe für komplizierte Zusammenhänge und spezielle Klassifizierungen können Kommunikationen zwischen den Mitgliedern einer Fachsprachen-Gruppe ökonomischer machen.[2]

Fachsprachen werden manchmal jedoch aus sehr persönlichen Gründen beibehalten bzw. betont. So wird von Spezialisten an Wortelementen des Fachjargons nicht nur aus Unbeweglichkeit, sondern vor allem aus Statusgründen festgehalten, obwohl es auch für den Laien verständliche Ausdrücke gibt oder geben könnte. Dies gilt insbesondere für eine Reihe noch häufig benutzter englischer Ausdrücke aus dem EDV-Bereich, für die deutsche Entsprechungen vorliegen. Weitere dysfunktionale Ursachen einer Anwendung der Fachsprache bestehen vor allem darin, daß der Jargon zur Dokumen-

---

1 Vgl. z.B. Badura, B., Sprachbarrieren, 1973, S. 9.

2 Vgl. auch March, J.G., Simon, H.A., Organizations, 1967, S. 163.

tierung der Gruppenzugehörigkeit[1] dient oder als Machtinstrument eingesetzt wird, um die eigenen Vorstellungen durchzusetzen (vgl. hierzu auch Abschnitt 2.123). Diese dysfunktionalen Elemente des EDV-Jargons müssen durch die an der Interface-Kommunikation verantwortlich Beteiligten erkannt und beseitigt werden.

2.112.2 Kommunikationssituation und Kommunikationsverhalten

Das individuelle Kommunikationsverhalten und damit sowohl die Intensität als auch die Qualität des Informationsaustausches von Organisationsmitgliedern wird wesentlich von der spezifischen Situation innerhalb einer Organisation, daneben auch von Faktoren außerhalb dieser Organisation geprägt. Die formale Kommunikation wird von der organisatorischen Festlegung der Wege bestimmt. Informale Kommunikationsprozesse, also solche, die nicht im autoritativen, sondern im integrativen, informationell-instruktiven und innovativen Netzwerk stattfinden,[2] werden vor allem durch Gruppenbeziehungen determiniert.[3] Die möglichen Ursachen informaler Gruppenbildungen können deshalb direkt als Ursachen bzw. Einflußfaktoren der informalen Kommunikation, ihrer Häufigkeit und ihrer Qualität angesehen werden.

Im wesentlichen einer Zusammenfassung bei Coenenberg folgend ergibt sich für diese Ursachen folgende Systematik:[4]

---

1 Vgl. auch Sherwood, H.F., Kannitverstan, 1972, S. 45 ff..

2 Vgl. S. 31.

3 Vgl. u.a. Coenenberg, A.G., Die Kommunikation in der Unternehmung, 1966, S. 133 ff..

4 Vgl. Coenenberg, A.G., Die Kommunikation in der Unternehmung, 1966, S. 135.

1. Innerbetriebliche Ursachen

   a) Räumliche Nähe am Arbeitsplatz

   b) Gleiche Rangstellung in der formalen Hierarchiestruktur

   c) Gleiches Berufs- oder Tätigkeitsprestige

2. Außerbetriebliche Ursachen

   (beispielsweise Verwandtschaft, Alter, Weg zum Arbeitsplatz, soziale Herkunft, Interessen, religiöse oder vereinsmäßige Bindungen) .

Welche Bedeutung haben diese allgemeinen Ursachen nun für den konkreten Fall des Interface-Gap?
Hier dürfte zunächst die räumliche Distanz zwischen Managern und EDV-Spezialisten meist gegeben sein. Manager und EDV-Spezialisten gehören verschiedenen Abteilungen an (bis auf wenige Ausnahmen) und sind schon deshalb in voneinander entfernten Räumen, häufig in anderen Stockwerken und in anderen Gebäuden oder sogar auch in weit voneinander entfernten Standorten untergebracht. Diese räumliche Distanz ist ein Faktor, der über andere Ursachen hinaus zusätzlich für geringe informale Kommunikationskontakte im Interface sorgt.

Daneben differieren das Tätigkeitsprestige und meist auch die Stellung in der betrieblichen Hierarchie. Bei der Gestaltung von MIS befinden sich die Systemspezialisten im allgemeinen auf niedrigerer Ebene als die Funktionsmanager, für die das System entwickelt wird.[1] Bei den außerbetrieblichen Ursachen können Alter und Interessen als häufig unterschiedlich angenommen werden. Diese Faktoren bedeuten ebenfalls Kommunikationsbarrieren.

---

1 Vgl. Sollenberger, H.M., Information Systems Development, 1971, S. 18 f.; Zuberbühler, H., Elektronische Datenverarbeitung, 1972, S. 123; vgl. auch Abschnitt 2.124.1 "Verfügung über Aufwendungen und Erträge" und die dort angeführte Literatur.

Ein zusätzlicher kommunikationsstörender Faktor ist die sogenannte zeitliche Distanz.[1] Die EDV-Gruppe ist zumeist die neueste Abteilung - mit Organisationsmitgliedern, die am wenigsten lang in der Organisation arbeiten. Die anderen Abteilungen haben im Zeitablauf untereinander relativ feste Kommunikationsbeziehungen gebildet. Den "Neuen" dürfte es in dieser Situation häufig nicht leichtfallen, in die gewachsenen Kommunikationsnetze aufgenommen zu werden.

Nach dieser Darlegung allgemeiner Ursachen soll im folgenden das spezifische Kommunikationsverhalten von Spezialisten und Managern näher untersucht werden.

2.112.21 Zum Kommunikationsverhalten der Spezialisten

Gruppenstrukturen und Gruppenprozesse wirken auf der Seite der EDV-Spezialisten häufig hinderlich für die Kommunikation im Interface. Die Spezialisten bilden untereinander eine relativ feste Gruppe mit intensiven Beziehungen.[2] Die organisatorische Einbettung fördert meist zusätzlich eine relative Isolierung von den anderen Gruppen. Das kommunikative Verhalten scheint deshalb in besonderer Weise auf die enge Spezialistengruppe ausgerichtet zu sein. Dieses generelle schieflastige Kommunikationsverhalten wirkt sich auf das Informationsverhalten in Problemlösungsprozessen aus. Informationssuche für die Gestaltung

1 Vgl. zu Auswirkungen zeitlicher Distanz auf Kommunikationsbeziehungen Bergmann, J., Zapf, W., Kommunikation im Industriebetrieb, 1965, S. 17.

2 Vgl. Stewart, R., How Computers Affect Management, 1971, S. 196 f.; Mumford, E., Job Satisfaction, 1972.

von Systemen scheint sich deshalb zu sehr auf Kollegen und Fachliteratur und zu wenig auf das Benutzermanagement zu richten.[1]

Ein solches Verhalten könnte den Informationsmangel über die Entscheidungsstrukturen in den Funktionsbereichen, der von vielen EDV-Spezialisten erkannt worden ist, in gewissem Umfang erklären. Einige Bemerkungen von Systemanalytikern sollen die Existenz dieses Problems der Spezialisten, das nur durch effektivere Kommunikation zwischen Managern und Spezialisten beseitigt werden kann, verdeutlichen: "The biggest problem we have right now is finding where decisions are made and how they are made... . We know that we are not going to reorganize the company over night but to work with the present system you must understand it".[2] "It is amazing how little we know a company functions and about what actions result in a profit and what ones do not".[3]

Mumford verweist darauf, daß den Systemspezialisten oft die verbale Kompetenz für die schwierigen Interaktionen mit den Fachabteilungen bei der Gestaltung der Systeme und bei der Implementierung fehlt.[4] Mögliche Ausprägungen dieser mangelnden Fähigkeit können hier sein:

- Der Spezialist spricht nicht die Sprache des Managements in den Funktionsbereichen.
- Der Spezialist ist zu stark mathematisch-technisch und abstrakt orientiert und kann seine Vorstellungen nicht mit der erforderlichen Einfachheit ausdrücken.

---

1 Vgl. Nolan, R.L., EDP managers, 1976, S. 123 ff.; Nolan, R.L., Plight of the EDP manager, 1973, S. 143 ff. Schewe, Ch.D., The Forgotten Man, 1973, S. 30 ff.; Stewart, R., How Computers Affect Management, 1971, S. 191 ff.; Sherwood, H.F., EDV und Management, 1972, S. 66.

2 Zitiert bei Stewart, R., Do you know what you want?, 1971, S. 175.

3 Zitiert bei Stewart, R., Do you know what you want?, 1971, S. 175.

4 Vgl. Mumford, E., The Human Factor, 1970, S. 290.

Soweit EDV-Spezialisten sich unbewußt zu kompliziert ausdrücken, soll in diesem Zusammenhang die Bedeutung von Simplizität in der Darstellung anhand eines Zitats von Ackoff verdeutlicht werden:

"It is very easy to conceal glib assumptions from oneself and others by the use of symbols and technical jargon. As one approaches expression in Basic English however, self-deception of others becomes increasingly difficult. Simplicity of expression, like brevity, is the result of extended distillation and evaluation of ideas; it takes a long time and much effort to attain".[1]

Wenn die Kompliziertheit im Ausdruck mit Absicht gewählt wird, kann dies bedeuten, daß die Machtstellung als Experte durch die Art der Kommunikation gefördert werden soll oder daß der Manager lediglich als Störenfried[2] der Expertenkommunikation betrachtet wird.

2.112.22 Zum Kommunikationsverhalten der Manager

Die Informationssituation von Managern ist häufig dadurch gekennzeichnet, daß jene erst nach der Entwicklung des Anwendungssystems oder mathematischen Modells ausführlich über die Strukturen und über die Möglichkeiten informiert werden.[3] In dem Kommunikationsprozeß zwischen EDV-Spezialisten und Management sind die Manager bisher wesentlich stärker Empfänger als Sender von Informationen gewesen.

---

1 Ackoff, R.L., Gupta, S.K., Minas, J.S., Scientific Method, 1962, S. 426, hier zitiert nach Churchman, C.W., Schainblatt, A.H., The Researcher and the Manager, 1966, S. B-83.

2 Vgl. Rölle, H., Informationssystemplanung, 1971, S.21.

3 Vgl. Mumford, E., The Human Factor, 1970, S. 290; Stewart, R., How Computers Affect Management, 1971, S. 191 ff.; Sherwood, H.F., EDV und Management, 1972, S. 66.

An möglichen Ursachen für diese schieflastige Kommunikationsverbindung können angeführt werden:

- zu geringes quantitativ-mathematisches Verständnis der Manager
- Zeitknappheit (Kommunikation wird abgelehnt, weil sie zu langwierig ist[1])
- negative Einstellung zur Kommunikation mit den EDV-Experten.

Befragte Spezialisten weisen mit großer Mehrheit auf das geringe quantitative Verständnis der Manager und deren Unwillen hin, sich die Zeit zum Lernen und zum besseren Verständnis zu nehmen.[2] Nach Rölle werden gerade beim Middle-Management, das Hauptbenutzer des EDV-Outputs (Listen etc.) ist, Kontakte zu den EDV-Spezialisten gemieden.[3]

Diese starke einseitige Kommunikationsfließrichtung und das mangelnde Verstehen haben häufig zur Entwicklung von Systemen geführt, die nicht angewandt werden oder die in der Implementierungsphase erhebliche Schwierigkeiten mit sich bringen.[4] Als Folge unzureichender Kommunikation können auch die generell festzustellenden vielen Änderungswünsche[5] der Benutzer nach der Implementierung eines Systems angesehen werden.

---

1 Vgl. Rölle, H., Informationssystemplanung, 1971, S. 17.

2 Vgl. Radnor, M., Neal, R.D., The Progress of Management-Science Activities, 1973, S. 441.

3 Vgl. Rölle, H., Informationssystemplanung, 1971, S. 39.

4 Vgl. z.B. McKinsey & Campany Inc., The Computer's Profit Potential, 1970, S. 154 ff.; Lonnstedt, L., Factors to Implementation 1975, S. 23 ff..

5 Vgl. Hellfrich, Ch., Auftragsmanagement, 1974, S. 285 ff.; Tomaszewski, L.A., Decentralized Development, 1972, S. 61; Lindhorst, M., Scheduled Maintenance, 1973, S. 64 ff..

Ein weiterer von den Spezialisten beklagter Aspekt des kommunikativen Verhaltens von Managern ist die Zurückhaltung bei der Weitergabe wesentlicher organisationsinterner Informationen bzw. Daten.[1] Aus Gründen des Geheimhaltungsschutzes werden auch die von den Spezialisten nachgefragten Informationen nicht geliefert. Der Verweis auf die Intimität der Information durch die Fachabteilung scheint z.T. jedoch lediglich ein Vorwand für die Vertretung der eigenen Interessen zu sein. Abteilungsbarrieren sind so natürliche Kommunikationsbarrieren.[2]

2.112.3 Dynamik kommunikativer Prozesse

Um Kommunikationsstörungen zu erkennen und zu verstehen, muß die Dynamik kommunikativer Prozesse in die Betrachtung integriert werden. Kommunikationsbeziehungen und Barrieren manifestieren sich im Zeitablauf. Ein besonders enger Zusammenhang wird hierbei zwischen dem Ablauf von Konfliktprozessen und kommunikativen Störungen gesehen. Auf eine Reproduktion der allgemeinen Analysen von Konfliktprozessen soll verzichtet werden.[3] Für den dynamischen Prozeß von Kommunikationsbeziehungen im Interface soll jedoch eine thesenartige Skizzierung vorgenommen werden.
Die erläuterten Kommunikationsbarrieren verhindern Informationsaustausch manchmal schon in der Anfangsphase der Beziehung zwischen Manager und Spezialist. Weil die Barrieren gesehen bzw. gespürt werden, wird in diesem Fall die Beziehung sofort abgebrochen. Einer der Gründe für dieses Abbrechen dürfte sein: Sowohl

1 Vgl. Hammond, III, J.S., Do's & don'ts, 1974, S.114; Holland, E., et a., Socio-technical spects of mis, 1974, S. 14 ff..

2 Vgl. auch Soltis, R.J., Managing Change, 1970, S. 3.

3 Zu Konfliktprozessen sei insbesondere verwiesen auf Krüger, W., Konflikthandhabung, 1972.

bei Managern als auch bei EDV-Spezialisten besteht eine Scheu, um die Erklärung unverständlicher Begriffe und Zusammenhänge nachzufragen.

Vermutlich wird in den meisten Fällen die Kommunikationsbeziehung trotz des Erkennens von Barrieren fortgesetzt. Aber meistens entstehen dann Mißverständnisse, die auf unrichtige Interpretationen oder auch beabsichtigte Beeinflussung durch das Machtinstrument "selektive Kommunikation" (vgl. Abschnitt 2.124.2) zurückzuführen sind. Bei Fehlinterpretationen ist das Phänomen der selektiven Wahrnehmung von Informationen[1] zu berücksichtigen. Aufgrund bestimmter Vorstellungen, Erfahrungen oder Werte dringt bei Individuen nur ein Teil der im Kommunikationsprozeß gesendeten Informationen in das Bewußtsein des Empfängers ein.

Da insbesondere die Kommunikationsbeziehungen von Managern durch Informationsüberlastung gekennzeichnet sind, sollen auch bekannte Reaktionen auf kommunikative Überlastungen[2] in die dynamische Betrachtung des Kommunikationsprozesses einbezogen werden:

(1) Weglassen von Informationen, ein Teil der gesendeten Signale wird nicht verarbeitet.

(2) Inkorrekte Informationsverarbeitung, z.B. Anwendung falscher Algorithmen.

(3) Entstehung einer Warteschlange, Verzögerung der Informationsaufnahme und kommunikativer Akte in der Hoffnung, später ausreichend Zeit zu haben.

(4) Filterung, Vernachlässigung bestimmter Informationen nach einer Prioritätsskala.

---

1 Vgl. hierzu u.a. Bartram, P., Kommunikation, 1969, S. 290 ff..

2 Vgl. Miller, J.G., overload, 1960, S. 695 ff. (hier zitiert nach Katz. D., Kahn, R.L., Social Psychology, 1966, S. 231 ff.).

(5) Informationsverkürzung, Klassifizierung und Reduzierung von Informationen auf Schemata.

(6) Delegation der Informationsaufnahme, d.h. Einschaltung eines personellen Filters (z.B. Assistent).

(7) Versagen vor der Aufgabe der Kommunikationsbewältigung.

Manche dieser Reaktionen auf Überlastung in kommunikativen Prozessen können notwendig und effizient sein. In vielen Situationen führen sie aber zu dysfunktionalen Auswirkungen im Entscheidungs- und Koordinationssystem der Organisation. Beim Entstehen des Interface-Gap sind wahrscheinlich alle skizzierten Reaktionen von Bedeutung.

Schwierigkeiten in der Verständigung, die in der beschriebenen Weise auftreten, wirken sich häufig auf die emotionale Ebene von Beziehungen zwischen Personen aus. Die Überprüfung der Berichte zur Entwicklung und Einführung computergestützter Systeme deutet besonders auf diese emotionalen Elemente hin.[1]
Für die späteren Phasen der kommunikativen Beziehungen zwischen Managern und Spezialisten muß deshalb logischerweise auch mit emotionalen Reaktionen, mit Frustration, Sich-zurückziehen und mit der Entwicklung eines verfestigten hostilen Verhaltens gerechnet werden.

Diese kurze Skizzierung zum dynamischen Prozeß kommunikativer Beziehungen soll insbesondere darauf verweisen, in welcher Weise gegenwärtige Kommunikationsprobleme immer von Erfahrungen der Vergangenheit und den Reaktionen der Partner geprägt sind. Die Schwierigkeiten

---

1 Vgl. Stewart, R., Do you know what you want?, 1971, S. 174 ff.; Nolan, R.L., Plight of the EDP managers, 1973, S. 143 ff.; Mumford, E., The Human Factor, 1970 S. 286 ff.; Huse, E.F., Impact of Computerized Programs, 1967, S. 282 ff.; Radnor,M., Neal, R.D., The Progress of Management-Science Activities, 1973, S. 427 ff..

der Kommunikationsbeziehungen zwischen Managern und Spezialisten scheinen sehr stark auch auf Annahmen (oft unbewußter Art) zurückgeführt werden zu können, die auf zurückliegenden Prozeßstufen allmählich erwachsen sind. Das Aufdecken solcher unsichtbaren Faktoren könnte deshalb einer Besserung der Verständigung dienen.

2.113 Kommunikationsdeterminanten und Kommunikationsstrukturen im innovativen Netz bei der Gestaltung von MIS

Zu Beginn dieses Kapitels über Kommunikation wurde schon darauf hingewiesen, daß von den vier Subsystemen des gesamten Kommunikationsnetzwerkes einer Organisation das innovative Netz besonders relevant ist für den effizienten Informationsaustausch bei der Entwicklung von Managementinformationssystemen. Bestimmte Determinanten und Strukturen dieses Netzes dürften von größtem Interesse sein, da sie Ansatzpunkte für die Verbesserung der Kommunikation zwischen Managern und EDV-Spezialisten sind. Diese aufgrund empirischer Forschung erkannten Einflußfaktoren sind:

1. Kritische Funktion der "Gatekeeper".
2. "Need-means"-Struktur.
3. Einfluß formaler und informaler organisatorischer Strukturen auf die sachbezogenen Kommunikationsprozesse.

Die Bedeutung dieser Determinanten für den Austausch von Informationen zwischen an innovativen Prozessen beteiligten Personen wurde in Feldstudien signifikant nachgewiesen. Eine Berücksichtigung der entsprechenden Erkenntnisse in der Führung und organisatorischen Gestaltung im Interface zwischen EDV und Management dürfte deshalb erfolgversprechend sein.

1. **Kritische Funktion der "Gatekeeper".**[1] **Kommunikationsprozesse im innovativen Netz sind im wesentlichen mündlicher Art. Der direkte, persönliche, mündliche Kontakt produzierte nach einer Studie von Utterbeck knapp die Hälfte aller bei der Findung von Innovationen verwendeten Problemlösungsinformationen.**[2] **Diese Bedeutung der mündlichen Kommunikation findet ihre Ergänzung in der Schlüsselposition sogenannter "Gatekeeper" im innovativen Kommunikationsnetz.**[3] **Ein erheblicher Teil der für Innovationen besonders relevanten direkten kommunikativen Kontakte verläuft nämlich über diese zentralen Personen.**

Die Gatekeeper liefern an alle übrigen beteiligten Organisationsmitglieder entscheidende Informationen für die innovativen Entwicklungsprozesse. Von besonderem Interesse dürfte sein, daß diese wichtigen Personen sich von den anderen Mitgliedern durch ein spezielles Informationsverhalten unterscheiden. Einige Gatekeeper benutzen besonders stark Literatur bzw. Fachzeitschriften zur Informationsgewinnung, andere unterhalten besonders intensive Kommunikationsbeziehungen zu Organisationsmitgliedern aus anderen Abteilungen oder zu externen Individuen. Das unterschiedliche Kommunikationsverhalten der Gatekeeper (in der Studie von Allen und Cohen solche Mitglieder, die mehr als sechsmal als Partner der Problemlösungskommunikation bezeichnet wurden) und der übrigen Individuen (viermal und weniger gewählt) geht aus der Abbildung 2.2 hervor. So lesen z.B. 86 % der Gatekeeper wissenschaftliche Fachzeitschriften, während

---

1 Vgl. zur Bedeutung von Gatekeepern Allen, T.J., Communications, 1971, S. 112 f.; Allen, T.J., Cohen, S.I., Information Flow, 1969, S. 12 ff..

2 Bei der Ideengewinnung 44,9 %, bei den Problemlösungsaktivitäten 31,5 %; vgl. Utterbeck, J.M., Process of Innovation, 1971, S. 152.

3 Allen, T.J., Communications, 1971, S. 108 ff.; Allen, T.J., Cohen, S.I., Information Flow, 1969, S. 12 ff..

Jeweiliger Anteil, die überdurchschnittlich:	Häufigkeit der Benennung als fachlicher Gesprächspartner		Gatekeeper (als Quelle bes. wesentl. Innovationsideen benannt)	
	≥ 6 (N=8)	≤ 4 (N=20)	ja (N=7)	nein (N=21)
externe Freunde als Informationsquelle haben	64 %	25 %	67 %	30 %
interne Spezialisten als Info-Quelle gebrauchen	50 %	40 %	57 %	40 %
viele "technical periodicals" lesen	88 %	40 %	100 %	45 %
viele "professional & scientific periodicals" lesen	75 %	35 %	86 %	35 %

Abb. 2.2: Kommunikationsverhalten von Organisationsmitgliedern, die an innovativen Prozessen beteiligt sind

Quelle: Allen, T.J., Communications, 1971, S. 113 und Allen, T.J., Cohen, S.I., Information Flow, 1969, S. 17.

dieser Anteil bei den übrigen Organisationsmitgliedern nur 35 % beträgt. Von den 28 Mitgliedern der untersuchten Abteilung identifizierte Allen 7 als Gatekeeper, von denen wiederum 2 die entscheidenden Informationen für die 4 wichtigsten Innovationen des vorhergehenden Jahres geliefert hatten.[1]

Eindeutig zeigt diese Untersuchung, daß der Informationsfluß in innovativen Gruppen als ein zweistufiger Prozeß zu sehen ist. Informationen von externen und internen Quellen finden hauptsächlich durch die Vermittlung der Gatekeeper ihren Weg zu den organisatorischen Einheiten, für welche diese Informationen oft von ausschlaggebender Bedeutung sind. Damit zeigt die Analyse organisationaler Kommunikation erhebliche Parallelen zu Prozessen der Massenkommunikation, in der schon seit langem der zweistufige Kommunikationsfluß über sogenannte Meinungsführer erforscht ist.[2] Ob jedoch auch, wie in der Massenkommunikation, mehrere Kommunikationsmittler mit unterschiedlichen Funktionen - dort auf politischem, religiösem, konsumtivem Gebiet, hier vielleicht für grundsätzliche Anwendungsmöglichkeiten der EDV, für Methoden der Gestaltung von MIS, für die Einbeziehung neuer Software-Pakete - identifiziert werden können, bleibt eine offene Frage.

Für die Gestaltung von MIS und grundsätzlich für die Anwendung der EDV dürfte es jedenfalls äußerst erfolgversprechend sein, die Personen mit Gatekeeper-Funktion im Fachabteilungs-Management oder in der EDV-Gruppe zu identifizieren und durch Führungsaktivitäten und organisatorische Gestaltungsmaßnahmen ihre erfolgreiche Wirkung zu erhöhen.

---

1 Vgl. Allen, T.J., Communications, 1971, S. 112 f..

2 Vgl. u.a. Naschold, F., Systemsteuerung, 1972, S. 93 ff..

2. Need-means-Struktur in der Informationsgewinnung.[1] Mit dem Einfluß der Art des ersten Anlasses für die Entstehung einer Innovationsidee beschäftigt sich eine Studie von Baker, Siegmann und Rubenstein. Die Entwicklung einer Idee kann danach in ihrer Entstehungsphase zurückgeführt werden auf zwei grundsätzliche Episoden:[2]

1. das Erkennen eines Bedürfnisses, eines Problems oder einer Chance, welche als relevant für die Organisationsziele angesehen werden,
2. das Erkennen von Mitteln, durch welche die Bedürfnisse befriedigt, die Probleme gelöst oder die Chancen produktiv genutzt werden können.

Nahezu in allen Fällen in der Ideenentwicklung konnten diese beiden Episoden identifiziert werden.[3] Diese Ursprungsereignisse konnten weiterhin auf bestimmte Kommunikationssituationen zurückgeführt werden. Die Abbildung 2.3 gibt einen Überblick zur Verteilung und Bedeutung von 5 verschiedenen Situationen (individuelles Denken, Interaktion, Unternehmensereignisse, formale Unternehmensinformationen und Benutzung der Bibliothek) sowie der Need-Episode, der Means-Episode und des "stimulating-event" (das zuerst auftretende "event") für diese Phase eines Innovationsprozesses.

---

1 Vgl. hierzu Baker, N.R., Freeland, J.R., Structuring Information Flow to Enhance Innovation, 1972, S. 105 ff..

2 Vgl. Baker, N.R., Siegmann, J., Rubenstein, A.H., Perceived Needs and Means, 1967, hier zitiert nach Baker, N.R., Freeland, J.R., Structuring Information Flow to Enhance Innovation, 1972, S. 107 f..

3 In der Untersuchung von Baker, Siegmann und Rubenstein konnten bei 268 Ideen für 94 % Need Episoden und für 92 % Means Episoden identifiziert werden.

	Stimulating Events	Need Events	Means Events
Individuelles Denken	73 / 23	118 / 41	173 / 59
Interaktion	114 / 49	107 / 47	57 / 19
Unternehmensereignisse	38 / 17	27 / 12	18 / 8
Formale Unternehmensinformationen	29 / 4	19 / 2	11 / 8
Benutzung der Bibliothek	17 / 7	0 / 0	10 / 7
Σ	271 / 100	271 / 102	269 / 101

(Zahlen links oben gleich Gesamtzahl; die Zahlen rechts unten gelten für die mit ausgezeichnet bis gut bewerteten Innovationen.)

Abb. 2.3: Informationsquellen und Informationsepisoden von Innovationen

Quelle: Baker, N.R., Freeland, J.R., Structuring Information Flow to Enhance Innovation, 1972, S. 109.

Aus der Abbildung ist eindeutig die Dominanz von Interaktionen und individuellem Denken als Informationsquelle für den Innovationsanstoß ersichtlich. Sogenannte Unternehmensereignisse, formale Unternehmensinformationen und Informationen aus der Literatur sind von relativ untergeordneter Bedeutung. Die festgestellte Bedeutung der Interaktionen kann wiederum als eine Unterstützung für die Bedeutung der genannten Gatekeeper-Positionen gewertet werden.

Je nachdem, ob das in der Abbildung aufgeführte stimulierende Ereignis ein "Need-Event" oder ein "Means-Event" ist, können zwei Muster der Innovationsgewinnung unterschieden werden: das Need-Means-Muster, bei dem das "need-event" den ersten Anstoß zur Idee gab, lag in 80 % der untersuchten Fälle vor. Bei den restlichen 20 % folgten die Ideen dem umgekehrten "Means-Need" Muster.[1]

Die hier skizzierten Untersuchungsergebnisse von Baker, Siegmann und Rubenstein decken die Prozesse der Innovationsgewinnung nicht vollständig auf. Der Meinung von Witte, daß die Wissenschaft bisher noch wenig über die Prozesse bei Innovationsentscheidungen weiß,[2] kann deshalb noch nicht widersprochen werden. Aber diese Ergebnisse scheinen bedeutsame Erkenntnisse für die Entwicklung von computergestützten Informationssystemen zu vermitteln.

Das festgestellte Überwiegen des Need-Means-Musters (d.h. in 80 % Anstoß durch das Erkennen eines Bedürfnisses) kann als wichtiger Ansatzpunkt für die Führung im Interface betrachtet werden. Eine spä-

---

1 Vgl. Baker, N.R., Freeland, J.R., Structuring Information Flow to Enhance Innovation, 1972, S. 109.

2 Vgl. Witte, E., Innovation, 1973, S. 23.

tere Untersuchung von Utterbeck bestätigt die Bedeutung des Need-Means-Musters.[1] Bei Utterbeck war darüberhinaus das Need-Means-Muster besonders ausgeprägt für kommerziell erfolgreiche Entwicklungen, während andererseits als technisch hervorragend beurteilte Entwicklungen ("award winners") relativ stärker das "Means-Need-Muster" aufwiesen.[2]

Daraus könnte wahrscheinlich für die EDV-Anwendung gefolgert werden:
Ideen für wirtschaftlich erfolgreiche Entwicklungen werden besonders dann generiert, wenn Interaktionen zwischen EDV-Spezialisten und Managern stattfinden und Ausgangspunkt der Entwicklung aufgedeckte Bedürfnisse in den Fachabteilungen sind. Die Betriebsführung müßte hiernach also durch geeignete Maßnahmen die Einbringung des Innovationspotentials des Fachmanagements in den Prozeß der MIS-Gestaltung anstreben, um so von den Bedürfnissen ausgehend zu wirtschaftlich erfolgreichen Innovationen zu gelangen. Diese Forderung scheint auch ihre Bestätigung darin zu finden, daß besonders erfolgreiche EDV-Anwendungssysteme bei starker Involyierung der Manager in den Prozeß der Ideenentwicklung und Zielbestimmung festgestellt wurden.[3]

---

1 Vgl. Utterbeck, J.M., Process of Innovation, 1971, S. 149.

2 Vgl. Utterbeck, J.M., Process of Innovation, 1971, S. 149 f..

3 Vgl. McKinsey & Company Inc., The Computer's Profit Potential, 1970, S. 154 ff.; Holland, E., et al., Socio-technical aspects of mis, 1974, S. 14 ff.; Stewart, R., How Computers Affect Management, 1971, S. 190 ff.; Lonnstedt, L., Factors to Implementation, 1975, S. 23 ff.; Zuberbühler, H., Elektronische Datenverarbeitung, 1972, S. 166 u. S. 183.

3. Der Einfluß formaler und informaler Strukturen. Der Einfluß der formal-organisatorischen Struktur und informaler Gruppenstrukturen auf sachbezogene Kommunikationsprozesse bei innovativen Aufgaben soll wiederum anhand der schon angeführten Studie von Allen und Cohen untersucht werden.[1]

Das informale Kommunikationsnetz ist hiernach eng verbunden mit dem fachlich-technischen Informationsaustausch bei Entwicklungsprozessen von innovativen Projekten.[2] Zum Beispiel bewirken Statusunterschiede in organisatorischen Gruppen einen engeren Kontakt zwischen den Individuen mit relativ hohem Status und einen tendenziellen Kommunikationsdrang der Statusniederen gegenüber den Statushöheren. Freundschaftliche Beziehungen und Freizeitkontakte gehen in gewissem Maße auch mit einer höheren Kommunikationsintensität bei Fachgesprächen einher. In der sozio-emotionalen Führung des Entwicklungs- und Einführungsprozesses von MIS-Systemen dürfte dieser Aspekt von Interesse sein.

Die Bedeutung informaler Beziehungen ist inzwischen in der Literatur des öfteren behandelt worden.[3] Meist wird jedoch dabei vernachlässigt, daß trotzdem die formalen Strukturen fachliche Kommunikationsprozesse stärker prägen. Zur Überwindung des Interface-Gap erscheint deshalb der Zusammenhang zwischen der formalen Struktur und dem innovativen Kommunikationsnetzwerk bedeutender. Diese Beziehung erwies sich als wesentlich intensiver als der Einfluß der informalen Struktur.[4]

1 Vgl. Allen, T.J., Cohen, S.I., Information Flow, 1969, S. 12 ff.; Allen, T.J., Communications, 1971, S. 108 ff..

2 Vgl. Allen, T.J., Cohen, S.I., Information Flow, 1969, S. 15 ff.; Allen, T.J., Communications, 1971, S. 111 ff..

3 Vgl. u.a. Bartram, P., Kommunikation, 1969; Bergmann, J., Zapf, W., Kommunikation im Industriebetrieb, 1965; Coenenberg, A.G., Die Kommunikation in der Unternehmung, 1966.

4 Vgl. Allen, T.J., Cohen, S.I., Information Flow, 1969, S. 16.

Durch geeignete Organisationsstrukturen,[1] durch die Festlegung definitiver Wege und einer bestimmten Häufigkeit der Kontakte für den Informationsaustausch zwischen Managern und EDV-Spezialisten kann deshalb wahrscheinlich die Aufgabe der MIS-Gestaltung gerade im Hinblick auf betriebswirtschaftliche Zielkriterien positiv beeinflußt werden.

Für Informationsaustauschprozesse bei Innovationsbildung und -durchsetzung werden als weitere Determinanten insbesondere Gruppengröße, Heterogenität der Gruppe, Spezialisierung, Zentralisierung, Dauerhaftigkeit genannt. Für die spezielle Beziehung zwischen Management und EDV-Gruppe werden diese weiteren Einflußfaktoren als von geringerer Bedeutung oder z.T. als sogar irrelevant jedoch vernachlässigt.

Zusammenfassend können für das innovative Kommunikationsnetz zwischen Management und EDV-Gruppe noch einmal folgende Aspekte angeführt werden. Die Identifizierung und Förderung von Gatekeeper-Positionen kann die Chance für die Vermittlung (bzw. Gewinnung) wichtiger Ideen an den richtigen Ort in der Organisation erhöhen. Der Zusammenhang zwischen Need-Means-Muster und Erfolg scheint ein erfolgversprechender Ansatzpunkt für Führung und organisatorische Gestaltung zu sein. Sowohl formale Organisationsstrukturen als auch informale Gruppenstrukturen determinieren den sachbezogenen Informationsaustausch. Aber oft wird übersehen, daß die formalen Strukturen offenbar von größerer Bedeutung für den Kommunikationsfluß sind.

---

1 Vgl. Abschnitt 4. "Strukturorganisation und Interface-Gap".

2.12 Analyse der Machtbeziehungen

2.121 Grundsätzliches zur Interaktionsvariablen "Macht"

Nach der Analyse der Kommunikationsbeziehungen als der Grundlage aller Interaktionen sollen nun die Machtbeziehungen zwischen Managern und EDV-Spezialisten eingehend untersucht werden. In den vorliegenden Literaturbeiträgen zum sogenannten "Implementierungsproblem" wird diese Komponente des Verhaltens in Organisationen leider stark vernachlässigt. In der verhaltenswissenschaftlichen Organisationstheorie dagegen hat die Variable "Macht" einen hohen Stellenwert. Die umfassenden Beiträge zur Organisationstheorie befassen sich zentral auch mit Machtbeziehungen.[1]

Insbesondere, wenn - wie hier - eine Analyse von Interaktionen zwischen Subsystemen einer Organisation unter dem Gesichtspunkt der Effizienz bzw. Dysfunktionalität von organisatorischen Prozessen durchgeführt wird, erscheint dies ohne die Einbeziehung des Phänomens existierender und ausgeübter Macht nicht sinnvoll.

Deshalb werden in diesem Kapitel die Verteilung tatsächlicher Macht zwischen Managern und EDV-Spezialisten und die Ausübung von Macht untersucht. Das Interesse richtet sich einmal auf die horizontalen Machtprozesse zwischen Fachabteilungen, Stäben und zentralen Einrichtungen und ihre Auswirkungen auf die EDV-

1 Vgl. vor allem Kirsch, W., Entscheidungsprozesse, Bd. III, 1971; Hill, W., Fehlbaum, R., Ulrich, P., Organisationslehre, 1974; March, J.G. (Hrsg.), Handbook of Organizations, 1965; McGuire, J.W. (Hrsg.), Contemporary Management, 1974; Kast, F.E., Rosenzweig, J.E., Organization and Management, 1974; Katz, D., Kahn, R.L., Social Psychology, 1966; Simon, H., Administrative Behavior, 1945; Barnard, Ch.J., The Functions of the Executive, 1938.

Anwendungen. Zum anderen erscheint auch Machtausübung durch Mitglieder auf unteren Organisationsebenen (häufig als Widerstand bezeichnet) als besonders relevant für die Entwicklung und Implementierung computergestützter Systeme.

Die Schwierigkeiten in der Analyse der Machtbeziehungen beginnen allerdings schon mit der Bestimmung bzw. der Auswahl eines geeigneten theoretischen Konzeptes. Es liegt eine Vielzahl allgemeiner, aber trotz gemeinsamer Basis recht differierender Erklärungsmodelle des Machtphänomens in Organisationen und in der Gesellschaft vor.[1] Ein grundsätzliches Problem in der Literatur bildet die Abgrenzung zwischen Machtgrundlagen und Machtmitteln. Die verschiedenen Konzeptionen weisen hier in sich und im Vergleich zu anderen eine Reihe von Überschneidungen auf.[2]

Neben den theoretischen Problemen bzw. Unklarheiten ist auch die empirische Grundlage dieser Erklärungsversuche bisher unbefriedigend. Laing kritisiert deshalb zu recht: "Few concepts in social science have received so much attention with so little apparent payoff as have conceptions of interpersonal power".[3]

1 Vgl. Dahl, R.A., Concept of Power, 1957; Dahl, R.A., Power, 1968; French, J.R.P., Raven, B., Bases of Power, 1959; Pichler, J., Power, Influence, and Authority, 1974; Hickson, D.J., et al., Intraorganizational Power, 1971; Mechanic, D., Sources of Power of Lower Participants, 1962; Irle, M., Macht und Entscheidungen, 1971; Kirsch, W., Entscheidungsprozesse, Bd. III, 1971, S. 184 ff.; Klis, M., Überzeugung und Manipulation, 1970, S. 74 ff.; Hill, W., Fehlbaum, R., Ulrich, P., Organisationslehre, 1974, S. 76 ff.; Harsanyi, J.C., Social Power, 1962; Cartwright, D., Influence, Leadership, Control, 1965; Blau, P.M., Exchange and Power, 1964; Gilman, G., Authority, 1962; Homans, G., Social Behavior, 1974.

2 Auf dieses Problem weist auch Dienstbach hin; vgl. Dienstbach, H., Dynamik der Unternehmensorganisation, 1972, S. 174 f.; vgl. auch die grundlegende Darstellung von Cartwright, D., Influence, Leadership, Control, 1965.

3 Laing, J.D., Power, 1974.

Für den Zweck der vorliegenden Arbeit erschien die Übernahme des Machtstrategien-Konzeptes von Irle[1] als Grundlage für die Analyse des Interface-Gap besonders geeignet. Um neben eingesetzten Strategien (Machtmittel) auch Machtbasis- und Machtverteilungsaspekte erfassen zu können, ergänzte der Verfasser das Konzept von Irle um die Variable "Machtgrundlagen", bei der er aber - im Gegensatz z.B. zum weit verbreiteten Modell von French/Raven[2] - nur zwei Komponenten unterscheidet. Zur Erklärung der Machtverteilung und Machtverschiebung zwischen Fachabteilungen und EDV-Gruppe wiederum wird die Grundstruktur des Abhängigkeitsmodells von Hickson et al.[3] eingesetzt. Das so strukturierte theoretische Konzept zur Analyse der konkreten Machtbeziehungen im Interface wird im folgenden vorgestellt.

2.122 Theoretische Basis der Analyse

In Anlehnung an Simon[4] in Verbindung mit Katz/Kahn[5] soll Macht definiert werden als das Einflußpotential einer Partei A über eine Partei B, durch das Entscheidungsprämissen von B determiniert werden können.[6] Diese Definition wird den weiteren Ausführungen

1 Vgl. Irle, M., Macht und Entscheidungen, 1971, S. 20 ff..

2 Vgl. French, J.R.P., Raven, B., Bases of Power, 1959.

3 Vgl. Hickson, D.J., et al., Intraorganizational Power, 1971.

4 Vgl. Simon, H., Administrative Behavior, 1970, S. 123.

5 Vgl. Katz, D., Kahn, R.L., Social Psychology, 1966, S. 199-222; vgl. auch Kast, F.E., Rosenzweig, J.E., Organization and Management, 1974, S. 329.

6 "Partei" verstanden sowohl als Individuum als auch als Gruppe; zur Problematik der Definition des Machtbegriffes sei verwiesen auf die Diskussion bei Kirsch, W., Entscheidungsprozesse, Bd. III, 1971, S. 184 ff..

zugrunde gelegt, weil sie neben dem tatsächlich ausgeübten Einfluß auch das vorhandene Potential der Machtausübung einschließt.

Zur näheren Kennzeichnung von Macht in Organisationen dienen die Begriffe Machtgrundlagen und Machtmittel (Instrumente), Reichweite der Macht, Domäne und Machtfülle.[1] Die Macht einer Partei A in einer Organisation beruht auf den Machtgrundlagen (bases of power), deren zwei Komponenten die Position (einschließlich Lokalisation) und die persönlichen Charakteristika der Partei sind. In Abhängigkeit von der konkreten Ausprägung der Machtbasis können sogenannte Machtinstrumente eingesetzt werden, das sind spezifische Aktionen, um das Verhalten von B zu beeinflussen.[2] Irle klassifiziert diese Instrumente nach fünf Strategien.[3] Die Abbildung 2.4 gibt einen Überblick zum Zusammenhang zwischen Machtgrundlagen und Machtinstrumenten.

Die Machtgrundlagen einer Partei sind verankert in ihrer formalen sowie ihrer informalen Position und in ihren "Persönlichen Charakteristika". Ist eine Position nicht so sehr durch ihre Stellung in der Organisationshierarchie, sondern bedeutsamer durch ihre Einkettung in die organisatorischen Abläufe gekennzeichnet, beschreibt der Begriff Lokalisation diese Machtgrundlage treffender. Die Machtgrundlagen Position und Persönliche Charakteristika bedingen und beeinflussen sich gegenseitig: Eine Person mit hoher intellektueller Kapazität und Durchsetzungsvermögen wird eher als andere eine "hohe" Position erlangen können. Der Rang und die Stellung der bekleideten Position wird andererseits nicht ohne Einfluß auf die Ausprägung der persönlichen Eigenschaften einer Person bleiben.

---

1 Vgl. Dahl, R.A., Concept of Power, 1957; Cartwright, D., Influence, Leadership, Control, 1965.

2 Vgl. Kirsch, W., Entscheidungsprozesse, Bd. III, 1971, S. 187.

3 Vgl. Irle, M., Macht und Entscheidungen, 1971, S. 20 ff..

Auf der Basis ihrer Machtgrundlagen kann eine Partei Machtinstrumente einsetzen, die die der Machtausübung ausgesetzten Personen zu einem bestimmten Verhalten bewegen. Die möglichen Instrumente reichen von physischem Einfluß (z.B. Waffengewalt oder Prügelstrafe) über Verfügung von Erträgen und Aufwendungen (z.B. Gehaltserhöhung, Versetzung, Entlassung), ökologischen Einfluß (z.B. Veränderung räumlicher Gegebenheiten, Setzen von Verkehrsbarrieren), über Internalisierung und Identifizierung (Vorbild) bis zu selektiver Kommunikation (Vorenthaltung, Verzerrung von Informationen - Einsatz von Sachverstand). Der Einsatz der Instrumente wirkt sich wiederum durch die Reaktionen der Beeinflußten auf die Machtgrundlage aus (positive und negative Rückkoppelung möglich).

Der Rückkoppelungseffekt weist auf eine weitere explikative Variable hin: die Machtfülle (amount of power). Die Machtfülle einer Partei A, d.h. die Erfolgswahrscheinlichkeit von Einflußversuchen von A über B ist abhängig von den Machtgrundlagen der beeinflußten Partei B und von den tatsächlichen Reaktionen von B. In der Analyse von Machtbeziehungen dienen weiterhin die Begriffe Reichweite der Macht (scope of power) zur sachlichen Abgrenzung (z.B. Macht im Betrieb, Macht in bezug auf Finanzfragen, Macht in der Familie) und die Domäne (domain of power) zur Abgrenzung der Menge der Individuen, über welche Macht ausgeübt werden kann. Die Kosten des Machterwerbs beeinflussen das Streben nach Erlangung einer bestimmten Machtposition. Die Kosten der Machtausübung werden mehr oder weniger von der die Macht ausübenden Partei antizipatorisch bedacht und beeinflussen somit die Art und das Ausmaß des Einsatzes von Instrumenten. Die zuletzt genannten Variablen wurden zwecks Vollständigkeit des theoretischen Konzeptes hier erläutert, bleiben aber in der folgenden konkreten Analyse der Beziehungen im Interface zwischen Fachabteilungen und Management weit-

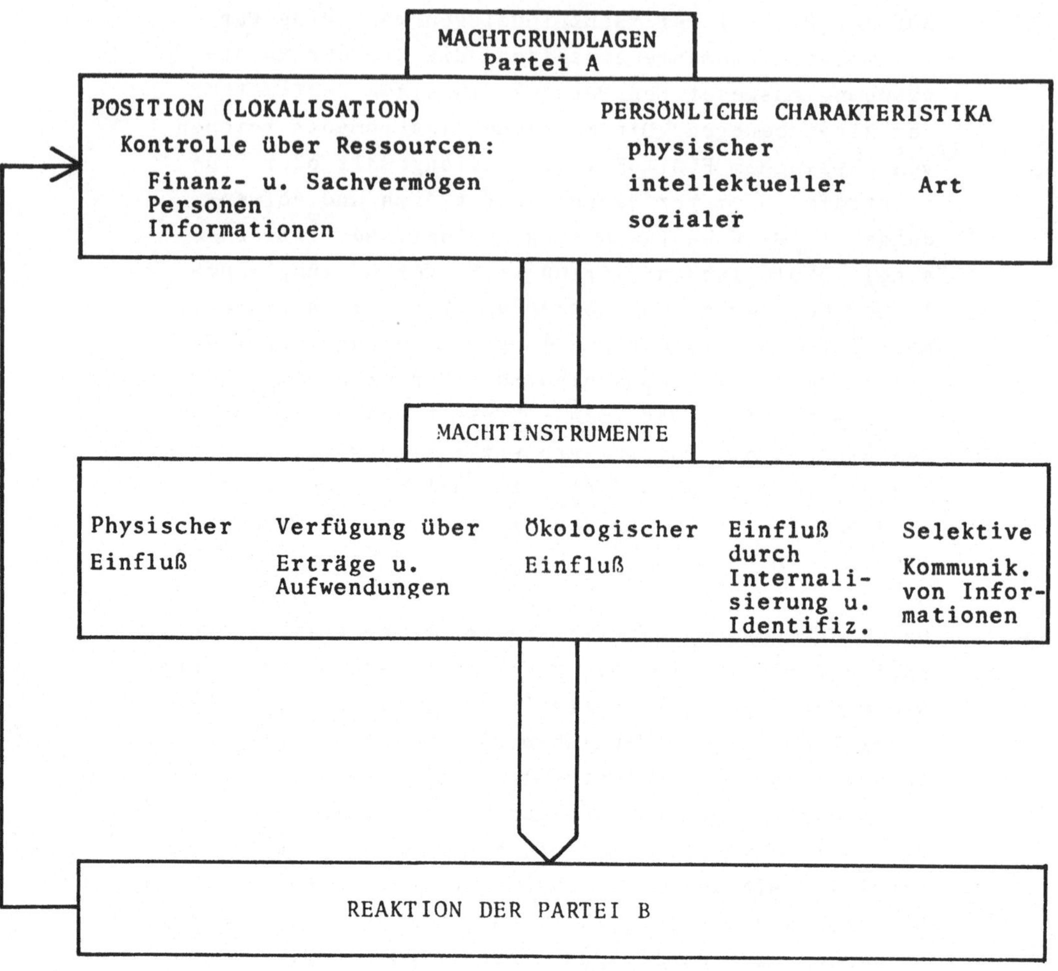

Abb. 2.4: Modell der Machtausübung[1]

gehend unberücksichtigt, da sie entweder nicht relevant sind für die Problemstellung dieser Arbeit oder aber generalisierende Aussagen unmöglich erscheinen.

Eingehend untersucht werden Machtgrundlagen und der Einsatz von Machtinstrumenten. Dabei wird der Versuch unternommen, bestimmte Besonderheiten der Machtverteilung im Zusammenhang mit der EDV-Anwendung anhand

1 Zur Erläuterung der fünf Gruppen von Machtinstrumenten sei verwiesen auf Irle, M., Macht und Entscheidungen, 1971, S. 20 ff..

eines Abhängigkeits-Modells von Hickson et al.[1] zu erklären. Deren Ausgangspunkt ist die schon von Emerson[2] herausgestellte Beziehung zwischen Macht und Abhängigkeit:[3] Macht ist die Umkehrung (reverse) der Abhängigkeit. Ihre wichtigste These ist: In modernen Organisationen entsteht Abhängigkeit hauptsächlich durch das Phänomen der Unsicherheit. Die Grundstruktur des Modells von Hickson et al. besteht deshalb aus den drei folgenden Variablen, durch die Macht erklärt wird:[4]

1. das Ausmaß, in dem eine Organisationseinheit für andere mit Unsicherheit handelt (copes) - also Unsicherheit verringert, beseitigt, absorbiert oder auch vergrößert.
2. die Substituierbarkeit dieser Organisationseinheit durch andere.
3. die Zentralität[5] dieser Einheit, d.h. ihr relativ höherer Verflechtungsgrad mit anderen Einheiten.

Die Macht einer Organisationseinheit ist dann umso größer, je mehr ihr die Aufgabe gestellt ist, Unsicherheit zu beseitigen, je weniger diese Aufgabe von anderen übernommen werden kann und je zentraler die Stellung der Einheit in der Organisation ist (je stärker sie über dem durchschnittlichen Niveau mit anderen Stellen verbunden ist).[6]

---

1 Vgl. Hickson, D.J. et al., Intraorganizational Power, 1971.

2 Vgl. Emerson, R.M., Power-Dependence Relations, 1962, S. 31 ff..

3 Vgl. auch Kirsch, W., Entscheidungsprozesse, Bd. III, 1971, S. 193 ff.; Dahl, R.A., Power, 1968, S. 410 ff.; Thibaut, J.W., Kelley, H.H., Social Psychology, 1959, S. 523 ff.; Thompson, J.D., organizations in action, 1967, S. 30 ff..

4 Vgl. Hickson, D.J. et al., Intraorganizational Power (Scott), 1974, S. 541.

5 Vgl. zur Bestimmung der Zentralität von Positionen auch Mag, W., Kommunikationsstruktur, 1970, S. 30 ff..

6 Dieses globale, auf nur drei Variable zurückgeführte Modell der Machtverteilung in Organisationen könnte u.a. die häufig vorzufindende besondere Macht

2.123 Machtbasis und Machtverteilung

Im folgenden sollen die Machtphänomene im Interface zwischen Management und EDV-Spezialisten näher untersucht werden. Die erste Komponente der Machtbasis wurde definiert als die Position in der Organisation. Die Position einer Person oder einer Gruppe wiederum ist primär bestimmt durch ihre Stellung in der Organisationshierarchie, sekundär durch ihre spezielle Lokalisation[1] im Verhältnis zu den anderen Positionen bzw. Stellen.

So sind in der klassischen funktional gegliederten Unternehmensstruktur auf der zweiten Hierarchiestufe - direkt nach der Unternehmensspitze - die Leiter der Funktionen (z.B. Produktion, Einkauf, Verkauf, Finanzierung) gleichberechtigt nebeneinander, d.h. formal gleichmächtig vertreten. In der Praxis zeigt sich jedoch oft die größere Machtstellung einer bestimmten Funktionsgruppe. Neben der zweiten Komponente der Machtbasis, den persönlichen Charakteristika (i.w. Intelligenz, Charme, Ausbildung, Arbeitseinsatz, Führungscharisma) des Bereichsleiters und seiner Mitarbeiter, ist für diese von der formalen abweichende Machtstruktur die tatsächliche Kontrolle über organisationale Ressourcen (Sach- und Finanzvermögen, Personen, Informationen) entscheidend. Die organisationalen Ursachen, die eine formal (offiziell) ausgewogene Machtstruktur durch das Übergewicht einer Partei (Gruppe) sprengen, sollen auf ihre Bedeutung für die Entwicklung und Anwendung von EDV-Systemen untersucht werden. Für die persönlichen Charakteristika muß die Aussage darauf beschränkt werden, daß sie für Machtbeziehungen sehr bedeutsam sind, ihre Auswirkungen aber völlig von konkreten Konstellationen abhängen.

---

der Marketingabteilung erklären, wie sie z.B. von Lawrence/Lorsch festgestellt wurde; vgl. Lawrence, P.R., Lorsch, J.W., Organization and Environment, 1967, S. 111 u. S. 127; vgl. auch Hickson, D.J. et al., Intraorganizational Power, 1974, S. 543.

1 Mit dem Terminus "Position" ist im allgemeinen Verständnis sehr stark der organisationale Rang einer Person verbunden. Der zusätzlich verwandte Terminus "Lokalisation" verweist auf die Besonderheiten der Einbettung einer Person in den organisatorischen Ablauf.

Die vorher dargelegte Grundstruktur des Abhängigkeits-Modells von Hickson et al. bietet für die Machtverteilung zwischen Managern und EDV-Spezialisten plausible Erklärungen. Das Jahrzehnt von 1960 bis 1970 (Entwicklungsphase) war die Zeit, in der die Computer Eingang fanden in nahezu alle größeren Unternehmen und Verwaltungen. Diejenigen Mitarbeiter in den Organisationen, die traditionell durch ihre organisationsinternen Erfahrungen großen taktischen Vorsprung gegenüber neuen Organisationsmitgliedern besaßen, waren relativ hilflos gegenüber den neuen Fachleuten: den Systemanalytikern und Programmierern. Den ansonsten erfahrenen und versierten Managern und Angestellten fehlten die Informationen für den EDV-Bereich. Theoretisch hätten sie ihre Position durch die Beschaffung von Informationen über die EDV verbessern können. Aber in der Praxis geschah dies nicht, sehr selten oder nur unzureichend.

Die EDV-Spezialisten waren in dieser Situation die Organisationsmitglieder, die sich mit dieser Unsicherheit "EDV" befaßten. Sie hatten die Aufgabe, mit ihrem Spezialwissen den Computer für die Organisation zu erschließen; sie waren zumindest für gewisse Zeit nicht ersetzbar und die EDV wurde ständig zentraler für die Organisationen. Die Analyse der Machtverteilung mit Hilfe des Modells von Hickson et al. zeigt folglich für das erste Jahrzehnt der EDV-Anwendung eine starke Machtposition der EDV-Gruppe, weil sie in hohem Maße für andere mit Unsicherheit handelte, nicht substituierbar war und eine zentrale Stellung hatte.

Vorliegende empirische Untersuchungen bestätigen die Ergebnisse der Modellanalyse. Jaeggi/Wiedemann[1]

1 Vgl. Jaeggi, U., Wiedemann, H., Der Angestellte im automatisierten Büro, 1963, S. 142.

stellten fest, daß die EDV-Gruppe zum dynamischen Kern der Betriebe gehörte und zu einem neuen Machtkern wurde. Auch Mumford[1] verweist auf die Machtverschiebung von den Fachabteilungen zu den Computerspezialisten. Zwicker[2] spricht von dem besonders starken Einfluß der kleinen Gruppe der EDV-Spezialisten und von ihrer "unangemessenen Machtposition". In seiner Studie von 20 Unternehmen der Versicherungswirtschaft sieht Whisler den Beweis erbracht für eine zunehmende Abhängigkeit[3] der Fachabteilungen vom Computerpersonal.[4] Als Ursachen werden von den Anwendern u.a. die ihnen unbekannten Vorgänge im EDV-Zentrum und die "Tricks" bei der Programmierung angegeben, ferner die durch die EDV geschaffenen starken Interdependenzen zwischen den Abteilungen sowie die Wissensübermacht der Informationsspezialisten auf diesem Gebiet.[5]

Unsicherheit im Gefolge der EDV-Anwendung wird insbesondere bestimmt durch den umfassenden organisatorischen Wandel. Ein zusätzlicher Unsicherheitsfaktor ist dabei die Frage der Zuständigkeit für den Wandel. In der genannten Untersuchung von Whisler war die typische Antwort eines Organisationsmitgliedes: "Lines of authority have become less clear mainly because, if any changes are to be made, it is extremely hard to find a responsible person who has the authority to make the necessary change. There are many people who recommend but few who make decisions."[6] Nahezu automatisch fällt in solch einer

1 Vgl. Mumford, E., The Human Factor, 1970, S. 289; Mumford, E., Job Satisfaction, 1972, S. xi.

2 Vgl. Zwicker, E., Personelle Organisation in der EDV, 1967, S. 7.

3 Abhängigkeit der Fachabteilungen vom Computerpersonal ist "vice versa" gleichbedeutend mit einer stärkeren Machtposition der EDV-Gruppe (siehe Abschnitt 2.122 - Theoretische Basis).

4 Whisler, Th.L., The Impact of Computers on Organizations, 1970, S. 80.

5 Whisler, Th. L., The Impact of Computers on Organizations, 1970, S. 79 ff.

6 Whisler, Th.L., The Impact of Computers on Organizations, 1970, S. 122.

Situation der Instabilität der Gruppe selbstbewußter EDV-Spezialisten mehr Macht zu.

Neben dem Faktor "Befassung mit Unsicherheit" kommt - wie bereits angeführt - dem Faktor "Zentralität der EDV" besondere Bedeutung für die Machtverteilung zu. Die zentrale Verarbeitung eines Großteils der betrieblichen Daten durch die EDV gibt dieser Gruppe eine Position, in der sie außergewöhnliche Kontrolle über die Organisation ausüben kann.[1] Während die Unsicherheit in der gegenwärtigen reiferen Phase der EDV-Anwendung zum Teil an Bedeutung verloren haben dürfte, ist die Zentralität der EDV ein aktueller Einflußfaktor in dem politischen System von Organisationen geblieben.[2] Das zentrale EDV-System verbindet die verschiedenen Teile der Organisation, überwindet Abteilungsschranken, forciert Integration und zentrale Kontrolle, nimmt Organisationseinheiten Autonomie und läßt durch all dies bei nicht wenigen Benutzern das Gefühl aufkommen: Wir sind Gefangene des Systems.[3]

---

1 Formen dieser Kontrolle sind:
- Qualitätsüberprüfungen
- Initiierung von Aktivitäten
- Spezifizierung geeigneter Aktivitäten

(vgl. Whisler, Th.L., The Impact of Computers on Organizations, 1970, S. 112; vgl. auch Reif, W.E., Computer and Management, 1968, S. 49)

2 Vgl. Brink, V.Z., Computers and Management, 1971, S. 49 f.; vgl. auch Dreger, W., Management-Informationssysteme, 1973, S. 128 f.; Martin, Jr., E.W., Perkins, W.C., Computers and Information, 1971, S.576.

3 Vgl. Brink, V.Z., Computers and Management, 1971, S. 49 ff..

In diesem Abschnitt wurde bisher untersucht, in welcher Weise offiziell gewollte Autoritätsstrukturen durch Machtfaktoren, die komplexen Organisationen inhärent sind, und durch besondere Auswirkungen des Einsatzes von EDV beeinflußt und verändert werden. Es bleibt noch zu prüfen, wie die offiziellen Autoritätshierarchien auf die Planung und Implementierung von Anwendungssystemen der EDV ausgerichtet wurden.

Die der EDV-Gruppe übertragene formale Macht zeigt eine bestimmte zeitliche Bewegung. In der Hauptentwicklungsphase der EDV in Unternehmen (60er Jahre) wurden der Spezialistengruppe sehr oft weitreichende Kompetenzen übertragen und ihr Leiter direkt der Unternehmensspitze unterstellt.[1] In der gegenwärtigen Reifephase[2] (beginnend etwa 1968-1970) haben die EDV-Spezialisten tendenziell an formaler Macht verloren.[3] Mangelnde Kompetenzen und damit fehlende Durchsetzungsmöglichkeiten werden von den EDV-Spezialisten beklagt.[4] Die befragten Teilnehmer von zwei MIS-Workshops des BIFOA, Köln, stufen die Frage der organisatorischen Ebene der EDV-Leitung als

---

1 Vgl. z.B. Mc Kinsey & Company Inc., The Computers' Profit Potential, 1970, S. 159; Dean, N.J., The Computer Comes of Age, 1968, S. 84.

2 Auf die Unterteilung in Entwicklungsphase (ca. 1960 bis 1968) und Reifephase (ca. ab 1968) wird häufiger Bezug genommen. Die Zeitangaben sind nur als grobes Raster zu verstehen; in den einzelnen Unternehmen verlief die Entwicklung sehr unterschiedlich. Es sei angefügt, daß Grochla unterschied in die 1. Phase der Ablehnung, die 2. Phase der Euphorie und die 3. Phase der Frustration; vgl. Grochla, E., Das Engagement der Unternehmensführung, 1973, S. 65 f..

3 Vgl. Garrity, J.T., Management and the computer, 1971, S. 39 u. 44; Nolan, R.L., Plight of the EDP manager, 1973, S. 143 ff..

4 Vgl. z.B. Büttner, R., EDV-Lösungen benutzerfreundlich?, 1974, S. 446 f..

wenig wichtig und den mit formalem Status direkt zusammenhängenden Aspekt einer hohen Bezahlung der Spezialisten als noch weniger wichtig ein.[1]

Für die abnehmende formale und informale Machtposition der EDV-Gruppe sind wohl vor allem übermäßig geweckte und dann enttäuschte Erwartungen verantwortlich.[2] Die Abbildung 2.5 zeigt die zu mehr als 40 % äußerst mäßige Einschätzung des Beitrages der EDV-Abteilung zur Rendite und zum Wachstum ihrer Unternehmen durch 220 Unternehmensführer/Fachressortleiter und auch durch 256 EDV-Systemspezialisten. Einen Beitrag zur abnehmenden Tendenz der Spezialistenmacht leistet auch die Tatsache, daß bei den Anwendern mehr Wissen über die EDV angesammelt wurde und dadurch "Unsicherheit" in gewissem Grade beseitigt wird, obwohl abwertende Bemerkungen von Vorstandsmitgliedern wie "die EDV, unser Spielzeug" diesen Eindruck nicht gerade bestärken.[3]

---

1 Vgl. Mans, G., Erfolgsfaktoren für MIS-Projekte, 1973, S. 194.

2 Vgl. u.a. Dearden, J., MIS is a mirage, 1972, S. 94 f.; Adams, W., New role for top management, S. 54 f.; McKinsey & Company Inc., The Computer's Profit Potential, 1970, S. 155 ff..

3 Diese Bemerkung wurde dem Verfasser aus einem Unternehmen der Chemieindustrie berichtet.

nach Meinung von EDV-Leitern	Grad des geschätzten Erfolgsbeitrages	nach Meinung von leitenden Managern
Anzahl der Nennungen		Anzahl der Nennungen
71	größerer	21
177	merkbarer	108
78	minimaler	63
30	kein schätzbarer Erfolg	28

Abb. 2.5: Geschätzter Erfolgsbeitrag der EDV zu Gewinn und Wachstum der Unternehmen

Quelle: Stone, M.M., Tarnowieski, D., Management Systems, 1972, S. 10.

Die Analyse der empirischen Untersuchungen zeigte, daß durch das Abhängigkeitsmodell von Hickson et al. die starke Machtstellung der EDV-Gruppe in der Entwicklungsphase richtig erklärt werden kann. Auch für die sinkende Machtstellung dieser Gruppe in der Reifephase bietet das Modell die geeignete Erklärungsgrundlage: Tendenzielle Beseitigung der Unsicherheit bei den Anwendern und erleichterte Substituierbarkeit der EDV-Experten wirken machtvermindernd. Im Sinne eines Regelkreises wird außerdem durch die Nichterfüllung der gestellten Erwartungen (erwartete Erträge, vgl. Abbildung 2.4, S. 66) eine negative Rückkoppelung auf die Stärke der Machtposition ausgelöst.

2.124 Einsatz von Machtinstrumenten und ihre Auswirkungen

Das Vorhandensein von Macht erlaubt den mit Macht ausgezeichneten Personen oder Gruppen, sogenannte Machtinstrumente einzusetzen.[1] Aus der persönlichen und der organisationalen Komponente der Machtbasis[2] sind direkt Mittel zur Beeinflussung der Interaktionspartner ableitbar. Die Machtmittel dienen zur Durchsetzung individueller Entscheidungen bzw. Gruppenentscheidungen und gleichzeitig als Druckmittel bzw. Tauschmittel im Interaktionsprozeß, um die eigene Machtbasis zu erhöhen bzw. zu verbreitern.

Der zweite Zweck "Tauschmittel" soll kurz an einem Beispiel erläutert werden. Eine politische Strategie der EDV-Gruppe könnte darin bestehen, Arbeitszeit und Energie vorrangig zur Erfüllung der spezifischen Wünsche eines Bereichsleiters einzusetzen, der einen besonders hohen Machtstatus in der Unternehmung hat. Als Gegenleistung ist der Bereichsleiter dazu bereit, seinen Einfluß zugunsten der EDV-Gruppe einzusetzen.[3] So hätte die EDV-Gruppe ihre Mittel eingesetzt, um ihre eigene Machtposition entscheidend zu verbessern.

---

1 Das Vorhandensein von Macht wird z.T. durch den tatsächlichen Einsatz von Machtinstrumenten definiert. Es erscheint aber sinnvoller, von vorhandener Macht auszugehen und den daraus möglichen Einsatz von Machtinstrumenten zu untersuchen. Dabei muß noch einmal auf den Rückkoppelungsprozeß verwiesen werden, daß nämlich Einsatz von Instrumenten die Machtbasis beeinflußt.

2 Vgl. Abbildung 2.4., S.66.

3 Tausch- oder auch "Verhandlungsprozesse" der genannten Art sind ein besonderes Kennzeichen heutiger großer Organisationen. In der Sozialwissenschaft befaßt sich ein eigener Theorieansatz mit diesem Phänomen; vgl. z.B. Gergen, K.J., The Psychology of Behavior Exchange, 1969.

Fünf Instrumente der Machtausübung waren unterschieden worden (vgl. Abbildung 2.4). Für die Untersuchung der Beziehung von EDV-Spezialisten und Managern sind zwei von besonderem Interesse, nämlich die Verfügung über organisationsgebundene Aufwendungen und Erträge und die selektive Kommunikation von Informationen. Der gegenwärtige Einsatz und die Auswirkungen des Einsatzes dieser beiden Strategien werden in diesem Abschnitt analysiert.[1] Auch der Einsatz der anderen Instrumente kann in Organisationen festgestellt werden; z.B. eine Person setzt ihre individuelle Entscheidung mit ihrem besonderen Führungscharisma durch (Einfluß durch Internalisierung und Identifizierung). Aber diese Machtinstrumente sind von relativ geringerer Bedeutung und es ist schier unmöglich, im Rahmen dieser Untersuchung spezifische Feststellungen hierzu zu treffen.

2.124.1 Verfügung über Aufwendungen und Erträge

Besondere Verfügungsmöglichkeiten über organisationsgebundene Aufwendungen und Erträge hat die Spitze der Organisationshierarchie. Diese Organisationsmitglieder können über Entlassungen und Einstellungen, über Gehaltserhöhungen, über Zuweisungen von Aufgaben und über Versetzungen aufgrund umfassender Kompetenzen entscheiden. Bei der Entwicklung und dem Einsatz computergestützter Managementsysteme - insbesondere der Frage, ob überhaupt der Startschuß zur Entwicklung von Systemen gegeben wird - sind offensichtlich Entscheidungen von einzelnen Personen aus der Spitze der Fachabteilungen von heraus-

1 In diesem Abschnitt wird nur die gegenwärtige Reifephase behandelt; vgl. S. 72.

ragender Bedeutung. Eine Untersuchung von Holland et al. ergab, daß mindestens 70 %[1] der untersuchten Management-Informationssysteme auf Betreiben eines speziellen "Anwalts" entwickelt worden waren.[2] Und 85 % wurden für den Gebrauch durch nur einen oder zwei Benutzer entworfen.[3] Diese Anwender schienen starke Besitzgefühle (possessive feelings) für ihre Systeme und Zahlenwerke zu haben und gaben, wenn überhaupt, nur sehr zögernd anderen Personen Einblick.[4]

Die Ausrichtung computergestützter Management-Systeme auf spezielle Förderer stellt die Effizienz dieser Systeme naturgemäß in Frage. Die Gefahr ist, daß persönliche Ziele gegenüber den Organisationszielen bei den Entscheidungen überwiegen, daß Streben nach Status und Macht eine zu große Rolle bei Entscheidungen über EDV-Anwendungssysteme spielen.

So stellten Radnor/Neal fest, daß OR/MS-Gruppen - die ja heute überwiegend an MIS-Systemen arbeiten[5] - oft ihre Arbeit auf die taktischen Bedürf-

---

1 Für die übrigen 30 % waren die Initiativen nicht mehr feststellbar.

2 Vgl. Holland, E., Socio-technical aspects of mis, 1974, S. 15.

3 Vgl. Holland, E., Socio-technical aspects of mis, 1974, S. 15.

4 Vgl. Holland, E., Socio-technical aspects of mis, 1974, S. 15.

5 Zur weiteren Rechtfertigung der Einreihung der OR-Spezialisten in die Gruppe der EDV-Spezialisten, was hier ja tendenziell getan wird, soll ergänzt werden, daß die von Radnor/Neal so benannten OR-Gruppen nur minderheitlich unter diesem Namen auftraten. Stattdessen waren die tatsächlichen Bezeichnungen z.B. "MIS", "data processing", "central planning".

nisse ihrer Förderer ausrichten mußten und dies oft nur den Zweck hatte, die Machtposition des Hauptförderers und Anwalts zu vergrößern.[1]

In sehr vielen Untersuchungen zu Implementierungsproblemen für computergestützte Managementsysteme wird auf die bei weitem höhere Verfügungsgewalt der Anwenderabteilungen über organisationsgebundene Aufwendungen und Erträge im Vergleich zur EDV-Gruppe hingewiesen.[2] Im Zweifelsfall sitzen die Manager in den Fachabteilungen "am längeren Hebel der Kompetenz"[3] und sie verfügen fast ausschließlich über die organisationalen Ressourcen.[4] Und, erweist sich ein System als Fehlschlag, wird meist die EDV-Gruppe dafür verantwortlich gemacht; als Folge sind Entlassungen von EDV-Leitern besonders häufig.[5]

Neben direkten dysfunktionalen Auswirkungen dieser Ausübung von Macht führt die Abhängigkeit des zu entwickelnden oder schon entwickelten computergestützten Systems von einem einzelnen Förderer zu einer besonderen Problematik: Der Förderer kann die Unternehmung

---

1 Vgl. Radnor, M., Neal, R.D., The Progress of Management-Science Activities, 1973, S. 433.

2 Vgl. u.a. Nolan, R.L., Plight of the EDP manager, 1973; Büttner, R., EDV-Lösungen benutzerfreundlich?, 1974; Whisler, Th.L., The Impact of Computers on Organizations, 1970; Radnor, M., Neal, R.D., The Progress of Management-Science Activities, 1973; Huse, E.F., Impact of Computerized Programs, 1967.

3 Büttner, R., EDV-Lösungen benutzerfreundlich?, 1974, S. 446.

4 Sollenberger, H.M., Information Systems Development, 1971, S. 10. In dieses Bild fügt sich auch gut die Tatsache ein, daß EDV-Leiter unverhältnismäßig selten in allgemeine Linienpositionen aufrücken; vgl. z.B. Blau, H., Sind EDV-Spezialisten Fachidioten?, 1971, S. 667; Nolan, R.L., Plight of the EDP-Manager, 1974, S. 145 ff..

5 Vgl. Nolan, R.L., Plight of the EDP-Manager, 1974, S. 143 u. 145. Diese Feststellung ist vielleicht spezifisch für die USA. Für die BRD liegen dem Verfasser keinerlei Angaben zu diesem Problem vor.

verlassen und den EDV-Spezialisten fehlt alsdann die notwendige Unterstützung. Solch eine Situation wird z.B. in einer Fallstudie von Huse beschrieben.[1] Die Entwicklung des integrierten Informationssystems erfuhr nach dem Weggang des Anwalts, des Vize-Direktors für Produktion, große Verzögerung. Es fehlten die notwendigen Durchsetzungsmöglichkeiten und die zielbewußte Führung. Das Ausscheiden des Förderers kann auch zum Extrem, dem Stoppen von Projekten, und sogar zur Auflösung des mit der Entwicklung spezifischer Systeme befaßten Spezialistenteams führen.[2]

Auf der Seite der EDV-Spezialisten sind die Verfügungsmöglichkeiten über organisationale Aufwendungen und Erträge relativ beschränkt. Wohl in keiner Unternehmung hat heute die EDV-Gruppe die Kompetenz, selbständig computergestützte Managementsysteme zu entwickeln und zur Anwendung zu bringen. Machtausübung durch EDV-Spezialisten ist eher auf der operativen Ebene der Organisation möglich. Das zentrale Rechenzentrum muß Prioritäten setzen für die Jobverarbeitung. An die Aufbereitung der Daten und die zeitliche Lieferung durch die Fachabteilungen werden bestimmte Anforderungen gestellt. Insofern verlangt die EDV auf dieser Ebene von den Benutzern eine gewisse Disziplin.[3] Eine radikale Ausübung des diskutierten Machtinstruments wäre insbesondere bei EDV-Gruppen in Organisationen möglich, in denen der Strom der Routine-Informationen fast vollständig über das EDV-System läuft. Die EDV-Gruppe könnte ihre Macht und die Abhängigkeit der restlichen Orga-

---

1 Vgl. Huse, E.F., Impact of Computerized Programs, 1967, S. 289.

2 Vgl. Radnor, M., Neal, R.D., The Progress of Management-Science Activities, 1973, S. 435.

3 Whisler, Th.L., The Impact of Computers on Organizations, 1970, S. 112.

nisation von der EDV demonstrieren, indem sie einen kurzfristigen Zusammenbruch des gesamten EDV-Systems verursacht. Die Aufwendungen für die Organisationen wären außerordentlich. Aber diese "mögliche" Machtausübung dürfte sich verbieten. Auch wenn dieser Akt nicht als Sabotage vermutet und erkannt wird, sind unangenehme Konsequenzen für die EDV-Gruppe (bis zu Entlassungen) durchaus realistisch. Die administrative Macht der EDV-Spezialisten über Aufwendungen und Erträge gleicht hier eher einer "Ohn"-Macht.

2.124.2 Selektive Kommunikation von Informationen

Eine andere Macht-Konstellation zwischen EDV und Anwendern ist bei dem Einsatz des Machtinstrumentes der selektiven Kommunikation von Informationen feststellbar. Bei der Entwicklung von Informationssystemen hatten qualifizierte Systemspezialisten einen Informationsvorsprung und insbesondere die Möglichkeit der Manipulation durch Information, die sie durchaus für ihre Position zu nutzen wußten. Manipulation durch Information setzt Unwissen bei den Manipulierten voraus und das war in teilweise reichem Maße bei den Managern vorhanden.[1]

Die Taktik der EDV-Spezialisten für die Entwicklung von Management-Informations-Systemen bestand darin, auf die früheren Erfolge bei Abrechnungs-Systemen hinzuweisen und ebensolche Erfolge für die neuen

---

1 Vgl. McKinsey & Company Inc., The Computer's Profit Potential, 1968, S. 160; diese Wissenslücke war natürlich besonders stark in der Entwicklungsphase vorhanden.

Systementwicklungen in Aussicht zu stellen. Vielfach wurde der Erfolg als zwangsläufig dargestellt.[1]

Das Management hat diese Informationsmanipulation anfangs häufig nicht durchschaut und keine bzw. eine völlig unzureichende Kontrolle ausgeübt.[2] Die Wirtschaftlichkeitsfrage wurde nur nachlässig geprüft oder (und dies geschah häufig) den EDV-Spezialisten überlassen.[3] Diesen fehlte jedoch die sachliche Kompetenz zur wirtschaftlichen Kontrollausübung über geplante EDV-Projekte, sie haben praktisch immer den Nutzen überschätzt oder überbewertet, die Kosten unterschätzt.[4]

---

1 Die EDV-Abteilungen haben in ihrer optimistischen und selbstbewußten Grundhaltung wohl oft selbst an den übergroßen Erfolg geglaubt. Insofern muß der Einsatz des genannten Machtmittels nicht zwingend bewußt erfolgt sein; der Vorwurf der Informationsmanipulation ist deshalb einzuschränken. Nichtsdestoweniger haben sich die Informationsspezialisten zumindest der Verfehlung schuldig gemacht, ihren Bereich von Prüfungen auf Wirtschaftlichkeit in gewisser Weise auszuschließen, sei es, weil man meinte, dafür stünden nicht genügend Daten zur Verfügung, oder aber glaubte, ein positiver Erfolgsbeitrag einer EDV-Anwendung sei eo ipso gegeben. Auch, wenn man annehmen kann, daß die Informationspolitik der Spezialisten oft keine bewußte Manipulation war, wirkten die tatsächlichen Gegebenheiten, insbesondere die Kennzeichnung der EDV-Anwendung als Spezialgebiet, das den übrigen Organisationsmitgliedern unzugänglich ist, als Machtmittel, die die Entwicklung der EDV-Anwendung und das Verhalten von Managern und Benutzern wesentlich bestimmten.

2 Vgl. McKinsey & Company Inc., The Computer's Profit Potential, 1970, S. 159 f..

3 Vgl. McKinsey & Company Inc., The Computer's Profit Potential, 1970, S. 158; Grochla, E., Das Engagement der Unternehmensführung, 1972, S. 69.

4 Vgl. Sherwood, H.F., EDV und Management, 1972, S. 65.

Das Management der Anwenderabteilung benutzt teilweise das Machtinstrument Manipulation auf einem etwas anderen Gebiet. "Zahlenmanipulation" scheint ein durchaus verbreitetes Spiel zu sein[1], um die eigene Tätigkeit für die Unternehmensleitung in einem besseren Licht erscheinen zu lassen. Schon bisher führte ein solches - durch die persönliche Interessenlage bedingtes - Verhalten zu Kosten für die Organisation, aber für qualifizierte, computergestützte Informations- und Entscheidungssysteme hat es schwerwiegendere Konsequenzen, da solche Systeme ohne exakte Input-Daten funktionsunfähig werden. Die aus dieser Manipulation resultierenden Schwierigkeiten für die Implementierung werden häufig den EDV-Spezialisten angelastet. Der Einfluß der EDV-Gruppe sinkt, und als weitere Auswirkung können die Projektarbeiten von der Unternehmensleitung eingestellt werden.

2.125 Der Widerstand gegen den Wandel

In der Literatur ist unter dem Begriff "Widerstand gegen Wandel" insbesondere eine bestimmte Verhaltensform der Mitarbeiter auf den unteren Hierarchieebenen zur EDV als Problem herausgestellt und empirisch untersucht worden.[2] Bevor auf die Ursachen und Formen dieses Widerstandes im einzelnen eingegangen

---

1 Vgl. zum "numbers game" Huse, E.F., Impact of Computerized Programs, 1967, S. 292 f..

2 Vgl. Jaeggi, U., Wiedemann, H., Der Angestellte im automatisierten Büro, 1963; Scott, W.H., Office Automation, 1965; Touraine, A., workers' attitudes to technical change, 1965; Barkin, S., technical change, 1967; Mumford, E., Banks, O., The Computer and the Clerk, 1967; Schiefer, F., Elektronische Datenverarbeitung und Angestellte, 1968.

wird, soll darauf hingewiesen werden, daß dieses Phänomen zwar hauptsächlich eine Machtausübung der Hierarchiebasis gegenüber der Hierarchiespitze[1] ist, dieses Verhalten aber durchaus auch bei Abteilungsleitern und Mitgliedern der Unternehmensleitung angetroffen werden kann. Nur werden bei letzteren einige Ursachen und Formen nicht relevant sein.

Die Machtbasis für den Widerstand ist zum größten Teil durch die Lokalisation der hier Machtausübenden im Unternehmen oder in der Verwaltung gegeben. Die Organisation nämlich ist abhängig von diesen Organisationsmitgliedern, insoweit sie durch ihr Verhalten zusätzliche Kosten verursachen können. Dies wäre z.B. der Fall bei hoher Fluktuation in Positionen, für die eine erhebliche Schulung und evtl. Erfahrung notwendig ist.

2.125.1 Ursachen des Widerstandes

Widerstand in Organisationen läßt sich auf spezifische Ursachen zurückführen. In einem generellen Modell können personale und soziale Ursachen unterschieden werden.[2] "Personale Ursachen umfassen jene zum Widerstand führenden Motive, die sich aus der Persönlichkeitsstruktur ... des Individuums ergeben."[3] In der Terminologie der Rollentheorie können diese Ursachen dann als Rollenkonflikt[4] zwischen den eigenen

1 Vgl. die grundsätzliche Darstellung der Machtausübung von rangniederen Organisationsmitgliedern bei Mechanic, D., Sources of Power of Lower Participants, 1962.

2 Vgl. Dienstbach, H., Dynamik der Unternehmensorganisation, 1972, S. 109 ff..

3 Dienstbach, H., Dynamik der Unternehmensorganisation, 1972, S. 109.

4 Vgl. zum Begriffssystem der Rollenkonflikte Krüger, W., Konflikthandhabung, 1972, S. 41 ff.; Katz, D., Kahn, R.L., Social Psychology, 1966, S. 184 ff.; Kahn, R.L., et al., stress, 1964.

Rollenerwartungen und den Ansprüchen anderer, insbesondere der mit formaler Autorität ausgestatteten Organisationsmitglieder gesehen werden. Die betroffene Persönlichkeit sieht die Verwirklichung ihrer Zielsetzungen gefährdet bzw. nimmt einen Widerspruch zwischen Motivationsfaktoren und den Rollenerwartungen wahr und findet so zum Widerstand.

"Beruhen die Anpassungswiderstände hingegen auf sozialen Ursachen, so ist das Individuum durch seine Mitgliedschaft in Gruppen oder Organisationen und deren direkte oder indirekte Einflußnahme ... (zum Widerstand, d.Verf.) bewogen worden."[1] Widerstand und die spezifische Ausprägung des Widerstandes sind abhängig von Interaktionen mit Gruppenmitgliedern oder werden sogar erst hierdurch verursacht.[2] Von besonderem Einfluß sind hierbei informale Gruppenerscheinungen in der Organisation.

Bei der Umstellung auf EDV-Anwendungen können folgende konkrete Ursachen unterschieden werden:

Veränderungen am Arbeitsplatz,
Verlust des Arbeitsplatzes,
Zuweisung neuer Arbeitsplätze,
Auflösung von Gruppenstrukturen,
Statusveränderungen,
Nichtbeteiligung an der Projektplanung.[3]

---

1 Dienstbach, H., Dynamik der Unternehmensorganisation, 1972, S. 109.

2 Vgl. auch Bakke, E.W., The Fusion Process, 1955, S. 38 ff.; Atteslander, P., Konflikt, 1959.

3 Alle genannten Ursachen sind verbunden mit Änderungen und folglich mit Unsicherheit. Damit ist auch hier eine direkte Verbindung zum Abhängigkeits-Modell der Machtverteilung von Hickson et al. gegeben; vgl. Abschnitt 2.122.

Veränderungen am Arbeitsplatz können theoretisch unterschieden werden in

a) Verlust von Funktionen,
b) Verschiebung von Funktionen,
c) Gewinn an durchzuführenden Funktionen.[1]

Verlust von Funktionen bedeutet automatisch eine stärkere Routinisierung - vorausgesetzt natürlich, der Gesamtarbeitsumfang bleibt gleich - und damit stärkere Eintönigkeit der Tätigkeit. Die stärkere Routinisierung widerspricht dem Streben vieler Organisationsmitglieder nach Selbstverwirklichung, einer der wichtigsten Motivationsvariablen in modernen Industriegesellschaften. Widerstand ist so zu erklären aus dem Konflikt der individuellen Ziele mit den Auswirkungen der EDV-Implementierungen. Auch die Verschiebung von Funktionen, die dem Individuum neue Aufgaben bringt, ihm aber auch alte wegnimmt, kann sich so auswirken, wenn die weggenommenen Funktionen in der Werteskala des Individuums einen besonderen Rang einnehmen.

Gewinn an Funktionen müßte nach den Prinzipien des "job enrichment"[2], welches auf den Motivationstheorien von Maslow[3], McGregor[4] und Herzberg[5] aufbaut, mit den Wünschen der Organisationsmitglieder übereinstimmen, dürfte folglich keinen Widerstand auslösen, bedeutet oft genug jedoch auch höhere Arbeitsbelastung[6], die dann entgegengesetzt wirken kann.

---

1 Vgl. auch Jaeggi, U., Wiedemann, H., Der Angestellte im automatisierten Büro, 1963, S. 165.

2 Vgl. u.a. den Übersichtsartikel von Budd, J.M., Employee motivation through job enrichment, 1974.

3 Vgl. Maslow, A., Motivation and Personality, 1954.

4 Vgl. McGregor, D., The Human Side of Enterprise, 1960.

5 Vgl. Herzberg, F., Work and the Nature of Man, 1966.

6 Vgl. Whisler, Th.L., The Impact of Computers on Organizations, 1970, S. 85 f. u. S. 133; Brink, V.Z., Computers and Management, 1971, S. 48 f.; Huse, E.F., Impact of Computerized Programs, 1967, S. 289 u. S. 295.

Besonders relevant sind auch die Einstellungen der Organisationsmitglieder zum Arbeitsplatzverlust. In einer Studie von Schiefer betrug der Anteil derer, die eine Verdrängung der Angestellten vom Arbeitsplatz durch die EDV befürchteten, 41 %;[1] auch in den anderen Untersuchungen zur Situation vor der Implementierung von EDV-Systemen wird diese Einstellung der Mitglieder im Angestelltenbereich bestätigt.[2] Dies sind Befürchtungen, mit denen die Unternehmensleitung sich zu befassen hat, tatsächlich aber haben EDV-Anwendungen bisher nur in fast zu vernachlässigender Zahl zu Entlassungen geführt.[3] Wenn Personalfreisetzungen[4] auftraten, konnten sie i.d.R. durch Umsetzungen innerhalb der Betriebe und durch die normale Fluktuation bewältigt werden. Schon auf der Ebene der Gruppenführer, aber insbesondere auf der Managementebene ändert sich die Zahl der Mitarbeiter in den von EDV-Implementierungen betroffenen Bereichen eigentlich überhaupt nicht.[5] Für komplexe computergestützte Managemententscheidungssysteme ist eher zu vermuten, daß die Zahl qualifizierter Mitarbeiter ansteigt, weil hierbei neue, zusätzliche Informationsverarbeitungsaufgaben erfüllt werden.

---

1 Vgl. Schiefer, F., Elektronische Datenverarbeitung und Angestellte, 1968, S. 70.

2 Vgl. u.a. Mumford, E., Banks, O., The Computer and the Clerk, 1967, S. 172; Scott, W.H., Office Automation, 1965, S. 89.

3 Vgl. Scott, W.H., Office Automation, 1965, S. 93 f.; Brink, V.Z., Computers and Management, 1971, S. 47; Mumford, E., Banks, O., The Computer and the Clerk, 1967, S. 13.

4 Die bei weitem höchste Freisetzungsquote bei den Berichten, die dem Verfasser vorliegen, erreichte eine schwedische Versicherungsfirma mit 20 % (man denke an die hohe Zahl von Routinearbeiten bei Versicherungen). Aber auch in diesem Fall konnten Entlassungen vermieden werden; vgl. Scott, W.H., Office Automation, 1965, S. 93 f..

5 Vgl. Whisler, Th.L., The Impact of Computers on Organizations, 1970, S. 50.

Umsetzungen innerhalb des Betriebes[1] verursachen gerade auf der unteren Angestelltenebene einige Probleme, da der Wechsel des Arbeitsplatzes insbesondere in großen Unternehmen nicht selten mit einem Umzug an eine andere Betriebsstätte verbunden ist.[2] Die Sicherheit des Arbeitsplatzes und auch die Kontinuität am Arbeitsplatz (d.h. keine wesentlichen Änderungen des Arbeitsplatzes, relativ konstanter Arbeitsinhalt und -umfang) waren lange Zeit Kennzeichen der Angestelltentätigkeit.[3] Die z.T. notwendige Zuweisung neuer Arbeitsplätze ist daher insbesondere bei den älteren Betriebsangehörigen Anlaß zu Widerstand gegen geplante EDV-Systeme.[4] Neue Aufgaben, verbunden mit geänderten Arbeitsabläufen, evtl. in einer anderen Stadt - hierbei sind die Auswirkungen auf den privaten Bereich (z.B. Wohnung) zu berücksichtigen -, werden von diesen Personen höchst ungern übernommen.

Bei älteren Betriebsangehörigen wirkt sich auch der Einfluß organisatorischer Änderungen im Zuge der EDV-Implementierung auf formale und informale Gruppenstrukturen stärker aus. Die älteren Angestellten haben sehr oft denselben Arbeitsplatz schon einige Jahrzehnte lang inne, gehören zu einer bestimmten Gruppe und haben auch einen bestimmten Status erreicht, der sich in sogenannten Statussymbolen wie z.B. Titel, Ausgestaltung bzw. Dekoration des Arbeitsplatzes oder auch Umfang betrieblicher Reisetätigkeit manifestiert. Änderungen in diesen Strukturen und den Privilegien werden, soweit sie keine Verbesserungen für die Organisationsmitglieder bringen, höchst ungern gesehen und daher sehr häufig bekämpft.[5]

---

1 Gegenwärtig ist das anschaulichste Beispiel der Bergbau; aber die Entwicklung in dieser Branche ist nicht durch wesentlichen Einfluß der EDV verursacht.

2 Vgl. u.a. Barkin, S. (Hrsg.), technical change, 1967, S. 266; Scott, W.H., Office Automation, 1965, S. 94.

3 Vgl. Scott, W.H., Office Automation, 1965, S. 89.

4 Vgl. Barkin, S. (Hrsg.) technical change, 1967, S. 266; Jaeggi, U., Wiedemann, H., Impact on Managers, 1965, S. 82.

5 Vgl. auch Jaeggi, U., Wiedemann, H., Impact on Managers, 1965, S. 82.

Die angesprochenen informalen, menschlichen Aspekte scheinen eine erhebliche Bedeutung für die Effizienz bei Einführungen von EDV-Anwendungssystemen zu haben. In grundsätzlicher Weise wird dieses Problemfeld in den Beiträgen zum "organizational change" diskutiert.[1] Für die spezifischen Probleme des Widerstandes gegen Umstellungen auf EDV sollen deshalb hier nur noch zwei Phänomene angesprochen werden:

Erstens ist das Moment der Trägheit von Bedeutung. Typisch sind hierfür z.B. folgende Einwendungen gegen vorgeschlagene Änderungspläne: "Unser bisheriges Verfahren läuft doch reibungslos, weshalb sollen wir das ändern" oder "der Plan klingt zwar überzeugend, aber die neue Methode wird nicht funktionieren. Die Sache ist so kompliziert, daß mit Sicherheit bei einer Änderung viele Fehler auftreten werden".[2]

Zweitens reagieren viele Organisationsmitglieder ausgesprochen negativ auf Änderungsvorschläge, die von außen (d.h. hier von den EDV-Spezialisten) angeregt, ausgearbeitet und dann auch noch durchgeführt werden. Emotionale Begriffe wie Stolz und Ehre, Arroganz sowie Abteilungs- bzw. Gruppendenken scheinen zur Kennzeichnung solch einer negativen Haltung angebracht zu sein. Aber auch diese Aussage darf nicht als allgemeingültig verstanden werden. Es gibt

---

1 Vgl. Dienstbach, H., Dynamik der Unternehmungsorganisation, 1972; Kirsch, W., Geplanter Wandel, 1973; Gebert, D., Organisationsentwicklung, 1974; Rosenstiel, L.v., Molt, W., Rüttinger, B., Organisationspsychologie, 1972, S. 146 ff. und die dort angegebene Literatur.

2 Diese Bemerkungen wurden dem Verfasser aus einem Unternehmen der Maschinenindustrie berichtet.

durchaus Fälle, in denen Änderungen leichter durchgeführt werden, wenn sie nicht aus der eigenen Abteilung, sondern von außen kommen.

Zum Abschluß dieser Darstellung der Ursachen für Widerstand gegen geplante EDV-Änderungen muß mit Nachdruck darauf hingewiesen werden, daß die Ursachen oft nur als Befürchtungen der betreffenden Organisationsmitglieder existieren. Ob diese nun berechtigt sind, oder - wie bei der EDV-Anwendung häufiger - unberechtigt, die Unternehmensleitung muß sie in der Führung des Umwandlungsprozesses berücksichtigen.

2.125.2 Formen des Widerstandes

Die konkrete Ausprägung des Widerstandes gegen den durch die EDV-Anwendung verursachten Wandel kann recht verschieden und vielfältig sein. Wichtige Arten dieses spezifischen Einsatzes von Macht sollen hier angeführt werden.[1]

Die heftigsten Formen sind Aggressionen. Diese können verbal oder physisch sein, offen oder verdeckt auftreten. Offene physische Aggressionen, z.B. Zerstörung von Maschinen, scheinen äußerst selten bei der Einführung von EDV-Systemen aufzutreten; für den Bereich der Bundesrepublik sind dem Verfasser keine Vorfälle dieser Art bekannt.

---

1 Vgl. zum folgenden: Caruth, D.L., Basic Psychology, 1974, S. 12 f.; Krüger, W., Konflikthandhabung, 1972, S. 86 ff. u. S. 93 ff.; Dienstbach, H., Dynamik der Unternehmungsorganisation, 1972, S. 106 f.; die hier beschriebenen Formen des Widerstandes lassen sich auch einordnen als Konfliktverhalten.

Relevant ist dagegen die verdeckte Aggression (Sabotage) in der Form von gefälschten Inputdaten, z.B. Manipulation von Lochkarten bzw. Speicherbeständen.

Offene <u>verbale Aggressionen</u> können das für Innovationen notwendige günstige Klima vergiften. Vielleicht noch schlimmer sind jedoch die versteckten verbalen Aktionen, die für negativ wirkende Gerüchte verantwortlich sind: z.B. das neue System erfordere zusätzliche Anstrengungen; Entlassungen stünden bevor; etc. Solch frei erfundene Falschmeldungen wecken zusätzliche Erwartungen bzw. Befürchtungen, die wiederum zu Verhaltensweisen führen, die sehr häufig für Behinderungen oder den Mißerfolg des neuen EDV-Anwendungssystems verantwortlich sind.

Als nächstes ist der <u>passive Widerstand</u> zu nennen, der ein durchaus aktives Vorgehen von Organisationsmitgliedern bedeutet. Es wird nämlich die Entscheidung getroffen, durch Passivität den Änderungsprozeß zu bekämpfen, z.B. durch Dienst nach Vorschrift oder durch bewußt verzögerndes Taktieren in der Zusammenarbeit.

Eine echt passive Verhaltensweise gegenüber Wandel ist <u>Indifferenz bzw. Apathie</u>. Organisationsmitglieder verlieren jede zusätzliche Motivation - nur der Motivationsfaktor Sicherheit[1] bleibt bestehen. Es fehlt das Bestreben, das neue System erfolgreich zu machen und an den Veränderungen mitzuwirken. Die notwendige Kooperation der Anwender bleibt aus. Die Systementwicklung wird also weder bekämpft noch unterstützt.[2]

---

1 Hier wird Bezug genommen auf die Maslow'sche Hierarchie von Motivationsfaktoren; vgl. Maslow, A., Motivation and Personality, 1954.

2 Vgl. Dienstbach, H., Dynamik der Unternehmungsorganisation, 1972, S. 106.

Über Indifferenz hinaus geht der Negativismus, die grundsätzlich negative Einstellung zum neuen System. Mitarbeiter mit dieser Einstellung sind überzeugt, daß das EDV-System gar nicht erfolgreich implementiert werden kann. Negativismus wird leider häufig offene oder versteckte Aggressionen nach sich ziehen.

Eine andere Form des Widerstandes gegen Wandel ist der Rückzug. Das betreffende Individuum bewirbt sich um eine Versetzung zu einer anderen Abteilung oder reicht im Extrem die Kündigung ein, um zu einer anderen Organisation zu wechseln, oder droht zumindest mit der Kündigung.

Diese Verhaltensform des Rückzuges kann sich manchmal mit den persönlichen Interessen der Projektleitung dekken, wirkt sich meist aber zum Schaden der Organisation aus. Denn das Wissen und die Erfahrung der Anwender - gerade der bisherigen Subsystemmitglieder - scheinen für eine erfolgreiche Implementierung von EDV-Systemen notwendiges Ingredienz zu sein.[1] Scheidet ein wichtiger Mitarbeiter ausgerechnet in der Kernphase der Implementierung aus, bedeutet dies eine schwerwiegende Störung des Umstellungsprozesses auf EDV.

Als weitere mögliche Reaktion der Mitarbeiter muß auch beschränkte Anpassungsbereitschaft[2] erwähnt werden. Dieses Verhalten kann nicht als Widerstand eingeordnet werden, wirkt sich aber durch unzureichenden Einsatz der Organisationsmitglieder negativ auf den Änderungsprozeß aus. Die Anpassung wird akzeptiert, aber wegen des leicht gestörten Anreiz-Beitrags-Gleichgewichts erfolgt keine vollständige Identifizierung mit den Änderungszielen und keine vollständige Aktivierung für die Ziele.

1 Vgl. Abschnitt 2.13 "Rollenbeziehungen".

2 Vgl. Dienstbach, H., Dynamik der Unternehmungsorganisation, 1972, S. 106.

Ein besonderes bei Widerstand gegen Wandel auftretendes Phänomen sind pseudo-logische Erklärungen, sogenannte Rationalisationen.[1] Die wahren Ursachen des Widerstandes, z.B. Zerstörung von Gruppenstrukturen oder die Veränderung gewohnter Arbeitsabläufe werden hierbei nicht als Argumente vorgebracht, sind vielleicht auch nicht vollständig bewußt. An ihre Stelle werden die pseudo-logischen Erklärungen (wie z.B. technische Inadäquanz des neuen Systems) zur Begründung der Gegnerschaft zur Systemumstellung gestellt.

Möglicher Widerstand gegen Wandel ist hier systematisch dargestellt worden, seine Bedeutung für Probleme bei der Systemplanung und -einführung ist bekannt,[2] aber dieser Problemkreis darf auch nicht ohne Hoffnung gesehen werden. Die Mitarbeiter in den Fachabteilungen werden zunehmend aufgeschlossener gegenüber der EDV-Anwendung[3] - nicht zuletzt durch die Auffüllung durch junge, in EDV schon an den Hochschulen oder im eigenen Betrieb ausgebildete Kräfte.

Diese Tendenz wird sich in den oberen Rängen des Managements jedoch erst sehr langfristig auswirken. Die mit jetzt 45 bis 50jährigen Managern besetzte Direktorenebene wird für die nachdrängende jüngere Generation mit größeren EDV-Ambitionen noch für einen längeren Zeitraum verschlossen bleiben. Auf dieser Ebene der Unternehmenshierarchie aber kann grundsätzlich der EDV stärkerer Widerstand entgegengesetzt werden als auf den tieferen Ebenen.

---

1 Vgl. Grössle, H.K., Der Mensch in der industriellen Fertigung, 1957, S. 113.

2 Vgl. u.a. Stewart, R., How Computers Affect Management, 1971, S. 194 f.; Mumford, E., The Human Factor, 1970, S. 286 ff.; Grochla, E., Das Engagement der Unternehmensführung, 1973, S. 70; Kirsch, W., Kieser, H.-P., Benutzeradäquanz, 1974, S. 544 ff..

3 Vgl. Schermer, E.-D., Die gleiche Sprache, 1974, S. 3 ff..

In diesem Zusammenhang soll eine interessante Prognose von Whisler[1] nicht unerwähnt bleiben. Widerstand ist für ihn stärker zu erwarten, wenn man bei EDV-Systemen von reinen Routine-Arbeiten zu Entscheidungssystemen übergeht. Dann wird die Tätigkeit solcher Individuen direkt betroffen, die ein hohes Maß an Autonomie gewöhnt sind. Diese haben immer einen sehr großen und schwer kontrollierbaren Verhaltensspielraum gehabt. Nun aber werden sie durch komplexe EDV-Systeme stärkeren Beschränkungen unterworfen und ihre Entscheidungen sind stärker kontrollierbar.[2]
In der ersten Phase der EDV-Anwendungen sind in den Fachabteilungen Personen betroffen gewesen, die Anordnungen sowieso gewöhnt waren. Auf den höheren Ebenen des Managements aber ist die Motivierung, den Autonomiefreiraum bzw. Dispositionsspielraum[3] zu erhalten, sehr groß. Andererseits ist die Möglichkeit der Machtausübung reichhaltiger.[4] Unternehmensführung und Projektleitung sollten deshalb gerade auf der mittleren und höheren Managementebene die Einstellung und das Verhalten zur EDV sorgfältig analysieren.

---

1 Vgl. Whisler, Th.L., The Impact of Computers on Organizations, 1970, S. 40 f..

2 Vgl. auch Jaeggi, U., Wiedemann, H., Der Angestellte im automatisierten Büro, 1963, S. 226.

3 Vgl. auch Argyris, Ch., Management Information Systems, 1971, S. B-275 ff..

4 Auf dieser Managementebene tritt auch eine besondere und wichtige Form des Widerstandes gegen Wandel auf: computergestützte Entscheidungssysteme werden zwar entwickelt, aber sie werden von den Managern nicht genutzt. Die Entscheidungen werden weiterhin nach den alten Methoden getroffen.

In welcher Stärke bei einem konkreten Umstellungsprojekt Widerstand gegen Wandel auftritt, hängt von vielen verschiedenen Faktoren ab und ist schwer prognostizierbar. Die Untersuchung möglicherweise eintretender Ursachen[1] sollte Anhaltspunkte liefern können. Weiterhin können folgende Behauptungen gewagt werden:

1. **Widerstand ist umso größer, je umfangreicher der organisatorische Wandel ist. Das bedeutet, höherer Widerstand ist bei sehr komplexen EDV-Anwendungen mit tiefgreifenden Änderungen in der Organisationsstruktur zu erwarten.** Da EDV-Projekte zunehmend höhere Komplexität aufweisen, ist die heutige Situation grundsätzlich auch durch größeren Widerstand zu kennzeichnen.[2]
2. Widerstand ist größer, wenn bestehende Verfahren durch neue Abläufe ersetzt werden sollen und geringer, wenn Verfahren zur Lösung neuer Aufgabenstellungen gesucht werden.[3]

Auch bei den EDV-Spezialisten ist übrigens Widerstand gegen Wandel in einem speziellen Bereich vorzufinden: System- bzw. Programmänderungen werden höchst ungern vorgenommen.[4] Häufigen Änderungswünschen setzt man Widerstand entgegen. Die Gründe für dieses Verhalten sind einmal, daß eine winzige Ablaufänderung eine Folge von Programmänderungen, besonders bei stärkerer Integration des EDV-Systems, nach sich ziehen kann, und zum anderen, daß durch Änderungen oft neue Fehler geschaffen werden.

---

1 Vgl. Abschnitt 2.125.1 "Ursachen des Widerstandes".

2 Vgl. McKinsey & Company Inc., The Computer's Profit Potential, 1970, S. 161.

3 Vgl. insbesondere Stewart, R., How Computers Affect Management, 1971, S. 89.

4 Vgl. Lucas, Jr., H.C., Information Systems, 1973, S. 166.

2.126 Vertrauen und Mißtrauen als Dimensionen der Machtausübung

Machtausübung resultiert häufig in Spannungen und Konflikten bzw. in der speziellen Variante "Widerstand". Wenn dagegen das soziale Feld der Zusammenarbeit von Gruppen durch das Fehlen von Konflikten und Widerstand gekennzeichnet ist, so ist dies das Anzeichen für ein Vertrauensverhältnis. Garrity[1] weist auf den wichtigen Sachverhalt hin, daß die besonders starke Machtstellung der EDV-Spezialisten in der Wachstumsphase der EDV in den Organisationen zu grundsätzlichem Mißtrauen der Anwender gegenüber der EDV-Gruppe geführt hat. Dies zeigt die Beziehung zwischen Macht und Vertrauen, d.h. insbesondere: An sich selbst erfahrene Ausübung von Macht und Wahrnehmungen über Machtstrukturen sind für die Bildung von Vertrauen und Mißtrauen bei Interaktionsbeziehungen die entscheidenden Variablen.

Die Definition des Terminus "Vertrauen" soll von Irle entlehnt werden.[2] Ein Weg kann - durch instrumentelle Handlungen - eindeutig zu Zielen mit entweder positiver oder negativer Valenz (Aufforderungswert) führen. Führt ein Weg mehrdeutig zu positiven und negativen Zielen, wobei der absolute Wert der negativen Valenz größer als derjenige der positiven Valenz ist, so ist die Wahl dieses Weges die Folge von Vertrauen und die Vermeidung dieses Weges die Folge von Mißtrauen. Für die Beziehungen zwischen Managern und EDV-Spezialisten kann das z.B. heißen: Geht ein Manager auf den Projekt-Vorschlag eines EDV-Spezialisten ein, der für den Manager ein Risiko bedeutet, dann hat der Manager Vertrauen in diese Maßnahme und zum Interaktionspartner.

1 Vgl. Garrity, J.T., Management and the Computer, 1971, S. 42; vgl. zum Mißtrauen der Anwender auch Kegerreis, R.J., Conflict and Contrast, 1971, S. 11.

2 Vgl. Irle, M., Sozialpsychologie, 1975, S. 436.

Zur Erklärung der gegenwärtigen Vertrauenssituation zwischen Managern und EDV-Spezialisten ist ein Teilergebnis des schon früher genannten AMA-Research[1] Report berichtenswert, das in Abbildung 2.6 wiedergegeben ist.

	Häufigkeit abs.	%
Besonders vertrauensvolle Einstellung	17	4,8
Mäßig vertrauensvolle Einstellung	206	57,9
Etwas zweifelnde Einstellung	77	21,6
Management scheint nicht interessiert zu sein, die EDV-Gruppe zu verstehen	31	8,7
Zögernd distanzierte Einstellung	20	5,6
Ständig negative/kritische Einstellung	5	1,4
	356	100,0

Abb. 2.6: Vertrauen der Manager gegenüber EDV-Spezialisten

Quelle: Stone, M.M., Tarnowieski, D., Management Systems, 1972, S. 8.

Die absolute Mehrheit der EDV-Spezialisten (57,9 %) schätzt die Haltung der Manager zur EDV-Gruppe als mäßig vertrauensvoll ein. Dieser Anteil zeigt, daß die Beziehung klimatisch nicht so schlecht ist, wie teilweise in Einzelberichten behauptet wird. Aber die geringe Wahl für "besonders vertrauensvolle Haltung" (4,8 %) und die Einschätzung der Haltung der Manager als "zweifelnd, distanziert oder negativ" von mehr als 37 % der Befragten weist darauf hin, daß dieses Verhältnis erheblich verbessert werden kann.

1 Vgl. Stone, M.M., Tarnowieski, D., Management Systems, 1972, S. 8.

Vertrauen und vertrauensvolle Zusammenarbeit zwischen Managern und EDV-Spezialisten wird zwar häufig gefordert[1], aber die Frage, ob und inwieweit Vertrauen die Produktivität der am Projekt Beteiligten fördert, kann bisher nicht grundsätzlich beantwortet werden. Empirische Untersuchungen zurgrundsätzlichen Relation weisen widersprüchliche, häufig entgegengesetzte Ergebnisse auf.[2] Aber es kann doch der vorsichtige Schluß gezogen werden, daß Vertrauen notwendiger wird, je komplexer die Aufgabenstruktur und je unsicherer die Ergebnisse und auch die angestrebten Ziele sind. Die Aufgabe der Entwicklung eines computergestützten Management-Systems ist durch die genannten Merkmale gekennzeichnet. Außerdem scheint Vertrauen der Manager zu den Spezialisten (und zum Modell) dann notwendige Voraussetzung zu sein, wenn die Spezialisten die Nutzung eines von ihnen entwickelten Modells durch die Manager erreichen wollen. Die in der Literatur häufig zu findende Forderung nach vertrauensvoller Zusammenarbeit im Interface wird durch diese Überlegungen gestützt.

Die Bedeutung des Faktors Vertrauen wird auch aus den Ergebnissen einer Untersuchung von Harvey[3] ersichtlich. Nach dieser Studie ist Vertrauen in den Nutzen quantitativer Informationssysteme der Einflußfaktor mit der höchsten Korrelation zum Erfolg. Ebenfalls hohe Korrelation existierte zwischen positiven Erfahrungen und Erfolg. Da positive Erfahrungen (d.h. auch Abwesenheit schwerwiegender Konflikte) mit für eine Vertrauens-Atmosphäre sorgen dürften, kann auch dieser Einflußfaktor auf Vertrauen zurückgeführt werden.

---

1 Vgl. Stone, M.M., Tarnowieski, D., Management Systems, 1972, S. 7; Schermer, E.-D., Die gleiche Sprache, 1974, S. 5.

2 Vgl. die Analyse von empirischen Untersuchungen bei Lott, A.J., Lott, B.E., Group Cohesiveness, 1971, S. 154 ff..

3 Vgl. Harvey, A., Factors for Implementation, S. B-312 ff..

Angesichts dieser von Harvey festgestellten hohen Korrelation zwischen dem Faktor Vertrauen und dem Erfolg von EDV-Systemen ist zu fragen, durch welche Maßnahmen Vertrauen erreicht werden kann.[1]

Zunächst wird die Art und Weise der Kommunikations- und der Machtbeziehungen zwischen EDV-Spezialisten und Managern Vertrauen bzw. Mißtrauen beeinflussen. Ohne Kommunikationsbasis ist ein Vertrauensverhältnis undenkbar. Andererseits dürfte Vertrauen zwischen Personen die Häufigkeit der Interaktionen erhöhen.[2] Für die EDV-Implementierung bedeutet dies: Wenn bestehende Sprachbarrieren zwischen der EDV-Gruppe und den Managern abgebaut werden können, trägt dies zu einer vertrauensvolleren Atmosphäre bei. Das Mehr an Vertrauen wiederum beeinflußt die Häufigkeit der Kommunikation positiv, eines der weiteren organisatorischen Subziele[3] für einen erfolgreicheren EDV-Einsatz.

Eine Vertrauenssituation zwischen Interaktionspartnern ist auch gekennzeichnet durch ein beiderseitiges "Sich-Verlassen" auf die zukünftigen Handlungen des anderen. Man könnte vielleicht formulieren, man erwartet - i.d.R. aufgrund positiver Erfahrungen -, daß der andere sich in einer Weise verhält, in der man sich selbst, in dessen Funktion, ebenfalls verhalten hätte und daß man später das eingetretene Verhalten billigen wird. Will die EDV-Gruppe langfristig das Vertrauen der Manager erwerben (und umgekehrt), so muß sie notwendig auf Ausübung von Macht verzichten, die die Zielerreichung der anderen Gruppe

---

1 Diese Zusammenhänge müssen in der sozio-emotionalen Führung berücksichtigt werden. Vgl. Abschnitt 3.4 "Sozio-emotionale Führung".

2 Vgl. Lott, A.J., Lott, B.E., Group Cohesiveness, 1971, S. 42.

3 Vgl. Abschnitt 2.11 "Kommunikation im Interface".

ungebührlich beeinträchtigt. Die Erreichung einer Vertrauenssituation setzt deshalb eine Minimierung des dysfunktionalen Einsatzes von Machtinstrumenten, z.B. Manipulation durch Selektion von Kommunikation oder Einwirkung auf administrative Instrumente wie z.B. Beförderung bzw. Nicht-Beförderung, voraus.[1]

Die Analyse der Machtbeziehungen zwischen Managern und EDV-Spezialisten wird mit dieser Einbeziehung der Dimension Vertrauen abgeschlossen. Die Herstellung einer Vertrauensbasis erscheint dem Verfasser als ein entscheidender Ansatzpunkt der sozio-emotionalen Führung[2] des Entwicklungs- und Durchsetzungsprozesses computergestützter Systeme. Für die Phase der Generierung von Projektideen dagegen dürfte dies mit geringerer Wahrscheinlichkeit gelten.[3]

Vertrauen zwischen Organisationsmitgliedern ist schließlich sowohl unter formalen als auch informalen Aspekten abhängig von der Art und dem Umfang des Aufgabenzusammenhanges, d.h. die Rollen der Organisationsmitglieder und ihr Zusammenspiel prägen die Interaktionen. Probleme der Rollenbeziehungen zwischen Managern und EDV-Spezialisten gilt es im folgenden zu untersuchen.

1 Vertrauen zwischen Personen in Organisationen könnte auch beschrieben werden durch eine ausgewogene Machtstruktur, die durch die Nichtexistenz dysfunktionaler Machtausübung charakterisiert ist.

2 Vgl. Abschnitt 3.4

3 Vgl. auch Meffert, H., Innovationen, 1976, S. 77 ff..

2.13 Rollenanalytische Untersuchung des Interface-Gap

2.131 Rollenkonzeption und Interface-Gap

Bezieht sich die Variable "Macht" als Komponente des Interface-Gap auf Einflußprozesse, die unter Einsatz von Machtmitteln zu den beabsichtigten Ergebnissen führen, so behandelt die Variable "Rollenbeziehungen" die Erwartungen, Forderungen und Zumutungen gegenüber den bei dem Einsatz der EDV involvierten Rollenträgern. Rollenanalyse sollte sich auch für den in dieser Arbeit behandelten Problemkreis als "fruchtbares Instrument zur differenzierten und integrierten Behandlung"[1] der Probleme erweisen.

Als Rolle bezeichnet man die Handlungen und Eigenschaften, die von allen Inhabern einer Position erwartet werden.[2] Der Begriff Rolle steht so in engem Zusammenhang zu dem der Position und zu dem des Status. Während Rolle mit dem Verhalten eines Individuums in einer Position zusammenhängt, bezieht sich Status auf die rangmäßige bzw. schichtenmäßige Einordnung innerhalb eines sozialen Systems bzw. einer Organisation.[3] Nach der Untersuchung der Rollenbeziehungen werden deshalb die Auswirkungen rollenabhängiger Statusphänomene auf das Interface-Gap dargestellt.

---

1 Hoffmann, F., Entwicklung der Organisationsforschung, 1976, S. 95.

2 Vgl. Dahrendorf, R., Homo Sociologicus, 1971; Tenbruck, H.,(Stichwort) Rolle, 1969, Sp. 1466; als Position wird üblicherweise ein Ort in einem Feld sozialer Beziehungen verstanden; vgl. Kirsch, W., Entscheidungsprozesse III, 1971, S. 101.

3 Vgl. zum Zusammenhang von "Position, Rolle, Status" Kast, F.E., Rosenzweig, J.E., Organizations and Management, 1974, S. 275 ff.; Hill, W., Fehlbaum, R., Ulrich, P., Organisationslehre, 1974, S. 73 ff..

Das Feld (System) der Rollenerwartungen, dem sich Manager und EDV-Spezialist gegenübersehen, ist in Abbildung 2.7 schematisch aufgezeichnet. Die Pfeile stellen die Richtung der Erwartungen der wichtigsten Rollensender (-gruppen) dar. Zu den eine Rolle, z.B. Manager, prägenden Erwartungen zählen selbstverständlich auch solche des Rollenträgers selbst (vgl. Abbildung). In der Regel haben die verschiedenen Rollensender auch verschiedene Rollenerwartungen; dem Feld der Rollenerwartungen entspricht deshalb natürlicherweise ein Konfliktfeld.

So befindet sich z.B. die Rolle des EDV-Spezialisten in dem Spannungsfeld differierender Erwartungen seiner "EDV-Zunft", der Unternehmensführung und des Fach-Managements. Solche Konfliktdeterminanten haben erhebliche Auswirkungen auf das Rollenverhalten. Rolleninkonformes Verhalten kann auch auf Personen-Rolle-Konflikte zurückgeführt werden, d.h. der Rollenträger hat selbst eine andere Auffassung von seiner Rolle in der Organisation als den Erwartungen der Organisation entspricht.[1] Zum Zwecke einer adäquaten Führung der Entwicklung, Implementierung und Pflege computergestützter Informationssysteme müssen diese Einflußfaktoren erkannt und zielgerichtet gesteuert werden.[2]

Die <u>Rolle eines Organisationsmitgliedes</u> wird bestimmt durch formal festgelegte Erwartungen (z.B. in Form von Stellenbeschreibungen) und durch die Gesamtheit der informalen Erwartungen.[3] Für das formale Segment

---

1 Vgl. zu Ursachen rolleninkonformen Verhaltens Hoffmann, F., Entwicklung der Organisationsforschung, 1976, S. 96.

2 Vgl. Abschnitt 3. "Führung im Interface".

3 Vgl. Kirsch, W., Entscheidungsprozesse III, 1971, S. 99 ff.; Schneider, S., Matrixorganisation, 1974, S. 33 u. 179.

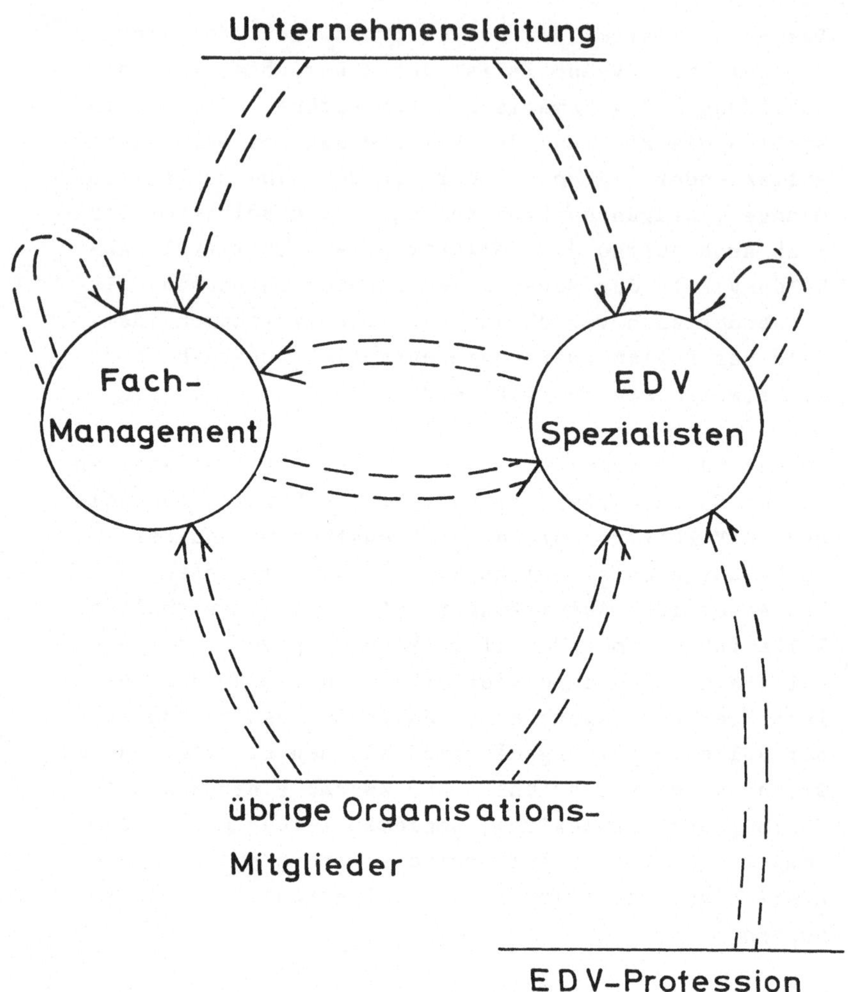

Abb. 2.7: System der Rollenerwartungen

der Managerrolle sind in der praktisch-normativen Betriebswirtschaftslehre die obliegenden Funktionen detailliert beschrieben.[1] Die verschiedenen Funktionskataloge unterscheiden sich häufig nur begrifflich, legen eine differierende Zahl von Funktionen zugrunde,oder die genannten Funktionen weisen inhaltliche Überlappungen auf.

Um die Auswirkungen der Rollenbeziehungen zwischen Managern und EDV-Spezialisten auf das Interface-Gap zu erfassen, kann jedoch kaum die wissenschaftlich-normativ formulierte Rolle zugrunde gelegt werden. Vielmehr müssen empirisch fundierte Aussagen herangezogen werden. Eine geeignete Basis für eine solchermaßen empirisch orientierte Klärung der Managerrolle bietet eine noch zu erörternde Studie von Mintzberg.[2]

Ebenso notwendig für das Verständnis des Gap im Interface zwischen den beiden Gruppen ist eine differenzierte und detaillierte Analyse der Rolle des EDV-Spezialisten. Hierzu wird versucht werden, aus den verschiedenen Teilbetrachtungen in der Literatur ein Gesamtbild zu formen. Die empirische Unterstützung basiert hauptsächlich auf einer Untersuchung von Mumford.[3] Die Einbeziehung der Ergebnisse dieser Studie gestaltete sich relativ schwierig, weil sie unter anderen Aspekten und mit anderer Zielrichtung (Titel der Studie: "Job Satisfaction") als in dieser Arbeit durchgeführt wurde.

---

1 Vgl. Wöhe, G., Betriebswirtschaftslehre, 1968, S. 93; Korndörfer, W., Unternehmensführungslehre, 1976; Gutenberg, E., Unternehmensführung, 1962; Tannenbaum, R., Weschler, J.R., Massarik, F., Leadership and Organization, 1961, S. 243 ff.; Drucker, P., Praxis des Managements, 1956.

2 Vgl. Mintzberg, H., The Nature of Managerial Work, 1973, S. 29 ff..

3 Vgl. Mumford, E., Job Satisfaction, 1972.

Danach wird die Bedeutung des Verhältnisses zwischen der Rolle "Linie" und der Rolle "Stab" für das Interface-Gap untersucht. Soweit die EDV-Gruppe als Stab eingeordnet wird, ergeben sich eine Reihe wesentlicher Rollenkonflikte und Probleme der Rollenambiguität.

Im Anschluß an die grundsätzliche Klärung der Rollen wird eine eingehendere Untersuchung des Ineinandergreifens der recht unterschiedlichen Rollen in der Entwicklung und Implementierung von Informationssystemen und des "fit" bzw. der Störungen im Zusammenspiel vorgenommen. Dazu erfolgt eine zeitablaufbezogene Analyse in vier Prozeßphasen: Initiierung, Konzipierung, Testen und Implementierung, Pflege und Wartung. Konsequenzen einer geforderten Ausweitung der Rolle des Managers werden diskutiert.

Unter latenten Rollenorientierungen werden Orientierungen von Personen in Organisationen an solchen Erwartungen verstanden, die von Gruppen außerhalb der Organisation ausgehen. Für die Rollenbeziehungen zwischen Managern und EDV-Spezialisten ist hier die Unterscheidung von sogenannten "Locals' und 'Cosmopolitans' aufschlußreich. Der Zusammenhang zwischen dem theoretischen Konzept und Ergebnissen empirischer Untersuchungen soll dargestellt werden.

2.132 Rollenstrukturen

Bei der Entwicklung und Nutzung eines EDV-Anwendungssystems für eine Fachabteilung - oder eines Systems, das diese Abteilung in seinen Input- oder Outputinformationsströmen tangiert - befinden sich die Rolle des Managers und die des EDV-Spezialisten in starker wechselseitiger Abhängigkeit. Die Gesamtheit der Erwartungen an den Manager und an den EDV-Spezialisten sind hier nicht voneinander zu trennen, beide müssen in der Lösung der Gesamtaufgabe zusammenspielen.

Trotzdem erscheint es zweckmäßig, die Rollen vorerst isoliert zu untersuchen. Im wesentlichen wird dabei auf eine empirische Untersuchung von Mintzberg[1] über Manager und eine Erhebung von Mumford[2] über EDV-Spezialisten zurückgegriffen, die im deutschen Sprachraum wenig bekannt, doch sehr informativ sind. Die beiden Studien haben unterschiedliche Ansatzpunkte, Kategorien und Untersuchungsmethoden. Mintzberg stützt sich hauptsächlich auf direkte Beobachtung, Mumford auf eine Befragung. Deshalb ist keine vollständige Vergleichbarkeit gegeben. Auch liegt keine vollständige Erfassung aller Rollenaspekte vor. Trotzdem werden wichtige Einblicke in das Interface-Gap zwischen den unterschiedlichen, aber auf Zusammenarbeit angewiesenen Rollen gewährt.

2.132.1 Zur Rolle des Managers

Aufgrund eigener Beobachtungsstudien (nicht-teilnehmende direkte Beobachtung) und der Auswertung anderer Forschungsergebnisse unterscheidet Mintzberg beim Manager drei interpersonale, drei informationale und vier entscheidungsorientierte Rollen (vgl. Abbildung 2.8). Diesen insgesamt 10 verschiedenen Rollen muß der Manager ständig gerecht werden.

In der Rolle der Galionsfigur hat der Manager als Symbol, einfach weil er an der Spitze seines Subsystems steht, eine Reihe von Pflichten zu erfüllen. So wollen Randgruppen der Organisation, z.B. Kunden, oft direkten Kontakt zum Manager, obwohl das entsprechende Anliegen von einem Sachbearbeiter geregelt werden sollte und könnte. Gleichermaßen muß er als Repräsentant Briefe zumindest zur Kenntnis nehmen und solche, die von Angestellten formuliert wurden, lediglich unterschreiben. (Erwähnt werden soll

1 Vgl. Mintzberg, H., The Nature of Managerial Work, 1973, S. 29 ff..

2 Vgl. Mumford, E., Job Satisfaction, 1972.

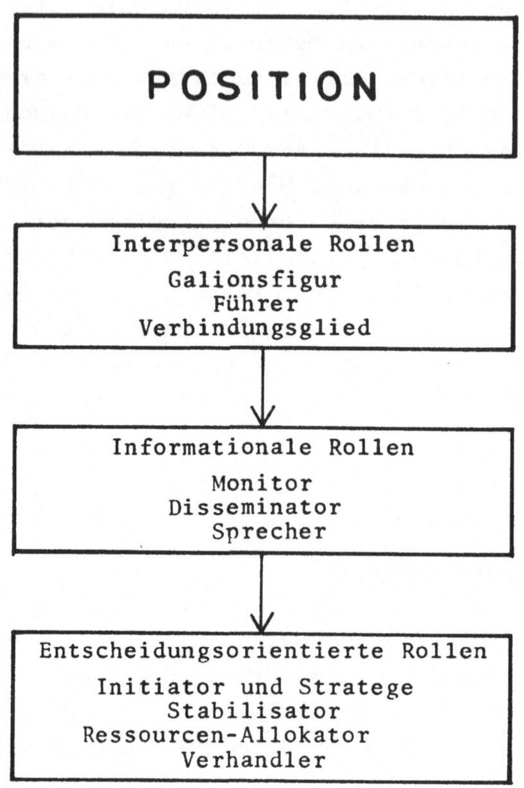

Abb. 2.8: Die Rollen des Managers

Quelle: Mintzberg, H., The Nature of Managerial Work, 1973, S. 59.

hier auch die geläufige Episode, wo ein Vertreter unter dem Vorwand, ein alter Freund zu sein, bis zum Chef vordringt, nur um ihm etwas zu verkaufen. Auch solche oder ähnliche Ereignisse gehören zu diesem Rollensegment.)

In der Führerrolle stellen sich dem Manager die Aufgaben der Motivation und der Ausrichtung seines Subsystems auf die Organisationsziele. Sie gibt die Basis für seine Gesamttätigkeit. Als Führer ermutigt oder kritisiert er die Arbeit und das Verhalten seiner Untergebenen. Andererseits forschen die Untergebenen im gesamten Verhalten des Vorgesetzten nach Führungshinweisen, nach Zeichen, auf die sie ihr Verhalten ausrichten können. Zur Führerrolle zählen auch die Aufgaben der Ausbildung, der Beurteilung, der Beförderung, der Umbesetzung oder des Einstellens und Entlassens von Untergebenen.

Die dritte interpersonale Rolle ist weniger offensichtlich, empirisch jedoch recht bedeutungsvoll: die des Verbindungsgliedes zu Individuen und Gruppen außerhalb des eigenen Subsystems. In dieser "Liaison-Rolle" entwickelt und unterhält der Manager ein vielfältiges Netz von horizontalen und diagonalen Beziehungen zu anderen Abteilungen, zu Regierungsstellen, zu anderen Firmen oder privaten Organisationen, die für seine Organisationseinheit nützlich sind oder werden könnten.

Auf dem Gebiet der Information sucht der Manager in der Rolle des Monitors, sich jederzeit in den Stand zu versetzen, über alle wichtigen Prozesse in seiner Organisation und in der Umgebung informiert zu sein. Sein Ziel ist, Probleme zu erkennen und günstige Gelegenheiten nicht zu übersehen. Einerseits wird er mit Nachrichten überschüttet, andererseits muß er zusätzliche Informationssuche veranlassen. Informale Kommunikation, insbesondere auch unbestätigte Gerüchte nehmen für ihn breiten Raum ein.[1] Er muß aus einer Fülle von Informationen die relevanten herausfiltern und speichern, um sie als Entscheidungsprämissen in aktuelle Entscheidungssituationen einbeziehen zu können.

1 Vgl. Mintzberg, H., The Nature of Managerial Work, 1973, S. 69.

Einen erheblichen Teil seiner Informationen wird der Manager in der Rolle des Disseminators weitergeben an die Mitglieder seiner Organisationseinheit. Als zentrales Element des Kommunikationsnetzes seines Subsystems und als Knotenpunkt zu anderen Systemen empfängt er Informationen und leitet einen wesentlichen Anteil davon aufgrund eines gesonderten Entscheidungsprozesses weiter an die Personen, von denen sie nach seiner Ansicht benötigt werden oder für die sie von Bedeutung sind. Ein häufig auftauchendes Problem ist, daß Untergebenen nicht alle notwendigen Informationen zur Erfüllung ihrer Aufgaben gegeben werden.

Eine andere, nämlich externe Orientierung hat der Manager in der Sprecherrolle. Sie ist gerichtet auf die Umgebung des Subsystems; es gilt, die Top-Entscheider in der Organisationsspitze und wichtige Satellitengruppen wie Kunden und Lieferanten informiert zu halten. Aufgrund seiner zentralen Position ist er in der Lage, dies effektiv und zugunsten seiner Einheit zu tun und darüber hinaus das spezielle Wissen seines Subsystems in geeigneter Form an das umgebende System weiterzugeben.

Die bisher charakterisierten interpersonalen und informationalen Rollen beanspruchen einen großen Teil der Zeit des Managers, aber besonders zentral sind die vier entscheidungsorientierten Rollen. Als Initiator und Stratege (Entrepreneur) bewirkt er Änderungen in der Organisation, um Chancen auszunutzen und die Zielerreichung zu verbessern. Abhängig von der von ihm subjektiv eingeschätzten Bedeutung delegiert er einzelne Tätigkeiten oder Phasen des Entwicklungs- und Entscheidungsprozesses; die Wahrnehmung der Aufsicht über ein Projekt differiert ebenfalls nach diesem subjektiven Kriterium.

In der Rolle des Stabilisators wird der Manager durch äußeren Zwang zu Aktionen veranlaßt. Typische Situationen sind schwerwiegende offene Konflikte zwischen Untergebenen (z.B. mit Kündigungsabsicht), Verlust von Ressourcen und Spannungen zur Systemumgebung.[1] Nach Mintzberg sind solche Krisen dadurch gekennzeichnet, daß sie sehr plötzlich auftreten, daß meistens durch spontane Kommunikation eines Organisationsmitgliedes, welches die Krise registriert, der Manager informiert wird, daß der Manager der Behandlung der Krise höchste Priorität gibt und der Manager als Führer in solchen Situationen auch besonders hohen Einfluß ausüben kann.[2]

In der Rolle des Ressourcen-Allokators weist er Personen und Sachmittel bestimmten Teileinheiten oder Projekten zu und determiniert damit in hohem Maße Entscheidungen und Aktionen. Für einen erfolgreichen Einsatz der Ressourcen trägt der Manager gegenüber dem Supersystem die Verantwortung. Die eigenen zeitlichen Ressourcen sinnvoll aufzuteilen, zählt i.d.R. mit zu seinen schwierigsten Problemen. Die Anforderungen sind so vielfältig, daß er diese Aufteilung schwerlich "objektiv" bzw. "rational" vornehmen kann.

Als vierte entscheidungsorientierte Rolle ist die des Verhandlers zu nennen. Da das System sich zeitweise in nicht-routinemäßigen Verhandlungen mit anderen Gruppen, Organisationen oder Individuen befindet, muß der Manager, weil er Sprecher, Repräsentant und Ressourcen-Allokator ist, daran teilnehmen. Manager legen auf die Ausübung dieser Rolle i.d.R. besonderen Wert.

---

1 Störsituationen dieser Art werden in der Konfliktforschung eingehend untersucht; vgl. hierzu Krüger, W., Konflikthandhabung, 1972.

2 Die Rolle des Stabilisators findet in der Konfliktforschung ihr Pendant in dem Begriff "Konfliktmanager"; vgl. Krüger, W., Konflikthandhabung, 1972, S. 114 ff..

In dieser komplexen, durch zehn verschiedene Rollen beschreibbaren Situation ist der Manager den unterschiedlichsten Erwartungen einer Vielzahl von Rollensendern ausgesetzt. Allein deshalb sind die Erwartungen jedes einzelnen Senders kaum erfüllbar; Spannungen und Konflikte im Rollensystem sind daher normal, ubiquitär und permanent.[1]

Um das Bild vom Manager zu vervollständigen, sollen hier auch die Ergebnisse der Beobachtung der Managementtätigkeit wiedergegeben werden. Die Arbeit eines Managers ist demnach gekennzeichnet durch:[2]

a) großen Arbeitsumfang bei unerbittlichem Tempo;

b) kurze, verschiedenartige und zersplitterte Aktivitäten; in Mintzbergs Studie durchschnittlich je Manager und Tag

36 Brief-Kontakte,
5 Telefon-Kontakte - je 6 Minuten,
8 Sitzungen/Konferenzen, davon
4 geplante - je 68 Min.,
4 spontane - je 12 Min.,
1-2 Kontrollgänge - je 11 Min.,
22 % der Arbeitszeit am Schreibtisch
- in Perioden von je 15 Min.;

c) Präferenz für direkte, lebendige Aktionen;

d) Schwergewicht auf direkter mündlicher Kommunikation (zwischen 70 % und 90 % der Gesamtzeit);

e) die Aufrechterhaltung eines komplizierten Kommunikationsnetzes innerhalb und außerhalb seiner Organisation;

---

1 Vgl. Krüger, W., Konflikthandhabung, 1972, S. 15.

2 Vgl. Mintzberg, H., The Nature of Managerial Work, 1973, S. 29 ff..

f) Mixtur von Pflichtaufgaben und Selbstbestimmbarkeit (d.h. der Manager kann in weitem Rahmen über die Verteilung seiner Aktivitäten frei verfügen; entscheidet er sich aber z.B. für die Arbeit an Projekten oder die Betreibung bestimmter Aktionen, so geht er damit eine Reihe von unausweichlichen Verpflichtungen ein).

Dieses komplexe, schillernde Bild der Rollensituation und der Aufteilung der Arbeitsaktivitäten des Managers muß bei der Untersuchung der Beziehungen zwischen Managern und EDV-Spezialisten ständig berücksichtigt werden. Manche Aspekte des Interface-Gap können dadurch schon verständlich werden. So gehen z.B. viele EDV-Spezialisten ganz selbstverständlich von der Überzeugung aus, daß der Manager sich in einer der ihren vergleichbaren Aufgaben- und Arbeitssituation befindet oder ein ihnen geläufiges systematisches, mathematisch orientiertes Entscheidungsverhalten zeigen sollte.[1] Entspricht er nicht diesen Erwartungen, neigen sie dazu, ihm ein niedriges Leistungsniveau vorzuwerfen.[2] Hier besteht folglich ein Konflikt zwischen der beobachtbaren Rolle des Managers und Rollenzumutungen von Spezialisten.

1 Vgl. Brink, V.Z., Computers and Management, 1971, S. 30 f.; Sherwood, H.F., EDV und Management, 1972, S. 66; Stewart, R., Do you know what you want, 1971, S. 174.

2 Vgl. Stewart, R., Realismus, 1973, S. 92.

2.132.2 Zur Rolle des EDV-Spezialisten

Diesem relativ umfassend gezeichneten Bild der Managerrolle soll nun ein Eindruck der Rolle des EDV-Spezialisten gegenübergestellt werden. Für Etzioni ist die Rolle eines Experten, Wissen zu schaffen und zu institutionalisieren; im Unterschied zum Manager befasse er sich mit Symbolen und Materialien, nicht mit Menschen.[1] Weil er auf einem speziellen Gebiet intensives Wissen habe, tendiere der Experte zu einer eingeschränkten Perspektive, zu abstrakten Ideen ohne Bezug zur Realität.[2] Ist die Rolle eines EDV-Spezialisten mit dieser Beschreibung identisch? Eine Einschränkung zumindest scheint für den Systemanalytiker in der EDV vonnöten:[3] Er befaßt sich zwar auch sehr stark mit Symbolen, aber häufiger Kontakt zu anderen Menschen aus anderen Bereichen, nämlich zu Managern und Benutzern unterscheidet ihn signifikant von einem Experten, z.B. im Forschungslabor.

Nach Papetti[4] untersucht ein Systemanalytiker die Prozesse in den Fachabteilungen, analysiert Informationsbedürfnisse und befaßt sich mit Verbesserungsmöglichkeiten auf der Grundlage der EDV. Er schlägt neue Prozeduren vor, arbeitet mit den Programmierern

---

1 Vgl. Etzioni, A., Authority Structure, 1971, S. 476.

2 Vgl. Etzioni, A., Authority Structure, 1971, S. 476.

3 Aus der Gruppe der EDV-Spezialisten wird auch hier wieder der Systemanalytiker als besonders relevant für die Rollenbeziehungen herausgegriffen. Er ist der wesentliche Interface-Partner des Managers. Die Struktur seiner Rolle bedarf deshalb einer genaueren Analyse.

4 Vgl. Papetti, S., Personnel Problems, 1967.

bei der Programmerstellung zusammen und betreibt die Einführung des neuen Systems, bei der er Anpassungen und Modifikationen vornimmt.[1] Befragte Systemanalytiker selbst sprachen von der Entwicklung von Lösungen für die Probleme des Managements und davon, bestehende Methoden durch Nutzung des Computers zu verbessern.[2]

Unter Berücksichtigung der unterschiedlichen Aspekte der Rolle des Systemanalytikers ist eine Differenzierung nach Techniker (Fachmann), Problemlöser und Administrator erkennbar; wichtig erscheint auch die kreative Rolle. Fügt man dem noch die Bedeutung der Aufrechterhaltung guter Kontakte zu den Anwenderabteilungen hinzu, dann lassen sich folgende Rollen isolieren:

Techniker bzw. Fachmann
Problemlöser
Administrator
Kreativer Schöpfer
Human-Relations-Spezialist

Diese Rollen entstehen aus den Anforderungen bzw. Erwartungen der Organisationsmitglieder einschließlich der Rollenträger selbst. Mumford hat sich damit befaßt, diese Anforderungen der Organisationen an die EDV-Spezialisten differenziert zu erforschen. Die der Rolle zugeordneten, vom Rollenträger verlangten Eigenschaften und Fähigkeiten sind danach:[3]

1 Vgl. Mumford, E., Job Satisfaction, 1972, S. 18.
2 Vgl. Mumford, E., Job Satisfaction, 1972, S. 35.
3 Vgl. Mumford, E., Job Satisfaction, 1972, S. 33 ff..

Technische Fähigkeiten
Problemlösungsqualitäten
Administrative Qualifikation
Besondere persönliche Eigenschaften
Kreative Fähigkeiten
Soziale Fähigkeiten[1]

Als <u>technische Fähigkeiten</u> werden die Anforderungen an das Wissen über EDV-Hardware und -Software sowie über Methoden der Systemanalyse zusammengefaßt. In den meisten Organisationen sind Ausbildungsprogramme vorhanden, die ein entsprechendes Wissensniveau sicherstellen sollen.

<u>Problemlösungsqualität</u> impliziert für Mumford die Nutzung logischer Prozesse zur Lösung schlecht-definierter Probleme. Der EDV-Spezialist soll imstande sein, die Informationsbedürfnisse unterschiedlicher Unternehmensbereiche zu erkennen und computergestützte Systeme zur Befriedigung dieser Bedürfnisse zu schaffen. Ungefähr die Hälfte der befragten Systemanalytiker hatte eine Hochschulbildung, so daß die geforderten Problemlösungsqualitäten tendenziell vorhanden sein sollten (wenn man davon ausgeht, daß die Hochschule sich gerade auf die Vermittlung dieser Fähigkeiten konzentriert).

---

1 Diese Aufzählung ist nicht überschneidungsfrei. Insbesondere fällt der Faktor "Besondere persönliche Eigenschaften", bei Mumford "Personality Factors", aus dem Rahmen der Kategorienbildung heraus. Man kann diesen Faktor wohl zu Recht als Restrubrik ansehen, die alles umfaßt, was sonst nicht kategorisiert ist. Eventuell liegt auch die implizite Annahme zugrunde, "Personality Factors" seien angeboren, Kreativität und Interaktionsfähigkeit dagegen erlernbar.

Ein weiteres wichtiges Segment der Rolle des EDV-Spezialisten ist die administrative Kompetenz, nämlich die Fähigkeit, Arbeit effizient zu organisieren, zu kontrollieren und zu dokumentieren. Jedoch waren nur Ausnahmen der Befragten angetan von dieser Rollenanforderung. Die eher technische Fachaufgabe wurde eindeutig bevorzugt.

Zur Frage der Persönlichkeitsfaktoren betont Mumford den Unterschied zwischen Programmierern und Systemanalytikern. Programmierer benötigen eine besondere Konzentrationsgabe, sie müssen beharrlich und dem Detail zugewandt sein. Für die Systemanalytiker steht als Persönlichkeits-Charakteristikum Aufgeschlossenheit im Vordergrund, d.h. insbesondere Offenheit und Sympathie für die Probleme der Linie, Toleranz und die Fähigkeit, mit Leuten auszukommen.

Weil EDV-Anwendung innovativ ist, müssen die Spezialisten auch ein bestimmtes Maß an Kreativität besitzen. Abhängig von unterschiedlichen Aufgabenstellungen in unterschiedlichen Organisationsbereichen ist ein relativ höheres oder relativ niedrigeres kreatives Niveau erforderlich. Mumford stellt in seiner Studie fest, daß die Benutzer gewöhnlich nicht nach zu viel Innovationen strebten; von dieser Seite wurde zuviel Kreativität eher mißtrauisch betrachtet.

Unter sozialen Fähigkeiten versteht Mumford die Gabe, bei den Interaktionspartnern Vertrauen, Enthusiasmus und Sympathie herzustellen. Da EDV-Spezialisten in starkem Maße Change Agents[1] sind, ist dies eines der relevantesten Segmente ihrer Rolle. Innerhalb der untersuchten Organisationen wurde jeweils eine hohe

1 Vgl. zu diesem Begriff u.a. Dienstbach, H., Dynamik der Unternehmungsorganisation, 1972, S. 62.

Fähigkeit, menschliche Beziehungen zu entwickeln und zu erhalten, erwartet. In Widerspruch zu diesem Anspruch stand jedoch die Tatsache, daß diese Aufgabe nicht in einer ähnlich logischen und systematischen Weise wie die technisch-fachliche Seite angegangen wurde.

Die wesentlichen Anforderungen an einen EDV-Spezialisten sind hiermit genannt. Bei ihrer Betrachtung drängt sich die Frage auf, ob es Organisationsmitglieder gibt, die diesen unterschiedlichen Anforderungen gleichwertig gerecht werden können. Verschiedene, dieser Arbeit zugrundeliegende empirische Studien deuten darauf hin, daß insbesondere die geforderten technischen Fähigkeiten einerseits und sozialenFähigkeiten andererseits kaum optimal in einer Person vereinbar sind.[1] Außerdem werden offensichtlich auch abhängig von den verschiedenen Phasen der Ideenentwicklung, Systemkonzipierung und Implementierung unterschiedliche Anforderungen gestellt.

Zur weiteren Verdeutlichung der Rolle des EDV-Spezialisten ist in der Abbildung 2.9 eine Aufgliederung der Einzeltätigkeiten bzw. Teilaufgaben des Systemanalytikers wiedergegeben. Die Ergebnisse resultieren wiederum aus der schon genannten Befragung. Wichtigste Bestandteile der Tätigkeit sind demnach Problemdefinition, Problemanalyse und Problemlösung einschließlich Systems Design. Implementierung ist von ziemlich untergeordneter Bedeutung, obwohl doch andererseits bekannt ist, daß gerade hier besondere Hindernisse erfolgreicher EDV-Anwendung liegen. Es liegt daher nahe, hier einen Konflikt zwischen dem eigenen Rollenverständnis und den Erwartungen anderer Rollensender anzunehmen.

---

1 Vgl. auch Abschnitt 2.22 "Kognitive Stile".

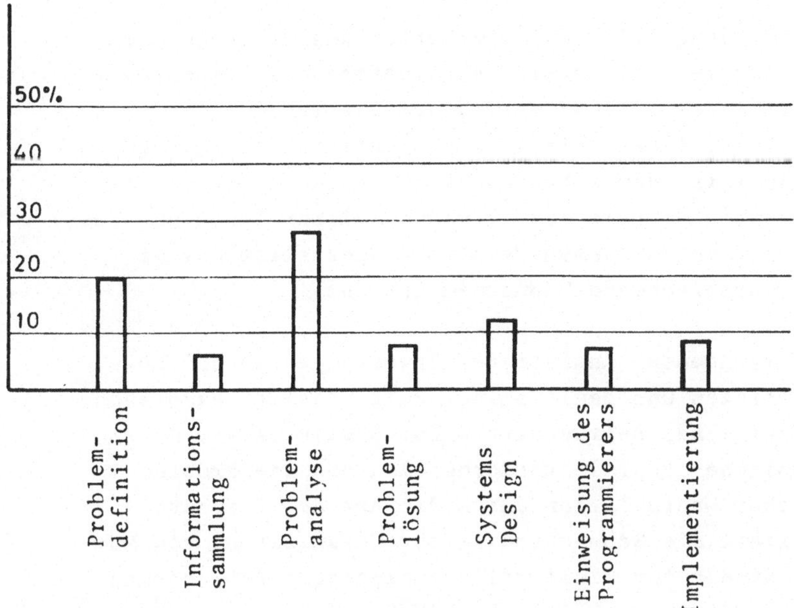

Abb. 2.9: Aufgliederung der Rolle des Systemanalytikers nach Einzeltätigkeiten

Quelle: Mumford, E., Job Satisfaction, 1972, S. 47.

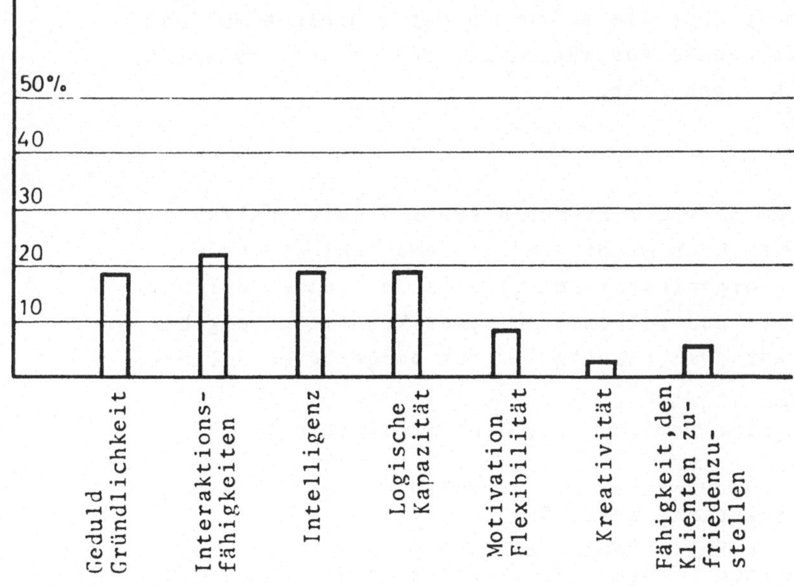

Abb. 2.10: Von Systemanalytikern gewichtete Eigenschaften eines guten Systemanalytikers

Quelle: Mumford, E., Job Satisfaction, 1972, S. 49.

Die Abbildung 2.10 gibt die Verteilung der angegebenen Bedeutung verschiedener Eigenschaften des Systemanalytikers wieder. Die Bedeutung der Interaktionsfähigkeit - der Gabe, funktionierende menschliche Beziehungen zu sichern - ist demnach erkannt. Gleichwohl werden die Organisationen (wie oben erwähnt) dieser Bedeutung des Rollensegmentes "Human-Relations-Spezialist" nicht durch entsprechende Maßnahmen gerecht.[1]

Die vorgenommene Analyse der Erwartungen an den EDV-Spezialisten und damit seiner Rolle basiert hauptsächlich auf einer Befragung von EDV-Spezialisten. Neben den üblichen Repräsentanzproblemen und dem Problem möglicher Manipulation durch die Art der Fragestellung liegt die Schwachstelle der Heranziehung von Mumfords Studie für diese rollenanalytische Betrachtung in ihrer Einseitigkeit. Nur EDV-Spezialisten wurden interviewt.[2] Obwohl die Befragung die Rollenanforderungen bzw. die von der Organisation verlangten Fähigkeiten einschloß, bleibt diese Einseitigkeit bestehen und muß berücksichtigt werden. Weitere empirische Forschung über die Bedeutung der einzelnen Rollen und die genaue Ausprägung des Rollen-Set erscheint deshalb angebracht.

Trotzdem darf der Erkenntniswert dieser Analyse der Rollenstruktur nicht niedrig veranschlagt werden. Für die organisatorische Praxis relevante Rollenkonflikte und rolleninkonformes Verhalten[3] ergeben sich fast zwangsläufig aus der dargelegten Rollen-

---

1 Vgl. z.B. Mumford, E., Job Satisfaction, 1972, S. 43.

2 Vgl. zum "interviewing sample" Mumford, E., Job Satisfaction, 1972, S. 22.

3 Vgl. zu Rollenkonflikten und rolleninkonformem Verhalten Krüger, W., Konflikthandhabung, 1972, S. 35 ff.; Hoffmann, F., Organisationsforschung, 1976, S. 96; Katz, D., Kahn, R.L., Social Psychology, 1966, S. 184 ff..

struktur. Auf einige Probleme wurde bei der Darstellung der Rollenanforderungen schon hingewiesen. Darüberhinaus sind folgende Zusammenhänge zu beachten: Die Verschiedenartigkeit der einzelnen Rollensegmente muß mit hoher Wahrscheinlichkeit bei den betreffenden Mitgliedern der EDV-Gruppe zu einem Träger-Rollenkonflikt führen. Darüberhinaus sind sich widersprechende Anforderungen, z.B. an den Techniker einerseits und den Human-Relations-Spezialisten andererseits, als Intrasender-Konflikte zu erklären (z.B. widersprüchliche Erwartungen eines Marketing-Managers an den Spezialisten). In den Organisationen sollte auch überprüft werden, ob Interrollen-Konflikte vorliegen. In diesem Fall entfielen grundsätzlich auf die angeführten Rollen des Spezialisten sich widersprechende Erwartungen.

Rollenüberlastung und Rollenmehrdeutigkeit wiederum sind sehr generelle Probleme in Organisationen. Auf sie wird später in der prozeßorientierten Analyse der Rollenbeziehungen ausdrücklich Bezug genommen. Vorerst aber ist auf die Struktur der Rollenbeziehungen einzugehen.

2.132.3 Gegenüberstellung der Rollen

Die dargelegten Ausführungen zu den Rollen von Managern und EDV-Spezialisten zeigen erhebliche Diskrepanzen und Wesensunterschiede. Die Unterschiedlichkeit von Rollen kann allein noch kein Problem sein. Für die Entwicklung und Implementierung computergestützter Informationssysteme entstehen jedoch Probleme durch den Aufgabenzusammenhang zwischen Fachbereichsmanagement und EDV-Gruppe. Die sehr unterschiedlichen Rollenanforderungen verursachen Störungen in den Rollenbeziehungen und in der notwendigen Zusammenarbeit.

Wenn bei dem Spezialisten die Fachkenntnisse im Vordergrund stehen, notwendige administrative Tätigkeiten dagegen mit Unwillen ausgeübt werden, so ist der Abstand zur Managerrolle, mit den Subrollen der Galionsfigur, des Führers, des Ressourcen-Allokators, des Strategen usw. ersichtlich. Und steht der Manager gewöhnlich unter kurzfristigem Erfolgszwang, so hat der EDV-Spezialist eine längerfristige und ganzheitlichere Zielrichtung.[1] Der EDV-Spezialist kann sich ganz auf eine Aufgabe, nämlich die Entwicklung eines computergestützten Informationssystems konzentrieren, während die Befassung mit dem System für den Manager nur eine Aufgabe unter vielen anderen ist, wobei letztere häufig durch höheren Termindruck gekennzeichnet sind und deshalb eine Tendenz dazu besteht, die grundsätzlichen Probleme (z.B. die Entwicklung eines MIS) zurückzustellen.

Gemeinsam ist beiden Rollen eine wenig ausgeprägte Strukturierung und geringe formale Festlegung.[2] Die jeweiligen Rollenträger haben deshalb erhebliche Kontrolle über das "Was" und "Wie" der Durchführung ihrer Aufgaben.[3]

Diese Flexibilität in der Rollendurchführung ist zwar wegen der schlecht strukturierten Aufgabensituation nicht ganz vermeidbar. Sie führt jedoch zwangsläufig zu Unklarheiten im Rollenfeld und damit insbesondere zu Rollenambiguität. Auch hieraus ergeben sich wieder Probleme für die Unternehmensleitung in der Führung im Grenzbereich zwischen Funktionsmanagement und EDV-Gruppe.[4]

---

1 Vgl. Mumford, E., Job Satisfaction, 1972, S. 139.

2 Vgl. Mumford, E., Job Satisfaction, 1972, S. 132; Mintzberg, H., The Nature of Managerial Work, 1973, S. 28 ff..

3 Vgl. Mumford, E., Job Satisfaction, 1972, S. 132.

4 Vgl. zu Führung Abschnitt 3.

Die starke wechselseitige Beziehung und Abhängigkeit zwischen den beiden Rollen wird auch manifestiert durch die besonders häufigen Kontakte der Systemanalytiker zu Managern/Benutzern. Nach der Untersuchung Mumfords gaben mehr als 90 % der Systemanalytiker an, zu den Benutzern die meisten Kontakte zu haben,[1] also mehr als zu Kollegen oder Programmierern. Aber von ca. 50 % der Befragten wurden diese Beziehungen als konfliktär bezeichnet.

Obwohl Konflikte keinesfalls generell als dysfunktional zu bezeichnen sind, weist doch die Häufigkeit der Nennung konfliktärer Beziehungen auf Probleme hin. Störungen in den Kommunikationsbeziehungen, dysfunktionale Machtprozesse, die später behandelten intrapersonalen Differenzen und die dargelegten Rollenkonflikte müssen in einem Gesamtzusammenhang gesehen werden. Nicht <u>ein</u> Einflußfaktor verursacht organisatorische Probleme für die Gestaltung computergestützter Systeme, sondern die sich gegenseitig verstärkenden Auswirkungen aller Faktoren.

Die Gegenüberstellung der unterschiedlichen Rollen von Manager und EDV-Spezialist verdeutlicht die Problematik der Rollenbeziehung. Ein dominierender Aspekt der Struktur dieser Rollenbeziehung ist das bisher nicht erwähnte Verhältnis zwischen Linie und Stab. In den meisten Fällen kann die Beziehung der beiden Rollen zueinander durch diese Relation adäquat wiedergegeben werden. Auf die Bedeutung der Linie-Stab-Struktur für das Interface-Gap ist im folgenden gesondert einzugehen.

---

1 Vgl. Mumford, E., Job Satisfaction, 1972, S. 136.

2.132.4 Art und Bedeutung der Linie-Stab Beziehung im Rollenfeld

Für die Diskussion des Linie-Stab-Prinzips ist natürlich nur die echte Expertengruppe der Systemanalytiker bzw. EDV-Organisatoren als qualifizierte Entscheidungs- und Ideen-Hilfsgruppe relevant; das übrige Personal aus dem EDV-Bereich ist als zugehörig zu einer reinen zentralen Dienstleistungsfunktion, wie sie z.B. auch von einem zentralen Transportwesen wahrgenommen wird, einzuordnen.

Bevor die sich aus der Linie-Stab Beziehung ergebenden besonderen Probleme in der Gestaltung der EDV-Aktivitäten diskutiert werden, soll das Stab-Linie Konzept kurz dargelegt und geklärt werden. Eine Stabsstelle bzw. Stabsabteilung ist sehr allgemein formuliert ein Hilfsorgan der Linie. Hill/Fehlbaum/Ulrich kennzeichnen diese Organisationseinheit folgendermaßen: "Das Liniensystem wird durch eine besondere Kategorie von Stellen ergänzt, die weder Instanzen noch unterste ausführende Stellen sind, sondern Aufgaben der Entscheidungsvorbereitung, der Kontrolle und allgemein der fachlichen Beratung erfüllen".[1] Auch diese Beschreibung ist noch nicht sehr aufschlußreich für die Rollenbeziehung zwischen EDV-Spezialisten als Stab und dem Manager als Linie. Sie gibt nur eine ungefähre Vorstellung von der Einkettung des Stabes in die organisatorische Struktur und von seinen Funktionen.

Um mehr Klarheit über die Struktur der Beziehungen zu gewinnen, sollen hier drei grundsätzlich verschiedene Ausprägungen des Verhältnisses kurz skizziert werden.[2]

---

1 Hill, W., Fehlbaum, R., Ulrich, P., Organisationslehre 1, 1974, S. 197.

2 Vgl. hierzu Irle, M., Macht und Entscheidungen, 1971, S. 34 ff.; Golembiewsky, R.T., Organizing Men and Power, 1967.

A. Der Stab ist einer bestimmten Linienposition beigeordnet und unterstellt (im allgemeinen auf hoher Ebene), er steht aber auf Anweisung bzw. Anforderung der gesamten Linie als Berater zur Verfügung - natürlich nur, soweit er dazu aufgrund seiner Spezialinformationen in der Lage ist. Der Stab gewinnt seine Informationen durch oder mit Hilfe der vorgesetzten Linienposition. Die Instanzen der Linie können die Dienstleistung des Stabes in Anspruch nehmen, müssen dies aber nicht.

B. Stab als Assistent einer Linienposition. "Der Assistent ist das 'verlängerte Ich' des Vorgesetzten in der Linie".[1] Wenn diese Variante realisiert ist, dann war i.d.R. der Inhaber einer hohen Linienposition rein quantitätsmäßig der Fülle seiner Aufgaben nicht mehr gewachsen. Der persönliche Assistent übernimmt einen Teil der Aufgaben des Chefs unter dessen direkter Aufsicht. Eine Erweiterung dieser Funktion besteht in einer Stellvertretung auf ausdrückliche Anordnung. In diesem Fall kann der Stab auch Anweisungen geben - im Namen des Chefs.
Die Anstellung eines Assistenten wegen Überlastung eines Direktors kann evtl. gleichzeitig eine qualitative Überforderung ausgleichen. So haben sehr oft Mitglieder des Spitzen-Management geringe Kenntnisse von den Möglichkeiten der EDV einschließlich OR-Verfahren. Ein Assistent mit Kenntnissen bzw. Erfahrungen auf diesem Gebiet kann durch hierauf bezogene besondere Betreuung und Kontrolle den Chef nicht nur der Quantität nach entlasten, sondern auch dessen fachliche Schwächen ausgleichen.

---

1 Irle, M., Macht und Entscheidungen, 1971, S. 35.

C. Vereinigung von Stab und Linie in Kollegien; d.h. "Manager in der Linie können bestimmte Anweisungen nur im Einverständnis mit entsprechenden, problem-spezialisierten Stab-Managern geben".[1] Besonders bei Großunternehmen bzw. Konzernen tritt diese Variante auf. Ein zentraler Stab erhält bestimmte und begrenzte Anweisungsbefugnisse oder Mit-Entscheidungsbefugnisse in speziellen Fragen gegenüber entsprechenden Linienpositionen.[2]

Von besonderem Interesse für die Betrachtung des Verhältnisses zwischen EDV-Spezialisten und Managern sind die Varianten A und C. Überprüft man diese Varianten, so erinnern sie an die Rollenkategorien McGregors, der den Stab in zwei sehr gegensätzlichen Rollen sieht:[3] Einerseits in der Rolle des fachlichen Helfers, andererseits in der Rolle des Polizisten. Soweit die EDV-Gruppe sich in der Rolle des Polizisten, des Aufpassers, befindet - bei der Konzipierung von Systemen, die auch Kontrollaufgaben wahrnehmen können, ist dies der Fall - werden ihr auch ähnlich negative Gefühle wie einem Polizisten entgegengebracht.

Aber auch dem fachlichen Experten steht die Linie oft mit erheblicher Distanz gegenüber. Die wahrgenommene Stärke der Bedrohung der eigenen Domäne prägt offenbar in besonderer Weise den Intensitätsgrad einer negativen Einstellung zum Stab (in der Rolle des fachlichen Experten). So wird i.d.R. die Beratung durch einen Juristen oder Mediziner, man könnte

---

1 Irle, M., Macht und Entscheidungen in Organisationen, 1971, S. 37.

2 In dieser Ausprägung sind Ansätze zur Matrix-Organisation enthalten.

3 Vgl. McGregor, D., The Human Side of Enterprise, 1967, S. 145 ff..

sie als klassische Experten bezeichnen, leichter angenommen als die eines Management-Scientist oder EDV-Spezialisten. Denn die Tätigkeit des EDV-Spezialisten berührt in besonders starkem Maße das Aufgabenfeld des Managers. Um dem Management die EDV als Entscheidungshilfe nutzbar zu machen, muß der Systemanalytiker die Struktur und den Ablauf von Management-Entscheidungsprozessen kennen. Die Berücksichtigung dieses Aspektes der wahrgenommenen Bedrohung der eigenen Domäne macht deshalb verständlich, warum das Verhältnis zwischen Linie und EDV-Gruppe dann wesentlich besser war, wenn nicht alte Abläufe durch neue ersetzt werden sollten, sondern Systeme zur Bewältigung neuer Aufgabenstellungen entwickelt wurden.[1] Die Tätigkeit des Spezialisten auf neuen Gebieten wird eher als Problemlösungsbeitrag und nicht als Bedrohung der eigenen fachlichen Autorität und Kompetenz (siehe auch Abschnitt 2.136 Status) angesehen.

Ein anderer Aspekt der Linie-Stab Beziehung ist die grundsätzliche Frage, ob der EDV-Spezialist als Berater zu sehen ist, der nur auf Anfrage und mit beschränkter Aufgabe tätig wird (siehe Ausprägung A), oder als Innovationspromoter, dem die ständige Aufgabe obliegt, in allen Bereichen der Organisation nach verbesserten Methoden der Informationsbereitstellung und der Entscheidungsfindung mit Hilfe der EDV zu suchen[2] (siehe Ausprägung C). In welcher dieser beiden Rollen wird er vom Manager gesehen bzw. welche sollte ihm übertragen werden?

---

1 Vgl. Stewart, R., Realismus in der Organisation, 1973, S. 90.

2 Vgl. z.B. Mumford, E., Job Satisfaction, 1972, S. 134.

In der Unternehmenspraxis befindet sich der EDV-Spezialist in Abhängigkeit vom Unternehmen und auch von der Aufgabenstellung sowohl in der einen als auch in der anderen Rolle.[1] Auch ist eine kontinuierliche zeitliche Entwicklung, z.B. weg vom Berater, hin zum Innovationspromoter, nicht festzustellen.

Diese Situation wird verständlicher, wenn die Vor- und Nachteile der beiden Regelungen überprüft werden. Befindet sich die EDV-Gruppe in der Rolle des reinen Beraters, der nur auf Anforderung tätig wird, dann ist die EDV eindeutig den Zielsetzungen der Linie untergeordnet. Die Berücksichtigung des tatsächlichen Nutzens einer EDV-Anwendung für die Organisation kann dadurch stärker gewährleistet werden. Da die Kompetenzen auch eindeutig zugunsten der Linie geregelt sind, dürften dysfunktionale Konflikte nur in geringfügigem Maße auftreten.

Nachteilig wird jedoch wirken, daß das Management keinesfalls alle oder auch nur die besten Einsatzmöglichkeiten der EDV kennen und überblicken wird. Eine Vielzahl von Rationalisierungschancen und Verbesserungen der Entscheidungsgrundlagen können damit dem Unternehmen entgehen. Insbesondere wird der Einsatz der EDV bei dieser Rollenkonstellation auch oft auf partikuläre Abteilungsinteressen ausgerichtet, die nicht den übergeordneten Organisationszielen dienen.

---

1 Vgl. z.B. die Studien von: Reif, W.E., Computer and Management, 1968; Stewart, R., How Computers Affect Management, 1971; Mumford, E., Job Satisfaction, 1972; Zwicker, E., Personelle Organisation in der EDV, 1967.

Bei dem Gegenstück - EDV-Gruppe als Innovationspromoter - besteht in der Organisation ein wesentlich stärkerer Druck zur Entwicklung und vor allem Implementierung von EDV-Systemen. Die Möglichkeiten der EDV könnten in hohem Maße und gleichmäßig in allen Bereichen zur Nutzung gebracht und natürlicher Konservativismus in den Fachabteilungen, d.h. das tendenzielle Verharren der Betroffenen bei der gewohnten Routine, besser überwunden werden.

Eine solchermaßen günstigere Situation für Innovationen birgt aber auch nicht unerhebliche Gefahren in sich. Ein zuviel an Innovationen wirkt sich häufig zu Lasten der Funktionsfähigkeit und der Wirtschaftlichkeit einer Organisation aus. Die EDV-Spezialisten als Innovationspromoter vernachlässigen häufig den Kostenaspekt neuer Systeme[1] und gerade bei oft langen Entwicklungszeiträumen kann daraus ein beachtlicher negativer Beitrag für die Gesamtziele resultieren.

Wenn die EDV-Gruppe sich selbst als Innovationspromoter versteht, aber die Organisation sie in der Rolle des Beraters erwartet, dann treten typischerweise in der Rollenanalyse als Intersenderkonflikte (sich widersprechende Erwartungen verschiedener Sender) bezeichnete Phänomene auf. Dies wird z.B. belegt in der Interview-Antwort eines Managers: "Anstatt reine technische Beratung zu bekommen, merke ich, wie man mich drängt, vielleicht sogar etwas täuscht, weil die technischen Leute an der wirtschaftlichen Seite beteiligt sind".[2]

---

1 Vgl. u.a. McKinsey & Company Inc., The Computer's Profit Potential, 1970, S. 160.

2 Stewart, R., How Computers Affect Management, 1971, S. 204.

Auch die EDV-Spezialisten selbst sind geteilter Meinung über ihre Rolle. Mumford spricht von einer "dual ideology".[1] Es gibt danach EDV-Gruppen, die sich selbst in einer mächtigen Innovatoren-Rolle sehen, in der sie als Schrittmacher neue Ideen und Methoden energisch durchdrücken. Sie wollen bewegen und aufrühren und immer wieder Neuland des Wissens betreten. Wenn ein System funktioniert, dann ist es für sie ohne Reiz, schon obsolet. Andere Gruppen sehen sich eher als Helfer, als untergeordnet und dienstbar dem Management. Für sie entscheidet das Management und trägt auch die Verantwortung, sie stellen diesem dann ihr Fachwissen zur Verfügung.

Empirische Untersuchungen zeigen, daß eine Aufteilung der Rolle des Innovationspromoters auf verschiedene Träger erfolgreich ist.[2] Der gleichgewichtige Einsatz von Machtpromoter und Fachpromoter, hier z.B. ein Ressortleiter und ein EDV-Spezialist, scheint unter dem Aspekt der Durchsetzung einer EDV-Konzeption die beste Strategie zu sein.

Insgesamt ergibt die Stab-Linie-Relation zwischen EDV und Managern ein sehr kompliziertes und vielschichtiges Bild. Die prozeßorientierte Untersuchung der Beteiligung des Managements an Systementwicklung und -einführung wird zeigen, daß in dieser Relation die Gewichte auch von unterschiedlichen Phasen abhängen. Darüberhinaus kann auch das beabsichtigte formale Entscheidungsrecht einer Seite, z.B. der Linie, nicht verhindern, daß die andere Gruppe sehr weitgehend mitbestimmt. Für Irle ist der EDV-Spezialist "nicht ein technischer Instrumentalist; er ist der eigentliche Politiker des Systems".[3] Dieser Behauptung ist insofern zuzustimmen, als Informa-

1 Vgl. Mumford, E., Job Satisfaction, 1972, S. 134 ff..
2 Vgl. Witte, E., Innovation, 1973, S. 20 f..
3 Irle, M., Macht und Entscheidungen, 1971, S. 230.

tionen entscheidenden Einfluß geben und häufig hat der Stab mehr Informationen als die Linie.[1] Aber Irle vernachlässigt den Aspekt, daß auch der EDV-Spezialist allein nichts bewirken kann; isoliert kann er kein qualifiziertes computergestütztes Managementsystem entwickeln, weil ihm wichtige Managementinformationen fehlen. Er kann es nicht implementieren, oder es wird oft nicht genutzt.

Auf eine spezielle Komplizierung des Verhältnisses zwischen den beiden Parteien soll noch hingewiesen werden. Wenn eine zentrale EDV-Gruppe oder auch ein externer Spezialist z.B. für den Marketingleiter ein Modell konzipiert, so bekommt er i.d.R. die benötigten Informationen über die Entscheidungssituationen seines "Benutzers" nicht vom Leiter, sondern von dessen Stab. Dann liegt eine indirekte Beziehung oder auch eine Stab-Stab-Linie-Relation vor. Unter solchen Umständen ein Instrument entwickeln zu wollen, das vom Marketingleiter akzeptiert wird, wird i.d.R. in einer unvollkommenen Lösung resultieren.

1 Nach einer Untersuchung von Davis sind Stab-Mitglieder besser über Vorkommnisse im Unternehmen informiert als die Linie; vgl. Davis, K., Management communication, 1953, S. 43 ff..

2.133 Prozeßorientierte Analyse der Rollenverteilung

Nach der Analyse der Rollenstrukturen von Manager und EDV-Spezialist soll in diesem Abschnitt eine Diskussion des Ineinandergreifens der beiden Rollen, d.h. ihres Zusammenspiels in der Gestaltung und Implementierung computergestützter Informationssysteme, erfolgen. Die Ausprägung dieser Rollenverteilung muß detaillierter untersucht, ihre Probleme müssen behandelt werden.

In der Praxis kann bisher von einem Ineinandergreifen der beiden Rollen kaum die Rede sein, vielmehr wurden die meisten Systeme von den EDV-Spezialisten allein, ohne Beteiligung der Fachmanager, geschaffen.[1] Nahezu natürlicherweise ist in dieser Situation den Spezialisten eine "Verkäuferrolle" zugefallen.[2] Nach der relativ isolierten Entwicklung eines Systems war häufig die Annahme bzw. Nutzung durch die Manager nicht gegeben. Man mußte sich deshalb ähnlicher Überzeugungs- bzw. Überredungsstrategien wie im Verkaufsbereich bedienen, um die Einführung und möglichst dauerhafte Nutzung zu erreichen.[3]

---

1 Vgl. Grochla, E., Das Engagement der Unternehmensführung, 1972, S. 69; Schewe, Ch.D., The Forgotten Man, 1973, S. 31.

2 Wenn man weiter in diesem Bilde bleibt, dann könnte die Marktsituation als "Käufermarkt" charakterisiert werden.

3 Vgl. zur Verkaufssituation des Spezialisten: Stewart, R., How Computers Affect Management, 1971, S. 200; Schewe, Ch.D., The Forgotten Man, 1973, S. 31; Radnor, M., Neal, R.D., The Progress of Management-Science Activities, 1973; Neal, R.D., Radnor, M., Or/MS Group Success, 1973.

Von dieser ineffizienten und unbefriedigenden Situation ausgehend - neben eher emotionalem Sträuben wurden Systeme von Managern auch zu Recht abgelehnt, weil sie ungeeignet waren - häufen sich seit mehreren Jahren in der entsprechenden Fachliteratur Forderungen nach umfassender Beteiligung der Benutzer.[1] Grochla und z.B. auch Mans weisen darauf hin, daß diese Beteiligung umso notwendiger wird, je qualifizierter die zu entwickelnden Systeme sind, je mehr sie dazu dienen, in komplexer Weise Managemententscheidungen zu unterstützen.[2] Den gleichen Ausgangspunkt und die gleiche Stoßrichtung hat auch das von Kirsch/Kieser formulierte Postulat der "Benutzerfreundlichkeit" bzw. "Benutzeradäquanz" von Informationssystemen, um den spezifischen Informationsbedürfnissen der Entscheidungsträger Rechnung zu tragen.[3] Nur bleiben Kirsch/Kieser bei dieser Forderung stehen, während die Vertreter des "user involvement" einen Schritt weiter gehen und mit der geforderten Beteiligung eine Strategie zur Erreichung des Ziels (eines benutzerfreundlichen und dadurch effizienten Systems) angeben. Aber auch diese Strategie ist zu global, als daß sie in realen Organisationen für die Entscheidungsträger hilfreich sein könnte. Als wenig operationaler Rat ist deshalb auch diese ausführlichere Empfehlung von Lucas einzuordnen.[4]

---

1 Vgl. u.a. Ackoff, R.L., Management Misinformation Systems, 1967, S. 147-156; Amstutz, A.E., Marketing Executive and MIS, 1966, S. 69-86; Swanson, E.B., Information Systems, 1974, S. 178 ff.; Holland, E., et al., Socio-technical aspects of mis, 1974, S. 15; Sollenberger, H.M., Information Systems Development, 1971, S. 9 ff.; Buss, D., Rationalisierung, 1973, S. 454.

2 Vgl. Grochla, E., Das Engagement der Unternehmensführung, 1972, S. 65; Mans, G., Erfolgsfaktoren, 1973, S. 195.

3 Vgl. Kirsch, W., Kieser, H.-P., Benutzeradäquanz, 1974, S. 389.

4 Vgl. Lucas Jr., H.C., Measuring Employee Reactions, 1974, S. 65.

> "Involvement" ist die gemeinsame Verantwortung von Benutzern und der EDV-Abteilung. Die Computer-Gruppe muß Gesuche für eine Beteiligung initiieren und ständig dafür sorgen, daß die Beteiligung sinnvoll bleibt. Die Benutzer müssen willens sein, Zeit für die Planung eines neuen Systems aufzubringen. Unterstützung durch die Unternehmensleitung ist verknüpft mit der Beteiligung, weil die Benutzer nur dann bereit sind, die erforderliche Zeit aufzubringen, wenn die Unternehmensleitung klar hinter dem Projekt steht.

Für Stewart ist diese Strategie der Forderung nach Beteiligung schon zu einer Platitüde geworden, die, wie andere Platitüden auch, keine Hilfe für Aktionen biete.[1] Sie schlägt deshalb vor, in der Untersuchung der Frage der Beteiligung verschiedene Phasen zu unterscheiden, die speziellen Formen der Beteiligung zu berücksichtigen und zu differenzieren, wer im einzelnen beteiligt werden soll.[2]

Im folgenden werden vier Phasen der Entwicklung und Anwendung computergestützter Informationssysteme unterschieden und in dieser Weise differenziert das Zusammenspiel der Rollen von Manager und EDV-Spezialisten untersucht.[3] Auch an dieser Stelle soll darauf hingewiesen werden, daß andere Komponenten des Interface-Gap, insbesondere Kommunikations- und Machtprobleme sowie unterschiedliche kognitive Stile in interdependenten Beziehungen zur Rollenverteilung stehen.

---

1 Vgl. Stewart, R., How Computers Affect Management, 1971, S. 191.

2 Vgl. Stewart, R., How Computers Affect Management, 1971, S. 192.

3 Vgl. hierzu insbesondere Stewart, R., How Computers Affect Management, 1971, S. 192.

1. Initiierung des Projektes

Die Unternehmensleitung und auch die Führung der betroffenen Fachabteilungen sind in dieser Phase meistens beteiligt, entweder indem sie selbst das Projekt veranlassen oder ihre Zustimmung erteilen. Erteilte Zustimmung bedeutet gleichzeitig oft eine starke Verpflichtung,[1] da computergestützte Informationssysteme erhebliche Kosten verursachen, zusätzliche Entscheidungen über hardware involviert sein können und bei einem späteren Mißerfolg häufig eine Totalabschreibung der investierten Geldmittel notwendig wird. Besondere Schwierigkeiten können auftreten, wenn der Leiter der betroffenen Fachabteilung in dieser frühen Phase des Projekts nicht beteiligt ist. Schwierigkeiten entstehen dann nämlich in der Phase der Implementierung.[2] Wenn andererseits der Leiter einer Fachabteilung ein für seinen Bereich geplantes Projekt vollständig ablehnt, so wird es in der Regel nicht weiter verfolgt.[3]

Viele der vorliegenden Einzelberichte deuten darauf hin, daß in dieser ersten Phase die Unternehmensführung bzw. Abteilungsführung in der Initiierung oft beteiligt ist und ihre wichtigste Aufgabe in der Entscheidung bzw. Zustimmung zur Inangriffnahme eines Projekts hat. Eine Untersuchung von Köhler[4] über MIS-Projekte in Deutschland scheint dem jedoch zu wider-

---

1 Vgl. auch Wild, J., Unternehmungsplanung, 1974, S. 187.

2 Vgl. Stewart, R., How Computers Affect Management, 1971, S. 192.

3 Vgl. u.a. Reif, W.E., Computer and Management, 1968, S. 85 u. 101; Holland, E., et al., Sociotechnical aspects of mis, 1974, S. 15; siehe auch Abschnitt 2.124.1 Verfügung über organisationsgebundene Aufwendungen und Erträge.

4 Vgl. Köhler, R., Informationssysteme, 1971, S. 27 ff..

sprechen. Nur in 18 Fällen = 31 % lag ein formeller Beschluß der obersten Unternehmensleitung den Entwicklungsarbeiten zugrunde, in 6 weiteren Fällen von Ressortleitern. Der theoretisch abgeleiteten Forderung, daß die Unternehmensführung ihre Instanzfunktion wahrnehmen muß, nämlich Initiierung, Kontrolle und bei der Gestaltung entscheidungsorientierter Informationssysteme "Artikulation des Informationsbedarfs"[1],wird in den Organisationen offensichtlich nur teilweise Rechnung getragen.

Im Rahmen ihrer Führungsaufgabe gilt es für die Unternehmensleitung auch zu versuchen, inwieweit sie tätig werden kann, um die Fachabteilungen zur Initiative auf dem EDV-Gebiet zu ermuntern. Evtl. können finanzielle Anreizsysteme geschaffen werden, um Ideen zu provozieren und zur Formulierung und Weitergabe zu motivieren.[2] Informierte und wohlmotivierte Funktionsmanager produzieren meistens bessere Änderungsideen als z.B. EDV-Experten.[3]

2. Konzipierung des Systems

In der Konzipierungsphase ist die Gefahr besonders groß, daß durch mangelnde Beteiligung des Top-Managements und des Fachmanagements Probleme schon verursacht werden, die dann in der Phase der Implementierung auftreten. Gründe können sein: Die realen Abläufe und die organisationale Struktur der betroffenen Abteilung wurden nicht genügend berücksichtigt; die

1 Vgl. Grochla, E., Das Engagement der Unternehmensführung, 1972, S. 69 f.

2 Vgl. Adams, W., New role for top management, 1972, S. 54 ff..

3 Vgl. z.B. McKinsey & Company Inc., The Computer's Profit Potential, 1970, S. 164.

Benutzer sind mit dem neuen System nicht einverstanden; oder die EDV-Gruppe hat Interdependenzen zu übrigen Organisationsteilen übersehen.

Grochla[1] fordert eine Beteiligung der Unternehmensführung an der Systemgestaltung auch insbesondere wegen ihrer Koordinations- und Integrationsfunktion:

> "- Einmal erfordert die Integration der Teilsysteme zu einem Systemnetz eine die gesamtbetrieblichen Aufgabenzusammenhänge überblickende Strategie.[2]
> - Zum anderen erfordert die sukzessive Gestaltung und Durchführung der einzelnen Subsysteme in der Art von Einzelprojekten eine zeitliche und prozessuale Koordination im Rahmen des Gesamtprojektes".[3]

Durch mangelnde Beteiligung der Manager aus den Anwenderabteilungen ausgelöste Probleme ungenügender Koordination[4] und der Akzeptierung wurden relativ häufig in den verschiedenen Studien wiedergegeben.[5] Auch wird aufgezeigt, daß es in bestimmten Fällen sinnvoll ist, intensivere Kontakte schon in dieser Phase zu den Angestellten zu haben, die für exakte Eingabedaten zuständig sind,[6] um auch hier spätere Schwierigkeiten zu vermeiden.

---

1 Vgl. Grochla, E., Das Engagement der Unternehmensführung, 1972, S. 70.

2 Grochla verweist hier auf Spencer, S.A., Computer, 1967, S. 95.

3 Grochla, E., Das Engagement der Unternehmensführung, 1972, S. 70.

4 Vgl. z.B. Stewart, R., How Computers Affect Management, 1971, S. 146.

5 Vgl. Stewart, R., How Computers Affect Management, 1971, S. 193; Mumford, E., The Human Factor, 1970, S. 290; Lonnstedt, L., Factors to Implementation, 1975, S. 24 ff..

6 Vgl. Stewart, R., How Computers Affect Management, 1971, S. 193 f.; Huse, E.F., Impact of Computerized Programs, 1967, S. 292 f..

Gewisse Aspekte dieser Problematik der Nichtbeteiligung von Managern/Benutzern der Fachabteilungen in der Konzipierungsphase und der dadurch mitverursachte Widerstand sind an anderer Stelle (in dem Abschnitt "Widerstand gegen Wandel") bereits diskutiert worden.

Welche Faktoren sind Ursache der ungenügenden Beteiligung der Manager in dieser Phase? Wenn diese Frage verfolgt wird, dann stellt man in vielen Fällen ein Versagen der Unternehmensführung fest, die diesen Bereich zu sehr den EDV-Spezialisten überließ.[1] Zum anderen sind eine oft verengte Blickrichtung der Spezialisten und nicht unerhebliche Vorurteile gegenüber den Managern von Bedeutung: Die Computerexperten überschätzen oft das Wissen der Fachmanager über Computersysteme, aber tendieren gleichzeitig dazu, ihre Kompetenz zur Partizipation in der Gestaltung und Planung der Systeme zu unterschätzen.[2]

3. Testen und Implementierung

Die Periode des Testens, in der die Eignung des entwickelten Systems für die gestellte Aufgabe überprüft wird, erfordert ein noch umfassenderes Ineinandergreifen der Rollen der EDV-Experten und der Benutzer. Insbesondere müssen die Benutzer die notwendigen Input-Daten in adäquater Form bereitstellen und den Output und damit die Eignung des Systems beurteilen.

---

1 Vgl. McKinsey & Company Inc., The Computer's Profit Potential, 1970, S. 160.

2 Vgl. Mumford, E., The Human Factor, 1970, S. 286.

Weil sie nicht frühzeitig genug hinzugezogen wurden, so beklagen sich Benutzer, sei diese Zeit des Testens übermäßig anstrengend und turbulent gewesen.[1] Andererseits sind es natürlich oft die Benutzer selbst, die sich nicht genügend beteiligen wollen.[2]

Insbesondere bei qualifizierten Systemen ist anzunehmen, daß eine eingehende Beteiligung der Benutzer die Voraussetzung für ein zügiges effizientes Testen ist. Und, sind die Benutzer erfolgreich an den Testarbeiten beteiligt, dann ist weiter zu vermuten, daß die eigentliche Implementierung, d.h. die tatsächliche (endgültige) Umstellung auf das EDV-System reibungslos vonstatten geht.

Ist dies der Fall, dann vereinfacht sich die Aufgabe der Unternehmensführung. Deren Rolle nämlich besteht hier darin, für die Durchsetzung der entwickelten Konzeption zu sorgen .[3]"Insbesondere bei auftretenden Rückschlägen beim Aufbau von computergestützten Informationssystemen ist ein fachlich fundiertes und anhaltendes Engagement (der Unternehmensführung) notwendig".[4]

Weiterhin ergaben sich in der Implementierungsphase häufig Probleme, weil die Unternehmensführung auch die wirtschaftlich-organisatorische Aufgabe der optimalen Einbettung der EDV-Lösung in die Abteilung und die gesamte Unternehmung den EDV-Spezialisten überließ.[5] Denen aber fehlt das nötige Wis-

---

1 Vgl. Stewart, R., How Computers Affect Management, 1971, S. 194; Mumford, E., The Human Factor, 1970, S. 286.

2 Vgl. Büttner, R., EDV-Lösungen benutzerfreundlich?, 1974, S. 447; Schewe, Ch.D., The Forgotten Man, 1973, S. 31.

3 Vgl. Grochla, E., Das Engagement der Unternehmensführung, 1972, S. 70.

4 Grochla, E., Das Engagement der Unternehmensführung, 1972, S. 70.

5 Vgl. McKinsey & Company Inc., The Computer's Profit Potential, 1970, S. 159 u. 164.

sen und die spezifisch-organisatorische Erfahrung.[1] Nur in den seltenen Fällen, wo dasselbe System repetitiv in verschiedenen Subsystemen einer Organisation eingeführt wird, kann eine Zuordnung dieser Aufgabe zur Rolle des EDV-Systemspezialisten sinnvoll sein.[2]

Der Unternehmens- bzw. Abteilungsführung wird in der Implementierung auch die wichtige Funktion obliegen, für einen gewissen Enthusiasmus der Organisationsmitglieder in den betroffenen Abteilungen die Basis, z.T. mit geeigneten materiellen Anreizen, zu schaffen. Denn diese Phase stellt an den zeitlichen und intensitätsmäßigen Einsatz dieser Mitarbeiter besondere Anforderungen.[3]

4. Pflege und Wartung des computergestützten Systems

Ein wesentliches Problem nach der Implementierung eines Systems ist die Frage, in wessen Händen die Pflege eines Modells bzw. Systems liegen soll. System- und Programmfehler, die erst in der Anwendung aufgedeckt werden, bedürfen der Korrektur; Anpassungen an sich ändernde Informationsbedürfnisse müssen vorgenommen werden. Nach Nolan werden gewöhnlich etwa 50 % der EDV-Budgets für Wartung aufgewandt.[4] Zwischen EDV-Gruppe und Abteilungen und evtl. zwischen mehreren beteiligten Abteilungen treten hier Konflikte auf. Die Konfliktursachen sind unterschiedlich. Sie können z.B. darin bestehen, daß man ent-

1 Vgl. McKinsey & Company Inc., The Computer's Profit Potential, 1970, S. 159.

2 Vgl. Stewart, R., How Computers Affect Management, 1971, S. 195.

3 Vgl. Stewart, R., How Computers Affect Management, 1971, S. 195; McKinsey & Company Inc., The Computer's Profit Potential, 1970, S. 164.

4 Vgl. Nolan, R.L., data bases, 1973, S. 101.

weder in der entsprechenden Kompetenz einen Vorteil für die eigene Position sieht oder aber eine Bürde, die es auf andere abzuwälzen gilt.[1]

Gibt man bezüglich der erforderlichen Anpassung des Systems den Benutzerabteilungen das Recht, jederzeit Änderungen zu veranlassen, so werden die EDV-Spezialisten, hier insbesondere die Programmierer, bald überlastet sein. Können andererseits die EDV-Spezialisten allein über Programmänderungen entscheiden, besteht die Gefahr, daß die Benutzeraspekte ungenügend berücksichtigt werden.

Die wichtigsten Ergebnisse dieser prozeßorientierten Analyse der Rollenverteilung können folgendermaßen zusammengefaßt werden:

- Unternehmensführung und Fachbereichsmanagement sind zweckmäßigerweise an der Bestimmung der Ziele und Funktionen geplanter Systeme beteiligt.
- Die Strukturen der Konzeption bedürfen einer Abstimmung mit dem Funktionsmanagement. Dessen Beurteilung relevanter Faktoren muß berücksichtigt werden.
- Eine Beteiligung in der Entwicklung und beim Testen fördert das Verstehen und die Verständigung, dient insbesondere späterer Nutzung und ist wahrscheinlich die beste Schulung.
- Implementierung erfordert reibungslose Zusammenarbeit zwischen EDV-Gruppe und Management unter teilweiser Hinzuziehung der Unternehmensführung.
- Die Wartung des computergestützten Informationssystems muß eindeutig geregelt sein.

1 Vgl. zu diesem Problem Stewart, R., How Computers Affect Management, 1971, S. 195.

Die Untersuchung der Rollenverteilung in der Praxis und die Berücksichtigung der Forderungen in theoretischen Beiträgen ergibt die Notwendigkeit einer zwar differenzierten, aber insgesamt stärkeren Beteiligung der Anwender. Die Konsequenzen dieses Anspruchs jedoch bedürfen einer Prüfung.

2.134 Erweiterung der Manager-Rolle: Konsequenzen und Probleme

Durch das in Abbildung 2.11 wiedergegebene Resultat der Untersuchung von McKinsey wird ebenfalls dieser korrelative Zusammenhang zwischen einer frühzeitigen und stabileren Beteiligung des Managements und dem Erfolg der Entwicklung und Implementierung computergestützter Managementsysteme verdeutlicht. Auch waren Schwierigkeiten im sozial-organisatorischen Bereich allzu oft auf ungenügende Beteiligung der Manager bzw. Benutzer zurückzuführen.[1]

Wenn diese Schwierigkeiten häufiger auftraten und manifest wurden, dann muß man sich vergegenwärtigen, daß eine einmal eingetretene Belastung und Verschlechterung des Verhältnisses zwischen Personen nur schwer wieder ins Positive umgewandelt werden kann. Negative Erfahrungen prägen leider in hohem Maße die Gegenwart von Beziehungen. Und es ist nicht einfach, negative Erwartungen, die sich z.B. bei den Managern aus Enttäuschung festgesetzt haben, wieder aufzutauen[2] und ein Vertrauensverhältnis zu erreichen (siehe Abschnitt 2.126).

---

1 Vgl. u.a. Sollenberger, H.M., Information Systems Development, 1971, S. 108.

2 Vgl. Dearden, J., MIS is a mirage, 1972, S. 96.

	Fachabteilungsmanager			
	beteiligt		nicht beteiligt	
	Anwender sind		Anwender sind	
	erfolgreich	weniger erfolgreich	erfolgreich	weniger erfolgreich
Initiierung	13	4	7	14
Nutzen-Kosten-Analyse	11	3	7	15
Projekt-management	15	6	3	12
Erfolgsver-antwortung	9	3	9	15
Anzahl der untersuchten Organisationen	18	18	18	18

Abb. 2.11: Beteiligung der Funktionsmanager 18 erfolgreicher und 18 weniger erfolgreicher EDV-Anwender in einzelnen Phasen

Quelle: McKinsey & Company Inc., The Computer's Profit Potential, 1970, S. 164.

Die Analyse des vorliegenden empirischen Materials zeigt eindeutig, daß die Bedeutung eines wirkungsvollen Ineinandergreifens der Rollen von Managern und EDV-Spezialisten mit einer gleichzeitigen Erweiterung der Managerrolle zu mehr Verantwortung und Teilnahme an dem Prozeß der Gestaltung und Implementierung von computergestützten Management-Informationssystemen nicht unterschätzt werden darf.[1] Auch die in Abbildung 2.12 wiedergegebenen Resultate einer empirischen Untersuchung von Lonnstedt unterstützen diese Forderung. Wenn die Manager in bestimmten Phasen des Entscheidungs- und Gestaltungsprozesses partizipierten, dann war die Chance auf Implementierung und erfolgreiche Anwendung des Systems weit höher. Dies läßt auch vermuten, daß die von Kirsch/Kieser geforderte Benutzeradäquanz[2] nur bei Involvierung der Manager/Benutzer zu erreichen ist und nicht allein aufgrund einer stärkeren Ausrichtung der Systemspezialisten auf Benutzeradäquanz, aber ohne Involvierung.

Die intensivere Beteiligung ist jedoch nicht ohne Probleme. Hierzu zählt an erster Stelle die zeitliche Beanspruchung des Personals in den Fachabteilungen und ebenso im EDV-Stab. Die im Rahmen der

1 Vgl. folgende empirische Studien: Holland, E., et al., Socio-technical aspects of mis, 1974, S. 15 ff.; Mumford, E., The Human Factor, 1970; Mumford, E., Job Satisfaction, 1972; Stewart, R., How Computers Affect Management, 1971; Reif, W.E., Computer and Management, 1968; Brink, V.Z., Computers and Management, 1971; Sollenberger, H.M., Information Systems Development, 1971; Huse, E.F., Impact of Computerized Programs, 1967; Swanson, E.B., Information Systems, 1974, S. 178 ff.; Lucas Jr., H.C., Measuring Employee Reactions, 1974, S. 59 ff.; Stone, M.M., Tarnowieski, D., Management Systems, 1972; McKinsey and Company Inc., The Computer's Profit Potential, 1970.

2 Vgl. Kirsch, W., Kieser, H.-P., Benutzeradäquanz, 1974, S. 383 ff..

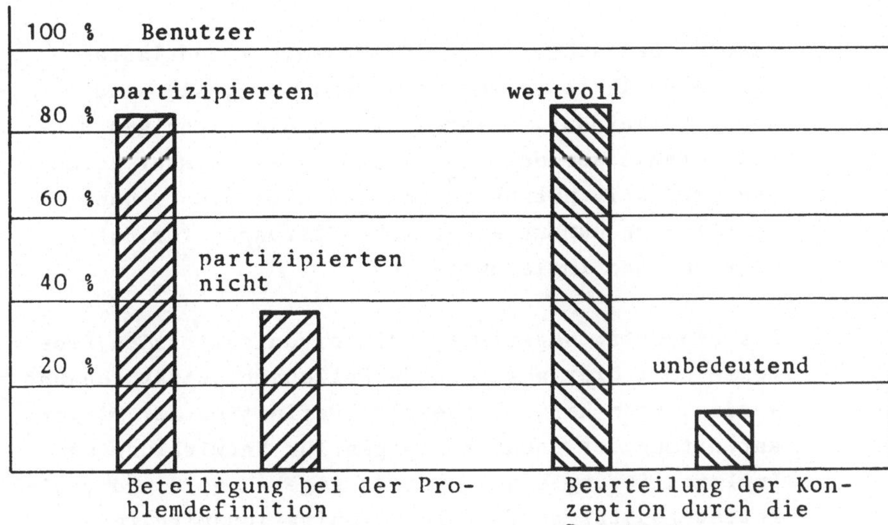

Abb. 2.12: Implementierungserfolg und Benutzerbeteiligung

Quelle: Lonnstedt, L., Factors to Implementation, 1975, S. 24 u. S. 27.

Zusammenarbeit bei einem EDV-Projekt aufgewandte Zeit fehlt in irgendeiner Weise für die Durchführung der eigenen spezifischen Fachaufgabe. Dadurch treten allgemein bekannte Rollenprobleme[1] auf, die zusätzlich dysfunktionale Prozesse verursachen.

Der Manager (oder ein anderer Mitarbeiter) unterliegt dem täglichen Termindruck in seiner Abteilung; andererseits wird von ihm erwartet, daß er an dem EDV-Projekt mitwirkt. Setzt er sich zu stark für die EDV-Entwicklung ein, besteht z.T. die Gefahr, daß er von seiner eigenen Abteilung als "Ver-

1 Vgl. z.B. Hoffmann, F., Organisationsforschung, 1976, S. 96; Schneider, S., Matrixorganisation, 1974, S. 254.

räter"[1] betrachtet wird. Diese Inter- und Intrarollenkonflikte treten naturgemäß auf; sie sind nicht vermeidbar. Solange sie in die richtigen Bahnen gelenkt werden können, sind sie vielmehr normal und produktiv nutzbar.[2] Gelingt dies nicht, dann resultieren daraus erhebliche Störungen für Entwicklung und Implementierung.

Als eindeutig negativ für die organisationalen Prozesse soll hier auftretende Rollenambiguität genannt werden. Wenn keine eindeutige Definition der Mitverantwortung der Fachabteilungen für Entwicklung und Implementierung eines Systems gegeben wird und vielleicht zusätzlich für die Organisationsmitglieder unklar ist, welche Einstellung die Unternehmensspitze zum Projekt hat, so wird dadurch eine effiziente Gestaltungsarbeit erheblich erschwert.

Unter dem Aspekt der Beteiligungskonsequenzen erhebt sich auch die Frage, ob die EDV-Spezialisten generell an einer stärkeren Mitarbeit der Benutzer interessiert sind. Man kann grundsätzlich aus den verschiedenen Berichten den Eindruck gewinnen, dieses Interesse sei gegeben. So schließt auch Mans aus seinen Befragungen, daß gerade die Systemseite in den letzten Jahren mehr und mehr zu der Auffassung gelangt ist, daß jede Systemumstellung in enger Kooperation mit den betroffenen Benutzern durchgeführt werden sollte.[3]

---

1 Vgl. Huse, E.F., Impact of Computerized Programs, 1967, S. 296.

2 Vgl. zu positiven Konfliktfolgen Krüger, W., Konflikthandhabung, 1972, S. 15 ff. u. 114 ff.; Dahrendorf, R., Sozialstruktur des Betriebes, 1972, S. 45 ff.; siehe auch Abschnitt 3.4 "Sozioemotionale Führung".

3 Vgl. Mans, G., Erfolgsfaktoren, 1973, S. 195.

In Mumfords Studie sprachen sich zwischen 35 % und 74 % der Systemanalytiker für den Weg der Erziehung und Beteiligung der Benutzer zwecks Annahme von EDV-Innovationen aus.[1] Aber dies sollte offensichtlich keineswegs gleichberechtigte Kooperation bedeuten; die meisten EDV-Spezialisten sahen diesen Weg wohl nur als erfolgversprechende Verkaufs- oder Durchsetzungsstrategie. Denn weniger als 15 % sprachen sich für eine Beteiligung in der Planung und bei Entscheidungen aus.[2] Wie kann diese, doch relativ widersprüchliche und inkonsequente Haltung erklärt werden? Trifft hier die Behauptung zu, daß rational ausgebildete und orientierte Personen besonders schlecht vorbereitet sind für die Durchführung von Änderungsprozessen mit all den involvierten sozialen Aspekten?[3]

Zu der angesprochenen mangelnden Fähigkeit der EDV-Spezialisten, sich als Change Agents zu betätigen, scheint auch der interessante Hinweis bei Stewart zu passen, daß bei manchen Projekten die EDV-Spezialisten keine stärkere Involvierung der Fachabteilungen wollten, weil sie fürchteten, dadurch Widerstand erst anzuregen.[4]

Als wichtigste Konsequenzen und Probleme einer weitgehenden Beteiligung der Benutzer sind also per summa zu sehen, daß direkte Personalkosten aus der zeitlichen und intensitätsmäßigen Beanspruchung resultieren, zusätzliche soziale Kosten (z.B. aus Rollenkonflikten oder Rollenambiguität) entstehen können und die Beteiligten auf die sozial-organisatorischen Probleme bisher zu wenig vorbereitet sind.

---

1 Vgl. Mumford, E., Job Satisfaction, 1972, S. 140.

2 Vgl. Mumford, E., Job Satisfaction, 1972, S. 141.

3 Vgl. Mumford, E., Job Satisfaction, 1972, S. 143.

4 Vgl. Stewart, R., How Computers Affect Management, 1971, S. 194.

Den genannten Forderungen nach stärkerer Beteiligung der Benutzer könnte sich theoretisch auch die Problematik entgegenstellen, daß mit dem hierdurch erreichten höheren EDV-Wissen und einem entstehenden großen Interesse für neue EDV-Anwendungen die Entwicklung und Implementierung in den Ressorts zu progressiv angegangen wird und vielleicht komfortable, aber ineffiziente Systeme eingeführt werden. Die von Brink in einigen Fällen beobachtete Freude an der gemeinsamen Anstrengung zur Entwicklung eines neuen, modernen und anspruchsvollen Systems könnte diesen Trend verstärken.[1]

Andererseits könnten aber auch die EDV-Spezialisten befürchten, daß durch die Beteiligung der Fachabteilungen der eigene Freiheitsspielraum stark eingeschränkt wird und die eigenen Interessen ungenügend durchzusetzen sind. Ein besserer Einblick in die EDV-Arbeit kann ja durchaus eine kritischere Betrachtung des EDV-Personals zur Folge haben.

In der Praxis wird eine aus dieser Interessenlage geborene zurückhaltende Einstellung zur Frage der Beteiligung verneint. "Vielleicht gab es solche Befürchtungen einmal hier und da in der Vergangenheit.... Die Mitarbeiter in den ADV-Abteilungen haben (inzwischen jedoch) erkannt, daß ihre Leistungen umso besser sein werden als die Zusammenarbeit mit den Fachabteilungen verstärkt wird".[2] Verschiedene Berichte und Studien zeigen, daß auch bei den Managern und Benutzern diese Einsicht gewachsen ist.[3] Ob jedoch aus dieser beiderseitigen Einsicht (die offensichtlich noch nicht allgemein verbreitet ist) auch geeignete Konsequenzen gezogen werden, muß mit erheblichem Zweifel bedacht werden.

---

1 Vgl. Brink, V.Z., Computers and Management, 1971, S. 47.

2 Vgl. Schermer, E.-D., Die gleiche Sprache, 1974, S. 5.

3 Vgl. z.B. Schewe, Ch.D., The Forgotten Man, 1973, S. 30 ff.; Schermer, E.-D., die gleiche Sprache, 1974, S. 3 ff.; Lucas Jr., H.C., Information Systems, 1973, S. 189.

Zwecks einer besseren Durchdringung des gesamten Problemkreises der Art und Weise der Zusammenarbeit zwischen welchen Personen in welchen Phasen erscheint umfangreiche empirische Forschung (aus der Handlungsanweisungen abgeleitet werden können) als eine Forderung sine qua non. Eine erhebliche Schwäche des bisher vorliegenden empirischen Materials besteht z.B. darin, daß die Beurteilung des Erfolgs bzw. Mißerfolgs einer EDV-Anwendung i.d.R. aus einer Befragung des Managements oder der Spezialisten abgeleitet wurde. Eine solche Befragung liefert natürlich einen fragwürdigen Maßstab zur Beurteilung der wirtschaftlichen Effizienz. Sie gibt eher eine sinnvolle Antwort auf die Frage der Spezialisten nach der Stärke ihrer "Verkaufs"-Position innerhalb der Organisation.

Die Problematik des Maßstabs Befragung des Managements soll hier anhand des Ergebnisses einer Studie von Swanson[1] aufgezeigt werden: Swanson fand die Hypothese bestätigt, daß Manager computergestützte Systeme höher schätzten, wenn sie an deren Entwicklung beteiligt waren. Neben der Wahrscheinlichkeit, daß diese Systeme tatsächlich erfolgreicher waren, könnte auch folgende Vermutung zutreffen: Diese Manager/Benutzer haben durch das Mitwirken an dem EDV-Projekt ein sehr hohes Maß an Selbstverwirklichung gefunden und sind aufgrund allgemeiner Zufriedenheit zu einer überhöht positiven Einschätzung des implementierten Systems gelangt.

Wie bei vielen anderen Teilaspekten der Frage des geeigneten Zusammenwirkens von EDV-Spezialisten und Managern stoßen wir auch hier auf das Erfordernis besserer Methoden zur Messung des Erfolgs von EDV-

1 Vgl. Swanson, E.B., Information Systems, 1974, S. 178 ff..

Anwendungen.[1] Aber die bisherigen Bemühungen in dieser Hinsicht waren enttäuschend. Zum Beispiel hat sich eine gemeinsame Arbeitsgruppe der Manchester Business School und des britischen National Computing Centre vier Jahre lang mit der Aufgabe befaßt, effektive Kriterien zur Messung des Erfolgs von EDV-Anwendungen zu entwickeln, ohne zu irgendwelchen Empfehlungen gelangen zu können.[2]

Bestimmte Aspekte der Rollenverteilung und eine Reihe von Problemen konnten aufgezeigt werden. Die Ableitung eines operativ-normativen Empfehlungskataloges mit der Zielsetzung wirtschaftlich-organisatorischer Effizienz erscheint dagegen bisher nicht möglich. Die Gestaltung der Rollenverteilung ist in vielfältiger Weise von der konkreten Anwendungssituation der EDV in den einzelnen Unternehmen abhängig.

Die engere Rollenanalyse ist hiermit abgeschlossen. Zu untersuchen sind aber noch mögliche Einflüsse latenter Rollenorientierungen und rollenabhängige Statusphänomene von Managern und Spezialisten.

2.135 Latente Rollenorientierungen

Ein interessanter Aspekt für die Rollenbeziehungen zwischen Managern und EDV-Spezialisten ist durch die Beachtung latenter Rollenorientierungen gegeben. Dies sind Orientierungen an von der Organisation unabhängigen Gruppen. Von besonderer Bedeutung erscheint die Unterscheidung von "Locals" und "Cosmopolitans".[3]

---

1 Vgl. zu diesem Problem Grochla, E., Informationssysteme, 1975, S. 139 ff. u. S. 55 ff.; Zuberbühler, H., Elektronische Datenverarbeitung, 1972, S. 190 ff..

2 Vgl. Ward, T.B., Computer Organization, 1973, S. 67.

3 Vgl. Rose, M., Computers, Managers, and Society, 1969, S. 207 f.; Gouldner, A.W., Cosmopolitans, 1957-8, S. 281 ff..

In dieser Sicht sind EDV-Spezialisten als Kosmopoliten in ihrer Karriere nicht an eine Organisation gebunden, sie sehen sich als unabhängige Experten, die jederzeit ihre Arbeitskapazität anderen Organisationen zur Verfügung stellen können. Sie gelten daher als wenig loyal gegenüber der Organisation, die sie derzeit beschäftigt, sie fühlen sich in hohem Maße ihren spezialisierten fachlichen Fähigkeiten verpflichtet und ihre Referenzgruppe existiert außerhalb der Organisation. Ihre Expertenkenntnisse verbessern und erweitern sie in ständigem Kontakt zu ebenbürtigen Fachleuten und nur von diesen können ihre Fähigkeiten und ihre fachliche Kompetenz richtig eingeschätzt werden. Nur diese können die angestrebte Anerkennung bieten.

Die vielen "Locals" in den Anwenderabteilungen dagegen haben fast ihr gesamtes Berufsleben in ihrer Organisation verbracht, identifizieren sich nahezu vollständig mit der Organisation und ihren Zielen, sind sehr loyal. Sie sind "Company-Men" (typisch hierfür ist z.B. eine Begriffsbildung wie "Kruppianer"), sie haben sich in ihren Karrierezielen ganz auf ihr Unternehmen festgelegt und man kann von ihnen annehmen, daß sie bis zur Pensionierung der Firma erhalten bleiben.

Gouldner hat die Existenz dieser unterschiedlichen Identitäten, der Kosmopoliten und der Lokalen, für eine akademische Institution signifikant nachgewiesen.[1] Er fand auch bedeutungsvolle Anzeichen, daß der Einfluß des Kosmopoliten relativ gering ist, seine Beteiligung an organisationalen Aktivitäten (z.B. Komitee, Konferenz) relativ gering ist, er weniger von bürokratischen Regelungen hält und sein Interesse an informalen Beziehungen etwas niedriger ist als bei dem "lokalen" Organisationsmitglied.[2] Die

---

1 Vgl. Gouldner, A.W., Cosmopolitans, 1957-8, S. 292-296.

2 Vgl. Gouldner, A.W., Cosmopolitans, 1957-8, S. 296-306.

eingehende Analyse des Datenmaterials ließ Gouldner zu der Überzeugung kommen, daß eine weitere Differenzierung sowohl der Kosmopoliten als auch der Lokalen notwendig sei. Eine Faktoren-Analyse bestätigte die Vorteile einer Unterscheidung des Kosmopoliten in den Außenseiter und den Unabhängigen. Ebenso kristallisierten sich vier Subrollen des Lokalen heraus: der Hingegebene, der echte Bürokrat, der Provinzielle, der Ältere.

Diese insgesamt sechs Klassen der beiden generellen Rollen sollen im folgenden kurz charakterisiert werden.[1]

Die Außenseiter unter den Kosmopoliten sind nur wenig in die formale und auch informale Struktur der Organisation integriert. Sie kennen nur wenige Organisationsmitglieder gut. Sie zeigen relativ geringe Beteiligung und besitzen nur geringen formalen und informalen Einfluß, wünschen aber auch nicht mehr. Sie sind in besonderer Weise ihrer speziellen Fachrichtung verpflichtet und wollen nicht auf Dauer in der jetzigen Organisation bleiben.

Die Unabhängigen sind ähnlich kosmopolitisch orientiert, sie sehen und schätzen insbesondere ihre ökonomische Unabhängigkeit von der Firma oder der Behörde, aber sie sind besser in die Organisationsstruktur integriert, wenn auch ihre informalen Beziehungen zu den übrigen Organisationsmitgliedern nicht besonders intensiv sind. Sie fühlen sich auch zu sehr mit Aufgaben belastet, die nicht ihrer Spezialistenrolle entsprechen.

---

1 Vgl. zum folgenden Gouldner, A.W., Cosmopolitans, 1957-8, S. 449 ff..

Unter den Lokalen ist der Hingegebene der "wahre Gläubige", der sich mit der besonderen Ideologie seiner Organisation völlig identifiziert und sie bestätigt. Er ist zutiefst seiner Organisation verpflichtet, er ist jederzeit verfügbar und kann auch für fachfremde Aufgaben innerhalb der Organisation eingesetzt werden. Er ist nämlich wesentlich stärker auf die Organisation als Ganzes orientiert als auf eine spezielle berufliche Rolle.

Wenn man den Hingegebenen als besorgt um die Werte der Organisation charakterisieren kann, dann sind die echten Bürokraten besorgt um die Sicherheit der Organisation. Sie sind deshalb in besonderer Weise geneigt, sich Druck und Kritik von außen - von der Öffentlichkeit, vom Gesetzgeber, von Aktionären etc. - anzupassen. Sie sind sehr stark ortsgebunden und auf die Meinung ihrer Mitbürger hin orientiert. Bürokraten sind bereit, sich auch in internen Konflikten zu engagieren, um sich äußerem Druck anzupassen.

Die Provinziellen (homeguard) haben die geringste fachliche Spezialisierung. Sie fühlen sich nicht in besonderer Weise den Werten ihrer Organisation verpflichtet, sie haben auch keine besondere Orientierung in Bezug auf die lokale Umgebung. Sie haben jedoch besonders starke Bindungen zu ihrer Subgruppe, zu ihrer Abteilung in der Organisation. Ihre persönliche Geschichte ist besonders stark verknüpft mit der Organisation. Sie sind oft "Company-Men" der zweiten Generation, d.h. ihre Väter oder Mütter haben schon im Unternehmen gearbeitet.

Die "Älteren" sind einfach die Organisationsmitglieder, die tendenziell die ältesten und gleichzeitig auch am längsten in der Organisation sind. Wie andere Träger der lokalen Rolle haben sie eine starke Bindung zur Organisation, die bis zur Pensionierung besteht. Sie haben die stärksten informalen Beziehungen und kennen von allen die größte Zahl von Organisationsmitgliedern. Insbesondere wegen ihres Alters sind sie inzwischen auch immobil und damit auch wirtschaftlich von der Organisation abhängig. Ihre Referenzgruppe sind im großen und ganzen die anderen Älteren.

Man muß diese Einteilung der Organisationsmitglieder nach insgesamt sechs verschiedenen lokalen und kosmopolitischen Rollen mit Vorsicht betrachten. Es geht um Tendenzen, nicht um zwingende Zuordnungen. Die Untersuchung von Gouldner weist darauf hin, daß die Menschen in Unternehmen und Behörden sich in ihrem Verhalten in einer Weise unterscheiden und ihren Entscheidungen jeweils andere Entscheidungsprämissen zugrundeliegen, daß diese Differenzen durch die Orientierung an den genannten sechs Rollen zu einem wichtigen Teil erklärbar sind. Deshalb könnte auch der verantwortlichen Leitung eines EDV-Projekts eine Überprüfung von Schwierigkeiten anhand dieses spezifischen unterschiedlichen Rollenverhaltens helfen, Ursachen im sozio-organisatorischen Bereich aufzudecken.

Die Berichte und Studien zu Implementierungsproblemen geben vielfältige Hinweise für die relativ gewichtigen tendenziellen Unterschiede in den latenten Rollenorientierungen von Managern und EDV-Spezialisten. So wird häufig die hohe Fluktuation der Systemanalytiker und Programmierer im Gegensatz zu den übrigen Organisationsmitgliedern genannt.[1] In

1 Vgl. z.B. Lucas Jr., H.C., Information Systems, 1973, S. 192; Huse, E.F., Impact of Computerized Programs, 1967, S. 299; Garrity, J.T., Management and the computer, 1971, S. 39; Brill, A.E., The alienation of the systems analyst, 1974, S. 26 ff.; Gilb, T., Kontrolle der EDV, 1974, S. 210 ff..

der Untersuchung Mumfords gaben zwei von fünf befragten EDV-Spezialisten an, daß sie erwägten, die Organisation zu verlassen.[1]

Dies ist Kennzeichen einer schwachen Bindung des Spezialisten an die ihn beschäftigende Organisation und damit typisch für einen Kosmopoliten. Die oft vorhandene Bereitschaft, für ein etwas höheres Gehalt oder eine statusmäßig höher eingestufte Position oder auch, um mehr Erfahrung zu sammeln, die Stellung zu wechseln, ist im wesentlichen darin begründet, daß er sich stärker als unabhängiger Fachmann, als Spezialist, denn als Mitglied einer speziellen Organisation sieht. Auch aus der Sicht der übrigen Mitarbeiter und Manager ist er ein Computer-Mann, ein Außenseiter in der Firma, ein Professioneller, der eben nicht Banker ist oder Versicherungsmann oder "Company-Man".[2]

Dieser kosmopolitischen Rolle war auch eine häufig festzustellende Zentralisierung der EDV-Aktivitäten förderlich, wodurch der EDV-Mann immer wieder an neuen Projekten in anderen Unternehmensbereichen mit anderen Managern und Benutzern zusammenarbeiten mußte.[3]

Die dem EDV-Mann allgemein zuerkannte Rolle des Spezialisten brachte aber auch mit sich, daß ihm der übliche Karriereweg in der Organisation verschlossen

1 Vgl. Mumford, E., Job Satisfaction, 1972, S. 96.

2 Vgl. Brill, A.E., The alienation of the systems analyst, 1974, S. 26.

3 Vgl. Brill, A.E., The alienation of the systems analyst, 1974, S. 27.

war, für Spitzenpositionen im allgemeinen Firmenmanagement kommt er kaum in Frage.[1] Im Gegenteil ist er stark der Gefahr ausgesetzt, von seiner Position durch einen neuen Experten verdrängt zu werden, wenn schwerwiegende Probleme in der Realisierung von EDV-Projekten auftreten.[2]

Die relativ höhere Fluktuation der Systemanalytiker und Programmierer verursacht hohe Kosten für die Organisationen. Mußte ein neuer Mann eingestellt werden, so war bei der Knappheitssituation auf dem Arbeitsmarkt ein hohes Gehaltsangebot notwendig. Gerade ihm mußte dann aber eine Akklimatisierungsphase gegeben werden, um die spezifische Organisationsstruktur mit ihren besonderen Abläufen kennenzulernen, bevor er für die Organisation nützlich wurde.

Will andererseits ein EDV-Projektleiter kündigen, so wird die Realisierung dieses Vorhabens i.d.R. in zeitlichen Verzögerungen und zusätzlichen Kosten resultieren. Wenn man versucht, ihn zu halten, sind entsprechende Gehaltserhöhungen unvermeidbar; dies schlägt sich natürlich ebenfalls in höheren Kosten für das Projekt nieder. Die z.T. bestehende Abhängigkeit der Organisation von "Gypsies",[3] wie sie bei Garrity genannt werden, ist sicherlich häufig für schlechte Beziehungen zu den Fachabteilungen mit verantwortlich gewesen.

---

1 Vgl. Brill, A.E., The alienation of the systems analyst, 1974, S. 28.

2 Vgl. Nolan, R.L., Plight of the EDP-manager, 1973, S. 143 f..

3 Vgl. Garrity, J.T., Management and the computer, 1971, S. 39.

Auf die generelle Orientierung des EDV-Spezialisten an den Standards seiner Profession und nicht an den Zielen der Organisation wird auch in der bekannten Untersuchung von McKinsey hingewiesen. Zur Überprüfung eines EDV-Projekts auf seine Wirtschaftlichkeit und den Nutzen für die Organisation sind die Spezialisten daher schlecht geeignet.[1] Shycon meint, die Computerexperten sind extrem von dem Stolz geprägt, qualifizierte und elegante Modelle zu entwickeln; schon die Übernahme von extern entwickelten EDV-Modellen wird als "unter ihrer Würde" empfunden, eine Ausrichtung auf die spezifischen Organisationsziele, insbesondere eine Berücksichtigung der Kostenfaktoren, fehlt.[2]

Die Bedeutung der Konzeption latenter Rollenorientierungen in den Beziehungen zwischen EDV und Anwendungsabteilungen wird auch durch eine Studie von Schiefer unterstrichen. Bei einer Untersuchung der partikulären bzw. universellen Orientierung von Programmierern[3] und anderen Angestellten wurde festgestellt, daß der Rolle des Programmierers in relativ höchstem Maße Universalismus zugeordnet wird.[4]

In Abbildung 2.13 sind die unterschiedlichen Werte für die Gruppen Buchhalter, Verkäufer und Programmierer einander gegenübergestellt. Auffällig ist insbesondere der Unterschied zwischen Buchhalter und Programmierer (27 % gegen 79 % universelle Orientierung).

---

1 Vgl. McKinsey & Company Inc., The Computer's Profit Potential, 1970, S. 160.

2 Vgl. Shycon, H.N., All around the model, 1973, S. 40 ff..

3 Eine Studie über latente Rollenorientierungen von Systemanalytikern lag dem Verfasser nicht vor.

4 Vgl. zu dieser Untersuchung Schiefer, F., EDV und Angestellte, 1968, S. 125 ff.; zu Partikularismus und Universalismus vgl. auch Parsons, T., Pattern Variables, 1960, S. 4 ff..

Orientierung	Buchhalter	Verkäufer	Programmierer
Partikularismus	73 %	48 %	21 %
Universalismus	27 %	52 %	79 %
Σ	100 %	100 %	100 %

Abb. 2.13: Latente Rollenorientierungen verschiedener Gruppen von Organisationsmitgliedern

Quelle: Schiefer, F., EDV und Angestellte, 1968, S. 256.

Die Bedeutung der besonderen Rollenbeziehung zwischen "Locals" und "Cosmopolitans" scheint erwiesen. Zusammenfassend kann zutreffend gesagt werden, daß die EDV-Spezialisten tendenziell Inhaber einer kosmopolitischen Rolle sind, während die Manager und Benutzer aus den Fachabteilungen als Inhaber einer lokalen Rolle beschrieben werden können. Probleme und Konflikte aus diesen Gegensätzen sind in der Vergangenheit relevant gewesen und werden wahrscheinlich weiterhin eine Belastung des Verhältnisses und dysfunktionale Prozesse bedeuten. Negative Erfahrungen können auch zu Vorurteilen führen, die dann besondere Störungen verursachen und z.T. nur schwer abgebaut werden können.

Für eine zielgerichtete Führung der an der Gestaltung und Implementierung beteiligten Rollenträger müssen diese besonderen Beziehungsstrukturen erkannt und berücksichtigt werden. Nur dann ist ein entsprechendes, die Situation produktiv nutzendes Führungsverhalten möglich.[1] Eine weitere Differenzierung von

1 Siehe zum Führungsverhalten Abschnitt 3., insbesondere 3.4

"Locals" und "Cosmopolitans" nach den genannten Suborientierungen kann zusätzliche Führungsinformationen liefern. Durchaus denkbar ist weiterhin eine Berücksichtigung dieser Faktoren in der Personalanwerbung, -weiterbildung und -förderung. Eine schon verfolgte Strategie, bisherige Organisationsmitglieder zu EDV-Spezialisten auszubilden, könnte den genannten Aspekten Rechnung tragen.

Der höhere Erfolg mancher Organisationen in der EDV-Anwendung kann vielleicht ebenfalls auf eine bessere Übereinstimmung der latenten Rollenorientierungen von EDV-Spezialisten und Managern (vom Lower-bis Top-Management) zurückgeführt werden. Aber dies ist selbstverständlich eine Hypothese, die empirischer Überprüfung bedürfte.

2.136 Auswirkungen rollenabhängiger Statusphänomene

In direktem, engem Zusammenhang zum Begriff Rolle steht der Begriff Status. Beide Termini gruppieren sich um den der Position. Während Rolle die Erwartungen umfaßt, die an den Inhaber einer Position gerichtet werden, bezieht sich Status "auf die rangmäßige Einordnung von Menschen in einem sozialen System".[1] Er kennzeichnet auch einen bestimmten Grad von Prestige und beinhaltet Aspekte von Höherwertigkeit/Minderwertigkeit; er ist abhängig von dem Konsensus der Gruppenmitglieder.[2] Der Statusbegriff dient somit ebenso wie der Rollenbegriff zur Analyse und Beschreibung sozialer Strukturen, d.h. der Beziehungen zwischen Positionsinhabern.[3]

---

1 Kast, F.E., Rosenzweig, J.E., Organization and Management, 1974, S. 274.

2 Vgl. Kast, F.E., Rosenzweig, J.E., Organization and Management, 1974, S. 274 f..

3 Zum Zusammenhang zwischen Status, Rolle und Position siehe auch Tenbruck, F.H. (Stichwort), Status, 1969, Sp. 1575 ff..

Im Verhältnis zwischen Managern und EDV-Spezialisten sind einige interessante Statusphänomene zu vermerken. Primär ist festzustellen, daß die Implementierungsrate von solchen EDV-Systemen besonders hoch war, deren ursprüngliche Idee von einem Organisationsmitglied mit hohem Status, insbesondere aus dem Top-Management, entwickelt wurde.[1] Wichtige Anzeichen deuten darauf hin, daß für die Entwicklung und Einführung eines EDV-Anwendungssystems der Status der Befürworter ausschlaggebender ist als rationale Entscheidungskriterien, z.B. Wirtschaftlichkeitsüberlegungen. Andererseits ist dann besonders hoher Widerstand gegen die Einführung von EDV-Entwicklungen in Betrieben festzustellen, wenn durch die mit der Einführung verbundenen organisatorischen Änderungen der Status von Personen bedroht ist.[2]

Den Systemplanern sind solcherart gelagerte Probleme der Implementierung oft unverständlich; sie können häufig die Probleme nicht antizipieren und nicht in die Vorbereitung des organisationalen Wandels einbeziehen.[3] Die EDV-Spezialisten sind von ihrer Ausbildung und ihrem Background her offensichtlich überfordert, solche sozial-organisatorischen Einflußfaktoren zu erkennen und zu managen.[4]

---

1 Vgl. z.B. Lonnstedt, L., Factors to Implementation, 1975, S. 25; Holland, E., et al., Socio-technical aspects of mis, 1974, S. 14 ff.; Zuberbühler, H., Elektronische Datenverarbeitung, 1972, S. 34 ff..

2 Vgl. die Ausführungen unter "Widerstand gegen Wandel" (2.125).

3 Vgl. z.B. Mumford, E., The Human Factor, 1970; Kirsch, W., Probleme der Unternehmensführung, 1974, S. 179; Huse, E.F., Impact of Computerized Programs, 1967, S. 288 ff..

4 Vgl. auch McKinsey & Company Inc., The Computer's Profit Potential, 1970, S. 159; Argyris, Ch., Management Information Systems, 1971, S. B-281 ff.; siehe auch Abschnitt 2.22 "Kognitive Stile".

Ein interessantes Beispiel für die Bedeutung spezieller - geringfügig scheinender - Statusfragen gibt der Bericht von Dunlop über die Einführung eines Online-Systems bei der IBM-Hauptverwaltung.[1] Zum Erstaunen der Systemplaner nutzten die Manager die ihnen zur direkten Kommunikation mit dem Computer zur Verfügung stehenden Terminals nur in geringem Maße und überließen sie nach gewisser Zeit durchweg den Stäben. Nach Ansicht Dunlops war die vermeintliche Statusbedrohung für die Ablehnung der direkten Interaktionsmöglichkeit mit der EDV verantwortlich. Insbesondere schien in der Sicht der Manager die Bedienung einer Tastatur eher dem Tätigkeitsbild einer Sekretärin als dem eines Managers zu entsprechen.[2]

Diese Spekulation Dunlops mag durchaus zutreffen, aber man kann auch andere mögliche Erklärungen in Betracht ziehen. Vergegenwärtigt man sich das Bild der vielseitigen, beladenen und belasteten Rolle eines typischen Managers (siehe Abschnitt 2.132.1), dann liegt nahe, die Kommunikation mit dem Online-System als eine Überforderung des Managers anzusehen. Ihm steht oft einfach nicht genügend Zeit zur Verfügung, um im Kontakt mit dem System verschiedene Alternativen zu testen und - als Voraussetzung hierfür - die Elemente und Strukturen des Modells im notwendigen Maße kennenzulernen. Vielleicht werden so manche Manager durch das Hantieren mit der Tastatur auch tatsächlich nervös und in ihrer Konzentrations- und Entscheidungsfähigkeit behindert.

---

1 Vgl. Dunlop, R.A., Some Empirical Observations, 1971, S. 219 ff..

2 Vgl. Dunlop, R.A., Some Empirical Observations, 1971, S. 219 ff.; es gibt auch Studien, aus denen genau das Gegenteil geschlossen wird, z.B. Morton, S., Bildschirmdialog, 1972, S. 23 u. S. 102 ff..

Argyris sieht bestimmte negative Wirkungen von Management-Informationssystemen, die ebenfalls den Status des Managers betreffen, nämlich die insbesondere selbst wahrgenommene Verschlechterung des Status. Ganz in der Tradition seiner motivationstheoretischen Orientierung formuliert Argyris folgende Befürchtungen:[1]

1. Einschränkung der geistigen und psychologischen Bewegungsfreiheit des Managers dadurch, daß die MIS-Gestalter versuchen, persönliche Entscheidungstechniken, Strategien und Normen zum Zwecke einer Formalisierung offenzulegen.
2. Verminderung der Bedeutung formaler Positionen, weil mit Managementinformationssystemen die fachliche Kompetenz Vorrang vor formalen Hierarchiestrukturen hat.
3. Weil der Computer an den Entscheidungsprozessen beteiligt ist, alle wichtigen Entscheidungen vom MIS getroffen werden, kommt bei den Managern ein Gefühl psychologischen Versagens auf.
4. Weil dem Manager frühere, oft unsichtbare Manipulationsmöglichkeiten genommen werden, herkömmliches zupackendes Management nicht mehr gefragt ist, ist er einem wachsenden Gefühl der Bedeutungslosigkeit konfrontiert.

Die in diesen kritischen Bemerkungen zu den Konsequenzen von Management-Informationssystemen für Manager zum Ausdruck kommenden Befürchtungen müssen bei der Entwicklung von Systemen berücksichtigt werden, da die Motivationsbasis der Mitarbeiter direkt betroffen ist, aber sie können nicht voll in dieser Form akzeptiert werden. Zum Teil scheinen sie an

---

1 Vgl. Argyris, Ch., Management Information Systems, 1971, S. B-277 ff.; vgl. auch Kirsch, W., Kieser, H.-P., Benutzeradäquanz, 1974, S. 396.

Visionen von voll integrierten, zentralen Management-Informationssystemen gebunden zu sein, die für den überschaubaren Zeitraum als Utopien entlarvt sind.[1]

Von Interesse und relevant für die Beurteilung dieser Befürchtungen ist eine Gegenüberstellung zu empirisch gewonnenen Erkenntnissen von Brink.[2] Für Brink ist klar, daß die Manager in ihrer Tätigkeit nach Einführung von Management-Systemen mehr Bedeutung sahen, sie zum größten Teil aufblühten in ihrer durch die EDV veränderten Rolle.[3]

Nur in Ausnahmefällen waren Manager so eng mit ihrer vorher ausgeübten Tätigkeit verbunden, daß ihnen die Umstellung nicht gelang und deshalb eine negative Einstellung zur neuen Rolle vorlag. Diese Beobachtungen von Brink widersprechen den Befürchtungen von Argyris. Wegen unzureichender Repräsentanz und mangelnder Vergleichbarkeit bedürfte es aber weiterer Untersuchungen, um die Zusammenhänge genauer zu klären.

Neben dem Status der Manager ist auch der Status der EDV-Gruppe und seine Entwicklung von erheblicher Bedeutung für die Anwendung und Nutzung der EDV. Mit zunehmender Professionalisierung, der Entwicklung eines Berufsstandes, scheint der Status der EDV-Experten in Organisationen gestiegen zu sein - parallel zur Entwicklung der Gehälter[4] und nicht unabhängig hiervon. Brink stellt eine Entwicklung zu

---

1 Vgl. Dearden, J., MIS is a mirage, 1972, S. 90 ff..

2 Vgl. Brink, V.Z., Computers and Management, 1971. (Brink untersuchte über 100 Firmen).

3 Vgl. Brink, V.Z., Computers and Management, 1971, S. 48: "thriving in their new roles".

4 Vgl. Brill, A.E., The alienation of the systems analyst, 1974, S. 26 ff..

größerer Unabhängigkeit in der Organisation - als eigenständiges Subsystem - und Anerkennung der technischen Aufgabe der Entwicklung eines Systems fest.[1]

Mit höherer Anerkennung ging ein Trend zur Aufwertung des organisationalen Status in der Hierarchie einher. Die EDV-Gruppe untersteht z.B. nicht mehr einem Assistenten des Leiters des Rechnungswesens, sondern dem Leiter direkt, oder ist in Ausnahmen sogar selbst in der Organisationsspitze vertreten.[2] Gleichzeitig gibt es aber auch einen Trend, an die Spitze der EDV-Gruppe einen erfahrenen Organisationsmann mit bewiesenen Managementqualitäten zu stellen.[3] Die Frage ist, ob dies tatsächlich ebenfalls auf eine Statusaufwertung des Spezialisten oder eher auf eine Statusverminderung hindeutet.

Die Auswertung des vorliegenden empirischen Materials läßt auf die Tendenz schließen, daß in der jüngsten Zeit der Status der professionellen EDV-Experten nicht weiter gestiegen, sondern eher gesunken ist, daß aber andererseits dort, wo ein gestandener Manager Chef der EDV-Abteilung wurde, der Status dieser Abteilung aufgewertet wurde. Die Führung des EDV-Bereichs durch einen mit der Organisation langjährig vertrauten Manager, der nicht EDV-Spezialist ist, zeigte sich besonders erfolgreich.[4] Diese Tatsache ist in direktem Zusammenhang zu der genannten Tendenz zu sehen.

---

1 Vgl. Brink, V.Z., Computers and Management, 1971, S. 80 f..

2 Vgl. Brink, V.Z., Computers and Management, 1971, S. 77; Stewart, R., How Computers Affect Management, 1971; Kegerreis, R., Conflict and Contract, 1971, S. 3ff..

3 Vgl. Radnor,M., Neal,R.D., The Progress of Management-Science Activities, 1973, S.427ff.; Brink,V.Z., Computers and Management, 1971, S.77.

4 Vgl. Neal,R.D., Radnor,M., OR/MS Group Success, 1973, S.451ff.; Brink,V.Z., Computers and Management, 1971, S.77.

Von Lucas wird der bemerkenswerte Aspekt angesprochen, daß EDV-Spezialisten innerhalb einer Organisation sich selbst höher einschätzen als Spezialisten in Beraterorganisationen.[1] Die Richtigkeit dieser Feststellung könnte bedeuten: Je enger Spezialisten in die Organisation eingebunden sind, desto höher auch ihr Status. Zu vermuten ist eine rückgekoppelte Beziehung: Engere Bindung zur Organisation bewirkt höheren Einfluß; höherer Einfluß bewirkt höheren Status und höherer Status wiederum mehr Einfluß.

Die vorgenommene Analyse hat gezeigt, daß auch rollenabhängige Statusprobleme von Bedeutung für das Interface-Gap sind. Stärker noch scheinen spezifische intrapersonale Faktoren, die im nächsten Abschnitt diskutiert werden sollen, ein Gap zwischen Managern und Spezialisten zu bewirken. Diese intrapersonalen Bedingungen dürften wiederum die ausführlich untersuchten Kommunikations-, Macht- und Rollenbeziehungen beeinflussen.

2.2 Intrapersonale Einflußfaktoren

2.21 Beschränkung auf kognitive Stile

Die Analyse intrapersonaler Einflußfaktoren ist grundsätzlich ein äußerst komplexes Feld. Schließlich beschäftigt sich eine ganze Wissenschaftsdisziplin, nämlich die Psychologie, mit diesen Phänomenen und der Erklärung ihrer Ursachen und ihrer Prozesse.

Offensichtlich erscheint, daß in dem Zusammenhang dieser Arbeit die intrapersonale Komponente des Interface-Gap nicht in der angesprochenen Komplexität angegangen werden kann.

Zunächst kann man davon ausgehen, daß Anregungen zur Beachtung solcher konkreter Faktoren, die von den einzelnen Mitarbeitern abhängen, grundsätzlich aus der allgemeinen Literatur entnommen werden können. Auf eine Reproduktion dieser Erkenntnisse soll hier verzichtet werden.

Im Rahmen dieser Arbeit ist von besonderem Interesse, in welcher Weise die Persönlichkeiten von Managern und Spezialisten sich grundsätzlich, d.h. typisch unterscheiden. Um diese typischen Unterschiede herauszuarbeiten, können zwei Forschungsrichtungen der Psychologie als Ausgangspunkt dienen, nämlich die differentielle bzw. Persönlichkeitspsychologie[1] und die prozeßorientierte Psychologierichtung. Beide Richtungen berühren sich in wichtigen Punkten. So untersucht der prozeßorientierte Ansatz insbesondere Wahrnehmungs- und Denkprozesse. Der differentielle Ansatz unterscheidet seine Persönlichkeitstypen neben anderen Faktoren auch nach Unterschieden in der <u>Informationswahrnehmung</u> und der <u>Informationsverarbeitung</u>.

---

1 Vgl. Hofstätter, P.R., Differentielle Psychologie, 1971; Bartram, P., Kommunikation, 1969.

Hieraus kann ersehen werden, daß diese Aspekte zentral für die Berücksichtigung intrapersonaler Faktoren sind. Die Analyse der verschiedenen empirischen Studien zu Implementierungsproblemen ließ den Verfasser ebenfalls zu dem Schluß kommen, daß insbesondere in den Prozessen der Wahrnehmung und Verarbeitung unterschiedliches Verhalten von Managern und Spezialisten zu erkennen ist, welches wesentlichen Einfluß auf das Interface-Gap ausübt.

Ein Konzept zur Vereinigung der beiden zentralen Aspekte des prozeßorientierten und des typenorientierten Ansatzes bietet das Modell unterschiedlicher kognitiver Stile. Auf diese Konzeption, die auf erfolgversprechenden empirischen Untersuchungen aufbaut, wird hier näher eingegangen.

2.22 Kognitive Stile

Zur Erforschung der Implementierungsprobleme bei komplexen, quantitativen Simulations- oder Entscheidungsmodellen, die i.d.R. nur mit Computerunterstützung praktizierbar sind, wird von verschiedenen Autoren (McKenney/Keen, Huysmans, Doktor/Hamilton)[1] ein ausschließlich auf kognitive Stile ausgerichteter Ansatz gewählt. Die Art der Anlage der vorliegenden Arbeit zeigt, daß der Verfasser diese enge psychologische Orientierung nicht teilt. Trotzdem hat der kognitive Ansatz eine wesentliche Bedeutung, insbesondere, wenn man ihn in ein Gesamtsystem von Einflußfaktoren einordnet. Zu fragen ist deshalb, in welcher Weise unterschiedliche kognitive Stile von Managern und Spezialisten das Interface-Gap bewirken bzw. verstärken können. Dazu sollen im folgenden die bisherigen Ansätze vorgestellt und kritisch geprüft werden.

---

1 Vgl. McKenney, J.L., Keen, P.G.W., managers' minds, 1974; Huysmans, J.H.B.M., Cognitive Style Constraint, 1970; derselbe, Implementation, 1970; Doktor, R.H., Hamilton, W.F., Cognitive Style, 1973.

2.221 Intuitiver und systematischer kognitiver Stil

Aufbauend auf wissenschaftlichen Ansätzen über kognitive Stile in der Psychologie[1] haben McKenney/Keen[2] ein Modell kognitiver Strukturen entworfen, das von zwei Grundannahmen ausgeht:

1. Durch Training und Erfahrung entwickeln sich konsistente Denkweisen.
2. Diese Denkweisen können klassifiziert werden nach zwei Dimensionen:
   - Informationssammlung und
   - Informationsbewertung.

Informationssammlung bezeichnet hierbei den Wahrnehmungsprozeß, durch den diffuse verbale und nicht verbale Stimuli aufgenommen und organisiert werden. Die Individuen wenden in dieser Phase spezifische Strategien an, um dem kognitiven Streß,[3] der in der beschränkten Informationsverarbeitungskapazität einer Einzelperson seine Ursache hat, zu begegnen:

> Sogenannte prezeptive Individuen versuchen, mit systematischen Konzepten Daten zu filtern; sie achten auf Beziehungen, auf Abweichungen und Übereinstimmungen.
>
> Rezeptive Personen verhalten sich sensitiver gegenüber den Stimuli selbst; sie konzentrieren sich stärker auf Details als auf Beziehungen.

---

1 Vgl. Witkin, H.A., Cognitive Style, 1964, S. 172-205; Witkin, H.A., Psychological Differentiation, 1962; Witkin, H.A., Psychology, 1969; Within, H.A., et al., Personality, 1954; Messick, S., Ross, J., Consistencies in Cognition, 1962, S. 171-215; Hofstätter, P.R., Differentielle Psychologie, 1971, S. 51 ff..

2 Vgl. zu den folgenden Ausführungen McKenney, J.L., Keen, P.G.W., managers' minds, 1974, S. 80 ff..

3 Vgl. hierzu auch Kirsch, W., Entscheidungsprozesse I, 1970, S. 83 ff..

In der Phase der Informationsbewertung vollzieht sich das eigentliche Entscheiden:

> Systematische Typen gehen Probleme an, indem sie diese nach einer Methode strukturieren, die direkt zu einer Lösung führen soll.
>
> Intuitive Persönlichkeiten gehen vor, indem sie probieren; ihre Strategie ist die des "trial and error"; sie wechseln durchaus häufig ihre Methoden, vernachlässigen auch Informationen, sind aber sensitiv gegenüber Hinweisen bzw. Anhaltspunkten, die zu einer Lösung des Problems führen könnten.

Dieses Modell unterschiedlicher kognitiver Strukturen ist in Abbildung 2.14 wiedergegeben. Für die insgesamt vier Kombinationsmöglichkeiten, die sich aus der Unterscheidung in je zwei kognitive Arten bei der Informationssammlung und Informationsbewertung ergeben, sind gleichzeitig auch Berufsbilder aufgezeigt, die nach vorliegenden Forschungsergebnissen besonders kompatibel zu den Eigenschaften bzw. Vor- und Nachteilen spezifischer kognitiver Strukturen sind.[1]

Die vier Felder dieses kognitiven Modells bedürfen einer weiteren Klärung. Die Begriffe rezeptiv-prezeptiv und systematisch-intuitiv können besonders gut durch stichwortartige Erläuterungen konkretisiert werden. Das beobachtbare Verhalten von Personen, die den Kategorien zugeordnet wurden, soll hierdurch beschrieben und daraus die Charakteristika kognitiver Stile abgeleitet und in gewisser Weise operationalisiert werden.[2]

---

1 Vgl. McKenney, J.L., Keen, P.G.W., managers' minds, 1974, S. 83.

2 Das folgende ist eng angelehnt an McKenney, J.L., Keen, P.G.W., managers' minds, 1974, S. 83.

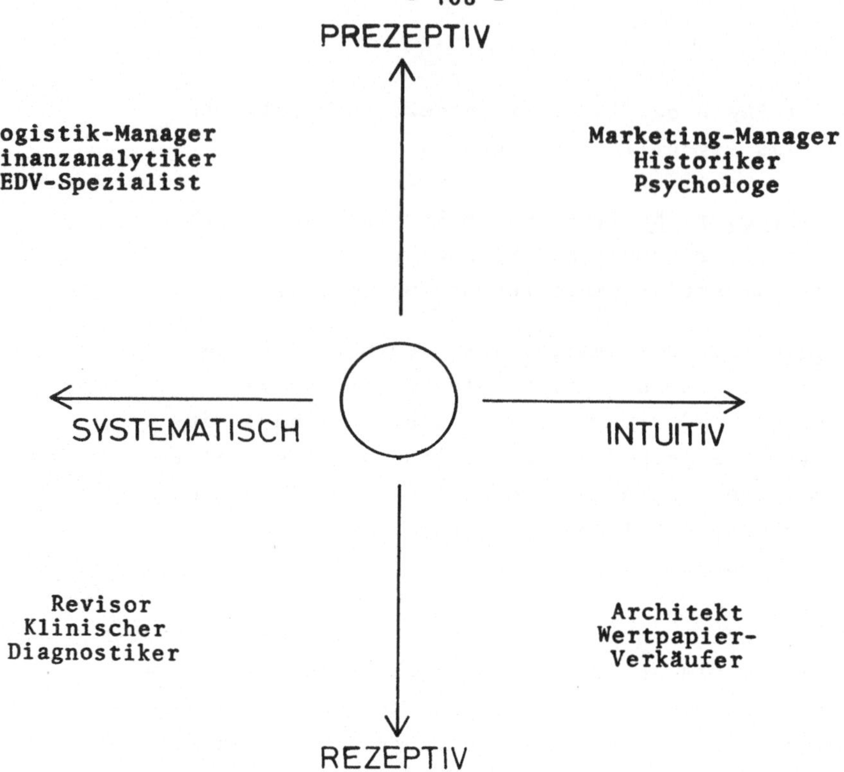

Abb. 2.14: Kognitive Stile

Quelle: McKenney,J.L., Keen,P.G.W., manager's minds, 1974,S.83.

A. Dimension der Informationssammlung

Rezeptive Denker tendieren dazu,

- eine Beurteilung zu suspendieren und voreilige Auffassungen zu vermeiden,
- sehr dem Detail und den exakten Eigenschaften der Daten zugewandt zu sein,
- auf einer vollständigen Prüfung des Datenmaterials zu bestehen, bevor irgendwelche Schlüsse abgeleitet werden.

<u>Prezeptive Denker</u> tendieren dazu,
- nach Fingerzeigen im Datenmaterial zu suchen,
- sich auf Beziehungen zu konzentrieren,
- von einem Bereich des Datenmaterials zu anderen zu springen und dabei eine Reihe von explanatorischen "precepts" zu entwickeln.

B. <u>Dimension der Informationsbewertung</u>

<u>Systematische Denker</u> tendieren dazu,
- nach einer Methode zu suchen und einen Plan für das Lösen eines Problems zu machen,
- sich ihres Ansatzes sehr bewußt zu sein,
- die Qualität einer Lösung hauptsächlich in bezug auf die Methode zu verteidigen,
- die spezifischen Beschränkungen des Problems schon zu Anfang des Problemlösungsprozesses zu definieren,
- Alternativen sehr schnell abzulehnen,
- eine zunehmende Verfeinerung der Analyse vorzunehmen,
- nach zusätzlicher Information systematisch zu suchen,
- jede einzelne Phase der Analyse, die sie beginnen, auch zu beenden.

<u>Intuitive Denker</u> tendieren dazu,
- das Gesamtproblem ständig vor Augen zu haben,
- im Problemlösungsprozeß das Problem häufig umzudefinieren,
- sich auf nicht-verbalisierte Hinweise oder sogar Ahnungen zu verlassen,
- eine Lösung in bezug auf ihre Eignung zu verteidigen,
- eine Vielzahl von Alternativen und Möglichkeiten gleichzeitig zu betrachten,
- von einer Stufe der Analyse oder Suche zu anderen und wieder zurückzuspringen,
- Alternativen sehr schnell zu erkunden und zu vernachlässigen.

Dieses Modell kognitiver Stile wurde von Keen in einem Laborexperiment getestet.[1] 107 Studenten wurden je 12 Standard-Referenz-Tests vorgelegt, die speziell auf die verschiedenen Arten von kognitiven Stilen abgestimmt waren. Für 70 % der Stichproben wurden erhebliche Unterschiede im Lösungsniveau bei den "rezeptiven" bzw. "prezeptiven" und den "systematischen" bzw. "intuitiven" Tests festgestellt, d.h. je nach Ausprägung eines bestimmten kognitiven Stils bei einer Person wurde ein auf diesen Stil abgestellter Test besser gelöst.

20 Studenten, deren systematischer oder intuitiver Stil besonders ausgeprägt war, wurden für weitere Beobachtungstests ausgewählt. Ihnen wurden 16 Probleme vorgelegt, von denen jeweils 5 zur Lösung ausgewählt werden sollten. "Laut denken" während der Lösungsversuche war erwünscht.

Die systematischen Personen gingen in der Regel das Problem an, indem sie definierten, wie es zu lösen ist. Die Planung ihres Vorgehens war ihnen sehr bewußt.

Die intuitiven Personen dagegen tendierten dazu, irgendwo irgendwie zu beginnen, zu versuchen und möglichst schnell irgendwelche Lösungen zu testen.

Ein besonders auffälliges Ergebnis dieser Beobachtungstests ist darin zu sehen, daß die verschiedenen kognitiven Stile für jeweils spezifische Probleme besonders effizient waren. Die systematischen Personen bevorzugten programmähnliche Aufgaben; die intuitiven Personen präferierten offene Probleme und

1 Vgl. zu den Ausführungen über die Laborexperimente McKenney, J.L., Keen, P.G.W., managers' minds, 1974, S. 83 ff.; Keen, P.G.W., The Implications of Cognitive Style, 1973.

waren bei deren Lösung auch besonders erfolgreich.[1] So konnten die Intuitiven eine durch Ziffern verschlüsselte Botschaft decodieren, während von den Systematischen keiner die Lösung fand.

Wie weiter oben dargestellt wurde, unterscheidet das Modell von McKenney/Keen kognitive Stile nach zwei Dimensionen und diese wiederum nach zwei Arten. Das Vorhandensein unterschiedlicher, nämlich prezeptiver und rezeptiver Informationssammlung wird in den ersten empirischen Tests angeblich bestätigt,[2] aber in den folgenden Untersuchungen, insbesondere in der genannten Beobachtungsstudie und dann in der Übertragung der Erkenntnisse auf Managementprobleme völlig vernachlässigt.[3] Schon daß die theoretische Unterscheidung in rezeptiv und prezeptiv in der empirischen Überprüfung fallengelassen wird, ist zu kritisieren. Noch stärkere Kritik muß aber an der Tatsache geübt werden, daß diese Vernachlässigung einer Dimension von McKenney/Keen nicht begründet, nicht einmal diskutiert wird.

Die Unterscheidung von Personen nur noch nach systematischen bzw. intuitiven Stilen entspricht den häufigen dyadischen Klassifizierungsversuchen der Psychologie, z.B. field-dependent bzw. field-independent nach Witkin[4] oder introvertiert-extrovertiert nach Jung.[5]

---

1 Vgl. McKenney, J.L., Keen, P.G.W., managers' minds, 1974, S. 84.

2 Vgl. McKenney, J.L., Keen, P.G.W., managers' minds, 1974, S. 83.

3 Vgl. McKenney, J.L., Keen, P.G.W., managers' minds, 1974, S. 84 ff..

4 Vgl. Witkin, H.A., Psychological Differentiation, 1969.

5 Vgl. Jung, C.G., Psychologische Typen, 1960, S. 357 ff.; vgl. zu Klassifizierungen dieser Art auch Hofstätter, P.R., Differentielle Psychologie, 1971, S. 35 ff. und Remplein, H., Psychologie der Persönlichkeit, 1954, S. 419 ff.. Diese eindimensionalen Differenzierungsansätze lassen sich sogar über die

Insofern ist der Eindruck vielleicht nicht unbegründet, daß McKenney/Keen von der Persönlichkeitstypologie stark beeinflußt sind und außerdem aus rein praktischen Vereinfachungsgründen die erste Dimension der Informationssammlung haben entfallen lassen. Auch die weiteren Studien, die im folgenden zu erörtern sind, gehen erstaunlicherweise von der vereinfachten dyadischen Typisierung kognitiver Stile aus.

Durch diese Vereinfachungsstrategie können durchaus wichtige Informationen zur Erklärung des Interface-Gap verloren gehen. Weitere Forschung, die auch diese Dimension der rezeptiven bzw. prezeptiven Informationssammlung einbezieht, erscheint deshalb äußerst zweckmäßig. Eine gewisse Rechtfertigung für die Vereinfachung auf systematischen versus intuitiven kognitiven Stil kann vielleicht darin gesehen werden, daß tendenziell sowohl EDV-Spezialist als auch Manager einen prezeptiven Stil in der Informationssammlung haben könnten. Aber dies müßte ebenfalls erst durch weitere Forschung abgeklärt werden.

In den noch zu behandelnden Studien von Huysmans und Doktor/Hamilton erfolgt ebenfalls eine Beschränkung auf die Unterscheidung in intuitiven und systematischen Stil. Angenommen wird, daß Manager, oder zumindest eine große Gruppe von Managern, eher intuitiv Informationen verarbeiten und bewerten, weiterhin, daß EDV-Spezialisten und OR-Spezialisten i.d.R. einen streng systematischen Denkstil haben.

Diese typisch unterschiedliche Ausprägung könnte einmal darauf zurückzuführen sein, daß die unterschiedlichen Rollen und die völlig unterschiedlichen Aufgaben bzw. Problemstellungen den Denkstil nach einer

---

mittelalterliche bis in die antike Geistesgeschichte zurückverfolgen; vgl. Jung, C.G., Psychologische Typen, 1960, S. 7 ff.; Hofstätter, P.R., Differentielle Psychologie, 1971, S. 305 ff..

gewissen Inkubationszeit determinieren. Ein wichtiger Aspekt dürfte zum anderen darin bestehen, daß eine Reihe von Managementpositionen, speziell im Marketing, besonders attraktiv für Personen mit intuitiver Tendenz sind. Sie werden von der komplexen, viel Flexibilität erfordernden Aufgabe stärker angesprochen, entscheiden sich deshalb für diese berufliche Laufbahn und werden durch die Tätigkeitserfordernisse in ihrem Verhalten bestärkt.

Andererseits scheint offensichtlich, daß die Rolle des EDV-Spezialisten stärker den Systematiker anzieht. Nach einer solch quantitativ orientierten Position dürften deshalb eher quantitativ-mathematisch orientierte und ausgebildete Personen, d.h. z.B. Mathematiker, Physiker, Informatiker, OR-Studenten, streben. Deren jeweilige grundsätzliche kognitive Ausrichtungen werden offenbar durch die Ausbildungsprogramme weiter verstärkt.

Die Rollen von Manager und EDV-Spezialist scheinen also sehr unterschiedliche Persönlichkeiten anzuziehen,[1] deren grundsätzliche Neigungen durch die Erfahrungen und durch das spezifische Denktraining in ihrer Gruppe weiter verstärkt werden. Auch die Personalauswahlpolitik dürfte diese Konstellation zusätzlich fördern, weil i.d.R. der Persönlichkeitstypus mit als Kriterium herangezogen wird, um die Eignung für eine bestimmte Position zu beurteilen.

Diese kognitiven Ansätze zu Implementierungsproblemen sind deshalb höchst interessant und vielversprechend. Im folgenden wird eine Untersuchung von Huysmans dargestellt und diskutiert. Der dort gegebene Ansatz berücksichtigt schon bestimmte Möglichkeiten, um das Interface-Gap zwischen Manager und Spezialist zumindest teilweise zu überbrücken.

---

1 Vgl. auch Hammond III, J.S., Do's & don'ts, 1974, S. 115.

2.222 Kognitiver Stil und Implementierungsstrategien (Laborexperiment)

Ebenfalls psychologische Erkenntnisse über kognitive Stile, insbesondere die Untersuchungen von Witkin über "field-dependent" und "field-independent" Personentypen[1] waren Ausgangspunkt für die Experimente von Huysmans.[2] Seine aus diesen Erkenntnissen und aus Erfahrungen über Implementierungsprobleme bei der Einführung von mathematisch-analytischen Methoden in Unternehmen abgeleiteten Annahmen[3] waren:

1. Neben anderen Faktoren ist für Implementierungsschwierigkeiten die Differenz im kognitiven Stil zwischen Manager und Operations Researcher verantwortlich.[4]
2. Durch die Wahl einer geeigneten Implementierungsstrategie, in der diese Differenz berücksichtigt wird, werden Implementierungsversuche erfolgreicher.

Dem Operations Researcher wird bei Huysmans analytisches Problemlösen (reasoning) zugeordnet, vielen Managern heuristisches Problemlösen.[5] Wer die Kenn-

1 Vgl. Witkin, H.A., et al., Personality, 1954; Witkin, H.A., Psychological Differentiation, 1962; Witkin, H.A., Cognitive Style, 1964.

2 Vgl. zu diesen Experimenten Huysmans, J.H.B.M., Cognitive Style Constraint, 1970, S. 92 ff.; Huysmans, J.H.B.M., Implementation, 1970, S. 44 ff..

3 Vgl. Huysmans, J.H.B.M., Cognitive Style Constraint, 1970, S. 93 ff..

4 Huysmans beschränkt sich auf OR-Implementierungen. Der Verfasser hat jedoch schon aufgezeigt, daß OR-Implementierungen heute nahezu vollständig in die übergeordnete Menge der EDV-Implementierungen eingeordnet werden können (S. 19). Zumindest bezüglich der Variablen 'Kognitiver Stil' sind die Probleme als identisch anzusehen (vgl. auch die Ausführungen von McKenney, J.L., Keen, P.G.W., managers' minds, 1974, S. 79 ff..

5 Vgl. Huysmans, J.H.B.M., Cognitive Style Constraint, 1970, S. 94 f. u. S. 101 ff..

zeichnung dieser Stile vergleicht mit der Klassifizierung von McKenney/Keen, wird keine gravierenden Unterschiede zwischen "analytischem Problemlösen" und "systematischem Denkstil" einerseits und zwischen "heuristischem Problemlösen" und "intuitivem Denkstil" andererseits feststellen.[1] Im folgenden wird deshalb eine Identität der jeweiligen Begriffe unterstellt und deshalb das Begriffspaar "analytisch" und "heuristisch" nicht weiter erörtert.

Schon von McKenney/Keen wurden die unterschiedlichen kognitiven Stile als tendenzielles Denkverhalten dargestellt. Huysmans formuliert diesen Sachverhalt noch vorsichtiger. Er will die beiden Stile als Idealtypen verstanden wissen, die die Extreme eines Kontinuums bilden[2] (vgl. Abbildung 2.15).

Überdies ist nach Huysmans der Ort einer Person nicht eindeutig lokalisierbar und nicht fixiert.[3] Letzteres heißt, daß Faktoren wie Zeit, Intelligenz, Erziehung, Bildung, Problemtyp, Gewicht des Problems und Zeitdruck zusätzlich determinieren, welches Denkverhalten

---

1 Systematischer und intuitiver Denkstil sind in Abschnitt 2.221 ausführlich erläutert worden. Huysmans (vgl. Huysmans, J.H.B.M., Cognitive Style Constraint, 1970, S. 94 f.) kennzeichnet seine Klassifizierung wie folgt. Analytisch: Problemsituationen werden auf ein Grundgerüst von Basisbeziehungen reduziert; jeder Entscheidung liegt ein mehr oder weniger explizites Modell (Methode), oft quantitativ formuliert, zugrunde; eventuelle Alternativen werden primär nach der Bedeutung ihrer Abweichung von der vom Modell vorgeschlagenen Lösung beurteilt. Heuristisch: Dieser Typ konzentriert sich auf gangbare Lösungen für totale Problemsituationen; er orientiert sich an Analogien zu vertrauten Problemen; gesunder Menschenverstand (common sense), Intuition und nichtquantifizierbare Gefühle spielen eine wichtige Rolle. Die im Text angesprochene weitreichende Übereinstimmung ist überdeutlich.

2 Vgl. Huysmans, J.H.B.M., Cognitive Style Constraint, 1970, S. 95.

3 Vgl. Huysmans, J.H.B.M., Cognitive Style Constraint, 1970, S. 95.

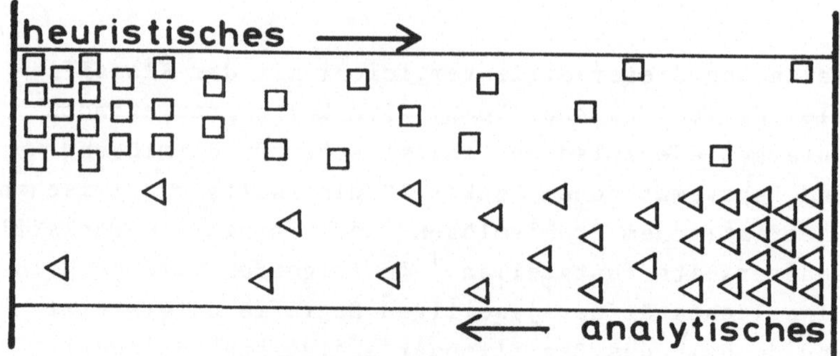

Abb. 2.15: Kontinuum kognitiver Stile

bei einer Person in einer konkreten Situation vorherrschend ist. Für den relevanten kognitiven Stil von EDV-Spezialisten und Managern können Auswirkungen der genannten zusätzlich determinierenden Faktoren in folgender Weise gesehen werden: Der typische Zeitdruck,[1] unter dem Manager im tagtäglichen Arbeitsablauf stehen, ihre Erziehung und Erfahrung und die häufige Befassung mit Problemen, die von vielen imponderablen Elementen bestimmt werden, verstärken einen heuristischen Denkstil. Ausbildung und Arbeitsgebiete der quantitativen Spezialisten andererseits bewirken die Verfestigung eines systematischen Denkstils.

Um herauszufinden, in welcher Weise der Implementierungserfolg und insbesondere kaum quantifizierbare Kosten auf personellem, organisatorischem und allgemeinem Managementgebiet beeinflußt werden können, hat Huysmans die Wirkungen verschiedener "kognitiver" Strategien des quantitativen Spezialisten experimentell getestet.[2]

1 Vgl. Stewart, R., Do you know what you want?, 1971, S. 174.

2 Vgl. die Darstellung des Experiments bei Huysmans, J.H.B.M., Cognitive Style Constraint, 1970, S. 94 ff.; Huysmans, J.H.B.M., Implementation, 1970, S. 44 ff..

Als experimenteller Rahmen wurde die Form eines Planspiels genutzt, in dem ein "Präsident" und vier "Manager" in 14 Entscheidungsperioden Entscheidungen für die Bereiche Finanzen, Einkauf, Produktion und Absatz (Preisgestaltung) zu treffen haben.[1] Die vier Manager wurden simuliert. Ihnen waren bestimmte Redewendungen, Antwortregeln und ein begrenzter Wortschatz auferlegt, nur die Präsidentenrolle war "echt". Diese Subjekte (S) des Experiments waren 35 MBA[2]-Studenten. Mit drei vorgeschalteten Tests (u.a. water jar problem[3]) wurde ihr kognitiver Stil bewertet und eine Klassifizierung nach tendenziell analytisch und tendenziell heuristisch vorgenommen.

Von den 15 durch die Vortests als analytisch bestimmten Subjekten wurden 6 mit einer analytisch orientierten Implementierungsstrategie, dem "explicit understanding approach" konfrontiert, 9 mit einer heuristisch orientierten Implementierungsstrategie, dem "integral understanding approach". Die 20 als heuristisch klassifizierten S wurden nahezu gleichmäßig den beiden Strategien zugeteilt (für 11 S die analytisch orientierte - für 9 S die heuristisch orientierte Strategie).

---

1 Der von Huysmans gewählte experimentelle Rahmen basiert auf Implementierungsexperimenten, die 1960 von Churchman und Ratoosh durchgeführt wurden. (Vgl. Churchman, C.W., Ratoosh, Ph., Implementation Experiments, 1961; Ratoosh, Ph., Churchman, C.W., Innovation in Group Behavior, 1960).

2 MBA = Master of Business Administration (Akademischer Grad).

3 Bei diesem psychologischen Test haben die Subjekte die Aufgabe, mit nur zwei Gefäßen, die jeweils ein unterschiedliches Volumen haben, eine verlangte Menge exakt in diesen Gefäßen vorzuweisen. Beliebiges Ein- und Ausgießen ist gestattet. Die Aufgabe ist lösbar oder nicht lösbar (z.B. Gefäß 1 : 25 ltr., Gefäß 2 : 6 ltr., verlangte Menge: 10 ltr.; oder z.B. 47 - 13 - 42). Vgl. Huysmans, J.H.B.M., Implementation, 1970, S. 179 f..

Huysmans Hypothesen, daß

a) eine analytisch orientierte Implementierungsstrategie, angewandt bei heuristischen Individuen, einen extrem geringen Erfolg hat,

b) eine heuristisch orientierte Implementierungsstrategie bei heuristischen Individuen einen vergleichsweise hohen Implementierungserfolg erreicht und bei analytischen Typen noch der unter a) genannten Alternative überlegen ist,

wurden in seinem Experiment signifikant unterstützt. Die in Abbildung 2.16 wiedergegebenen Auszüge aus den umfangreichen Testergebnissen veranschaulichen dieses Ergebnis.[1]

---

1 Das Maß für den Implementierungserfolg war

$$D_{jk} = \sum \frac{1}{2} \left[\text{Max} \left\{ 1-10 \, \frac{A_{ijk} - O_{ijk}}{O_{ijk}} \, , \, \emptyset \right\} \right],$$

$$\text{wenn} \quad A_i - P_i \geq O_i - P_i$$

$$= \emptyset \, , \, \text{wenn} \; |A_i - P_i| < |O_i - P_i| \; \text{für alle } i$$

Index: D = Implementierungsmaß
A = Tatsächliche Entscheidung (actual decision)
O = (nach einem Optimierungsmodell berechnete) optimale Entscheidung
P = (vom Marketing- bzw. Produktionsmanager) vorgeschlagene Entscheidung (proposed d.)
i = Entscheidungstyp (Marketing bzw. Produktion)
i = 1,2
j = Produkt , j = A,B,C,D
k = Periode , k = 3,...,14

Anmerkungen: Aus o.a. Formel folgt, daß für D gilt: $\emptyset \leq D \leq 1$. Durch die logische Regel Max{~ , ∅} wird für alle Entscheidungen der S (A_{ijk}), die 10 % oder mehr von der optimalen Entscheidung (O_{ijk}) abweichen, D = ∅; bei Abweichungen in dieser Größe wird also kein Einfluß mehr von der analytisch optimalen Alternative angenommen. Weiterhin wird D = ∅ gesetzt, wenn $|A_i - P_i| < |O_i - P_i|$ für alle i. Durch diese Bedingung sollen Entscheidungen (A) der S aus der Messung des Implementierungserfolgs eliminiert werden, bei denen die Abweichungen von O_{ijk} größer sind als von P_{ijk} (Marketing- bzw. Produktionsmanagervorschlag); vgl. Huysmans, J.H.B.M., Implementation, 1970, S. 69. Huysmans ist hier jedoch ein Fehler unterlaufen. An

Hypothesen	Kritischer Wert U (p=0,05)	Testwerte für den Vergleich der Entscheidungen bei den Produkten			
		A	B	C	D
AQ > HQ	16	13,5	21	19⁺	15
HI > HQ	27	22,0	15,5	13	27
AI > HQ	27	25,5	24,5	20	28⁺
Test einer grundsätzlichen Gesamtdifferenz	H=7,82	7,08⁺	8,19	10,97	6,13⁺

A = analytisch klassifizierte S.

H = heuristisch klassifizierte S.

Q = Quantitative (analytische) Implementierungsstrategie

I = Integrale (heuristische) Implementierungsstrategie

+ signifikant bei p=0,10; für den unterstrichenen Wert 21 gilt: in diesem Fall wird die Hypothese nicht signifikant bestätigt.

Abb. 2.16: Ergebnisse des Kruskall-Wallis H-Tests und des Mann-Whitney U-Tests für das Implementierungsverhalten[1]

---

einem Zahlenbeispiel soll dies erläutert werden: O = 100, A = 98, P = 90; da $|A_i - P_i| < |O_i - P_i|$, würde gelten D = Ø; die Abweichung von A zu O (=2) ist jedoch kleiner als die von A zu P (=8); das verbal formulierte (s.o.), durch die Formel angeblich angestrebte Ziel wird nicht erreicht!

1 Kruskal-Wallis H-Test und Mann-Whitney U-Test sind dargestellt bei Siegel, S., Nonparametric Statistics for the Behavioral Sciences, New York 1956, S. 94 ff., S. 116-127 und S. 184-193. Zum Mann-Whitney U-Test wird zusätzlich der Kruskal-Wallis H-Test durchgeführt, um eine grundsätzliche Verhaltensdifferenz der beiden Gruppen zu beweisen.

Herausragend ist vor allem das Resultat für den Vergleich der Gruppen HQ und HI:[1] Bei einem Signifikanzniveau von p=0,05 kann die Hypothese angenommen werden, daß bei heuristischen Individuen der Implementierungserfolg größer ist, wenn eine auf diesen kognitiven Typus eingehende Strategie gewählt wird, und geringer, wenn eine explizit-quantitative Kommunikationsstrategie gewählt wird. In absoluten Zahlen wiesen von den 11 Subjekten in der Gruppe HQ 9 die optimale Entscheidung, die mathematisch-technisch begründet wurde,[2] vollständig oder teilweise zurück. Von den 9 S der Gruppe HI wurden dagegen die optimalen Vorschläge, die in einer nicht-quantitativ ausgeprägten, sondern in einer auf ein integriertes Verständnis ausgerichteten Weise vorgebracht wurden, von 8 Personen in hohem Maße angenommen.

2.223 Kritische Würdigung

Die Ergebnisse des Laborexperimentes von Huysmans legen eine bestimmte Teilstrategie zu einer Überbrückung des Interface-Gap nahe: Die EDV-Spezialisten sollten ihr kommunikatives Verhalten auf den häufig heuristischen Denkstil der Manager ausrichten. Würde dem Interface-Gap ausschließlich mit dieser Strategie begegnet, dann verhielte man sich in der

---

1 HQ = Gruppe der heuristischen Personen, die mit einer quantitativ ausgerichteten Strategie konfrontiert wurden;
HI = Gruppe der heuristischen Personen, die mit einer integralen, heuristischen Strategie konfrontiert wurden.

2 Vgl. Huysmans, J.H.B.M., Cognitive Style Constraint, 1970, S. 102; bei den zwei Ausnahmen brachte die Auswertung eines abschließenden Fragebogens erhebliche Anzeichen, daß ihre vorherige Einordnung als heuristische Typen unzutreffend war (vgl. Huysmans, J.H.B.M., Cognitive Style Constraint, 1970, S. 102).

Tradition der Persuasion Position.[1] Die bisherigen und die noch darzustellenden Ergebnisse der vorliegenden Untersuchungen aber zeigen, daß diese Strategie allein nicht die adäquate Zielausrichtung in der Gestaltung von EDV-Anwendungssystemen bewirkt. Eine auf unterschiedliche kognitive Stile ausgerichtete Strategie sollte deshalb nur ein Teil einer Gesamtstrategie zur Beseitigung bzw. Überbrückung des Interface-Gap sein.

Außerdem muß die Signifikanz der Ergebnisse von Huysmans bisher noch mit der gebotenen Vorsicht gesehen werden. Ein ähnliches Experiment von Doktor/Hamilton nämlich konnte die von Huysmans aufgestellten Hypothesen nicht unterstützen.[2] Diese bewegten sich im gleichen experimentellen Rahmen (Unternehmens-Planspiel), und sie konfrontierten die experimentellen Subjekte ebenfalls mit einer entweder stark analytisch orientierten oder gering analytisch (tendenziell heuristisch) orientierten Implementierungsstrategie. Teilnehmer des Experiments waren 50 Studenten und 17 Manager.

Die Hypothesen Huysmans dürfen aber aufgrund der Untersuchung von Doktor/Hamilton keinesfalls als verworfen gelten. Die beiden Experimente sind nicht vollständig identisch und vergleichbar. Insbesondere ist der Stichprobenumfang bei beiden Tests noch zu gering. Im einzelnen müssen zu den bisher durchgeführten und hier skizzierten Laborexperimenten als kritische Punkte herausgestellt werden:

---

1 Vgl. Abschnitt 1.21 "Das Vier-Positionen-Modell von Churchman und Schainblatt".

2 Vgl. zu diesem Experiment Doktor, R.H., Hamilton, W.F., Cognitive Style, 1973, S. 884-894.

1. Ergebnisse, die mit Studenten als Subjekte erzielt werden, können nicht zulässigerweise direkt auf Situationen in der Organisationspraxis übertragen werden. Insbesondere ist bezüglich des kognitiven Stils zu vermuten, daß die systematisch und analytisch ausgerichtete Ausbildung von Wirtschaftsstudenten auch zu verstärkt analytischen kognitiven Strukturen führt, während die alltägliche Arbeit bei Managern analytische Orientierungen schwächt.[1] So erbrachte auch eine Studie von Hedberg[2] das auffällige Ergebnis, daß Bank-Manager von Interaktionsmöglichkeiten mit einem EDV-System wesentlich geringeren Gebrauch machten als die beteiligten Studenten.

2. Die Aussagefähigkeit experimenteller Studien im Labor für reale Beziehungen ist grundsätzlich problematisch. Die künstlich geschaffene Umgebung der Subjekte im Labor kann zu erheblichen Verzerrungen in den Resultaten führen.

3. Die Auswahl bzw. Bestimmung einer auf einen kognitiven Stil ausgerichteten Implementierungsstrategie ist nicht befriedigend gelöst. Die heuristisch orientierte von der analytisch orientierten Strategie im wesentlichen dadurch zu unterscheiden, daß dem Subjekt Formeln, d.h. der mathematisch exakte Lösungsweg, vorenthalten werden (Huysmans)[3], oder indem identische Argumentationen in anderer Reihenfolge vorgelegt werden, wobei die

---

1 Vgl. auch Doktor, R.H., Hamilton, W.F., Cognitive Style, 1973, S. 892; die Fähigkeit einer Person, analytisch vorzugehen, nimmt nach Doktor in Abwesenheit von hoch strukturierten Aufgaben ständig ab. Vgl. Doktor, R.H., The Development of Mapping of Certain Cognitive Styles, 1970.

2 Vgl. Hedberg, B,, On Man-Computer Interaction, 1970, S. 189.

3 Vgl. Huysmans, J.H.B.M., Implementation, 1970, S. 59-61.

analytische Orientierung die Problemanalyse an den Anfang setzt, und die "generelle" Orientierung mit dem zu empfehlenden Vorschlag beginnt, wobei die mathematischen Details nur im Anhang wiedergegeben werden (Doktor/Hamilton),[1] erscheint dem Verfasser zu simplifizierend und nicht exakt zutreffend.[2]

4. Die Stichprobenumfänge waren sehr gering.

5. Es ist sehr schwierig, in Laborexperimente mögliches Implementierungsverhalten von Managern einzubeziehen, d.h. inwiefern Manager quantitative i.d.R. computergestützte Modelle, die den Entscheidungsprozeß unterstützen sollen und von Spezialisten entwickelt wurden, tatsächlich für ihre Aufgaben nutzen.

   Doktor/Hamilton beschränken sich in diesem Dilemma nur auf die Untersuchung von Annahme bzw. Ablehnung.[3] Huysmans versucht Implementierung dadurch zu erfassen, daß er das Verhalten der "Manager" mehrperiodisch untersucht und schwergewichtig das Verhalten in den letzten Perioden berücksichtigt;

---

1 Vgl. Doktor, R.H., Hamilton, W.F., Cognitive Style, 1973, S. 889. Der unterschiedliche Aufbau, der in diesem Fall als Studie des Unternehmensberaters firmierenden Strategien, wird wie folgt angegeben:

Report 1 (analytisch	Report 2 (general)
1) Problem Review	1) Recommendation
2) Alternatives	2) Benefits
3) Choice Criterion	3) Alternatives
4) Evaluation	4) Evaluation
5) Recommendation	5) Problem Review
6) Benefits	6) Choice Criterion
7) Appendix	7) Appendix

Doktor, R.H., Hamilton, W.F., Cognitive Style, 1973, S. 889.

2 Diese Strategien könnte man überspitzt auch so formulieren: Heuristisch orientierter Manager versteht keine Mathematik, also wird er mit Mathematik auch nicht behelligt!

3 Vgl. Doktor, R.H., Hamilton, W.F., Cognitive Style, 1973, S. 888.

als besondere Variante erhalten die Manager für zwei Produkte die optimalen Lösungen nur, wenn sie deren mathematische Berechnung explizit in Auftrag geben.[1] Beide Alternativen können deshalb dem Implementierungsproblem nur unzureichend gerecht werden.

6. Letztgültiges Kriterium für die Kennzeichnung eines optimalen - oder auch nur besseren - Implementierungsverhaltens kann unter betriebswirtschaftlichen Zielsetzungen nur eine verbesserte Entscheidung hinsichtlich der Organisationsziele unter Berücksichtigung des Informationsnutzens und der Informationskosten sein. Dieses Kriterium wurde (und konnte) in den beiden Experimenten nicht berücksichtigt (werden).

7. Ein kritischer Punkt der Befassung mit kognitiven Stilen ist die Einteilung von Personen nach unterschiedlichem Denkstil. Einigkeit besteht darüber, daß nur eine tendenzielle Klassifizierung[2] möglich ist. Doktor/Hamilton haben diese richtige Erkenntnis bei der Klassifizierung jedoch insofern pervertiert, als sie den Mittelwert der Ergebnisse in der Testgruppe nach dem "Enbedded Figures Test" als Einteilungskriterium gewählt haben.[3] Alle Personen wurden also entweder der streng analytischen oder der schwach analytischen (heuristischen) Gruppe zugewiesen. Zwitter oder neutrale Typen, die evtl. deshalb aus der weiteren Untersuchung auszuschalten wären, wurden also im Gegensatz zu dem Vorgehen bei McKenney/Keen[4] nicht zugelassen. Die Folgen dieses Vorgehens sind, daß einmal die jeweils zwei eingeteilten Gruppen etwa gleiche Größe

1 Vgl. Huysmans, J.H.B.M., Implementation, 1970, S. 60 f..

2 Siehe Abbildung 2.15, S. 179

3 Vgl. zur Klassifizierung Doktor, R.H., Hamilton, W.F., Cognitive Style, 1973, S. 888 u. S. 889 f..

4 Vgl. McKenney, J.L., Keen, P.G.W., managers' minds, 1974.

haben (aufgrund der Unterstellung einer Normalverteilung) und andererseits, daß bei den Managern eine Einteilung nach dem Maßstab der Studentengruppe zu ihrer fast völligen Einordnung als schwach analytisch (heuristisch) geführt hätte, sie aber im Test gleichverteilt der heuristischen und der analytischen Gruppe zugeordnet wurden (aufgrund des Einteilungskriteriums Mittelwert). Darüberhinaus ist gegenüber dem groben, psychologischen Papier- und Bleistifttest[1] erhebliche Skepsis angebracht.

Huysmans dagegen hat drei Tests zur Einteilung angewandt, insbesondere wurde auch die Beobachtung des Verhaltens im Problemlösungsprozeß (durch Gutachter) hinzugezogen; über die größere Zuverlässigkeit seines Vorgehens kann hier aber kein eindeutiges Urteil gewagt werden. Auch er nimmt für alle Testpersonen eine Zuordnung zu einer der beiden Klassifikationsgruppen des kognitiven Stils vor. Dem Verfasser erscheint ein Vorgehen wie bei McKenney/Keen, bei dem nur ausgeprägt analytische oder heuristische Typen berücksichtigt werden, sinnvoller und aussichtsreicher.

Trotz dieser Kritik an den Experimenten und der Aussagefähigkeit ihrer Ergebnisse dürften die Experimente doch zeigen, daß der kognitive Ansatz von großer Relevanz für die Analyse des Interface-Gap und möglicher Maßnahmen der Führung ist. Manager und EDV-Spezialist haben offensichtlich tendenziell unterschiedliche kognitive Stile, wodurch das Interface-Gap mitverursacht wird. Schwieriger erscheint die Ableitung entsprechender organisatorischer Maßnahmen zur Lösung des Problems.

---

1 Vgl. zu diesem Test Doktor, R.H., Hamilton, W.F., Cognitive Style, 1973, S. 888 und Witkin, H.A. et al., Psychological Differentiation, 1962.

Mögliche Strategien bzw. Ansatzpunkte für die Unternehmensführung können jedoch sein:

1. Die unterschiedlichen kognitiven Typen von Manager und Spezialist werden schon früh zur Zusammenarbeit angehalten, um so durch ständigen Kontakt eine Annäherung u.a. auch bei den kognitiven Stilen zu erreichen. Besonders weitgehend könnte dies wahrscheinlich durch Teams erreicht werden.
2. Methoden werden entwickelt, um die Strukturen analytischer Verfahren bzw. Modelle in einer heuristischen Darstellungsweise dem Benutzer nahezubringen.
3. Die Personalführung achtet schon bei der Einstellung auf die Auswahl solcher Personen, die eher zur Mitte des Kontinuums hin einzuordnen sind.
4. Bei der Zuordnung von Spezialisten zu bestimmten Fachabteilungen werden die kognitiven Stile berücksichtigt (Unterschied z.B. zwischen Logistik- und Marketing-Managern).

Mit dieser Aufzählung erfolgversprechender Möglichkeiten zur Beseitigung des Teils des Interface-Gap, welches durch unterschiedliche kognitive Stile von Managern und EDV-Spezialisten verursacht ist, werden die hier nur kurz behandelten intrapersonalen Faktoren abgeschlossen. Die Beschränkung auf kognitive Stile erscheint angemessen, weil nur in diesem Bereich wichtige Besonderheiten im Zusammenhang des Interface-Gap vorliegen dürften.

3 Führung im Interface zwischen Managern und Spezialisten

Nach der systematischen Untersuchung der Kommunikations-, Macht- und Rollenbeziehungen zwischen Managern und Spezialisten und nach der Diskussion wichtiger intrapersonaler Faktoren erfolgt in diesem Kapitel eine Veränderung des Standortes in der Betrachtung des Verhältnisses zwischen Management und EDV. Nicht mehr die Aufdeckung von Schwierigkeiten zwischen den beiden unterschiedlichen Personengruppen steht im Blickpunkt, sondern die besonderen Führungsprobleme für die Unternehmensleitung in der Anwendung der EDV.

Das Interesse richtet sich insbesondere auf die Fragen, welche Bedeutung Führungsaktivitäten im Interface zwischen Fachabteilungen und EDV-Spezialisten für das gesamte Unternehmen haben, in welchen Phasen der Entwicklung und Anwendung computergestützter Systeme das Top-Management besonders aktiv werden muß und in welchem Maße hierbei die besonderen Beziehungen zwischen den zu führenden Menschen zu berücksichtigen sind. Wegen der festgestellten Bedeutung des Interface-Gap müssen die Einflußfaktoren, die das Gap wesentlich verursachen, vorrangig in den Führungsprozeß einbezogen werden.

Eine aktive, vorausschauende Führung der EDV-Anwendung von zentraler, höherer Organisationsebene erscheint grundsätzlich notwendig, weil der EDV-Einsatz heute in jeder großen Unternehmung einen erheblichen Einfluß auf den wirtschaftlichen Erfolg hat und weil die Sicherstellung dieses Erfolges ohne ein effizientes Zusammenwirken zwischen Management und EDV nicht möglich ist. Die spezifischen Führungsbedingungen im Interface sollen deshalb in diesem Kapitel dargestellt und mögliche Führungsaktivitäten diskutiert werden. Nur mit diesem Bereich beschäftigen sich die Ausführungen dieses Kapitels. Nicht relevant dagegen unter dem Aspekt Interface-Gap sind Führungsprobleme innerhalb der EDV-Abteilung.

Da der Führungsbegriff in der Literatur recht unterschiedlich verwandt wird, muß zunächst eine Abklärung der hier zugrunde liegenden Definition erfolgen.

3.1 Zur Auslegung des Führungsbegriffes

Der Begriff Führung bezeichnet nach Hill/Fehlbaum/Ulrich eine besondere Art von Einflußprozessen einer Person in bzw. gegenüber einer Gruppe. Führung ist auf die Erreichung von Zielen ausgerichtet und existiert in den Komponenten der instrumentalen Führung (aufgabenstrukturierendes Verhalten des Führers) und der sozio-emotionalen Führung (gruppen-integrierendes und -stabilisierendes Verhalten).[1] Fiedler und Chemers[2] betonen den Zusammenhang mit Machtprozessen und weisen darauf hin, daß Führung im Grunde Machtausübung über andere Menschen bedeutet. Das spezifische Führungsproblem besteht darin, die Zustimmung der Geführten bzw. Untergebenen zu gesetzten Zielen und ihr zielorientiertes Verhalten oder zumindest Willfährigkeit[3] zu erlangen und die Ressourcen effektiv zu nutzen.

---

1 Vgl. zum Führungsbegriff: Hill, W., Fehlbaum, R., Ulrich, P., Organisationslehre 1, 1974, S. 104 ff.; zu instrumentaler und sozio-emotionaler Führung siehe auch Bales, R.F., The Equilibrium Problem in Small Groups, 1953; Bales, R.F., Instrumentelle und soziale Rollen, 1972; Hill, W., Fehlbaum, R., Ulrich, P., Organisationslehre 1, 1974, S. 76 u. 91.

2 Vgl. Fiedler, F.E., Chemers, M.M., Leadership and Management, 1974, S. 362.

3 Dieses Subziel der Führung richtet sich insbesondere auf die Vermeidung bzw. Beseitigung von Widerstand (vgl. Abschnitt 2.125 "Widerstand gegen Wandel").

Die vorgenommene Abgrenzung des Führungsbegriffes ist nicht unumstritten. In der Führungstheorie[1] wird der Begriff Führung teilweise einseitig für Einflußprozesse auf quasi freiwilliger, von einer Gruppe anerkannter Basis ("die Gruppe wählt ihren Führer"), teilweise wiederum einseitig nur für Leitungsmaßnahmen auf der Basis der formalen Hierarchiestruktur einer Organisation verwandt. Solch einseitigen Auslegungen soll hier nicht gefolgt werden.

Gerade unter betriebswirtschaftlichen Gesichtspunkten müssen beide Komponenten beachtet werden. In der vorzunehmenden Diskussion der Führung der EDV-Aktivitäten steht die zielorientierte Führung durch die Hierarchie der Entscheidungsträger zwar im Vordergrund. Aber diese auf optimale Entscheidungen gerichteten Aktivitäten bedürfen einer Ergänzung durch Segmente im Führungsverhalten, die auf ein freiwilliges "Mitmachen" der einzelnen Organisationsmitglieder abzielen. Dabei gilt es auch, informal sich entwickelnde Führungs- und Gruppenstrukturen zu erkennen und für die EDV-Anwendung zu nutzen.

Aus ökonomischer Sicht beinhaltet Führung insbesondere die Entwicklung eines Zielprogramms für eine Organisation (dieses Zielprogramm kann aus Verhandlungsprozessen auf der Grundlage des Anreiz-Beitrags-

---

1 Vgl. zur Führungstheorie (soweit man von der Existenz einer Theorie überhaupt sprechen kann) und zum recht schillernden Führungsbegriff: Wild, J. (Hrsg.), Unternehmensführung, hier II. Teil: Führungstheorien und Führungsmodelle, 1974, S. 139-250; Kunczik, M. (Hrsg.), Führung, 1972; Neuberger, O., Führungsverhalten und Führungserfolg, 1976; Scott, W.E., Cummings, L.L. (Hrsg.), Readings in Organizational Behavior, 1973, Chapter 4, S. 429 ff.; McGuire, J.W. (Hrsg.), Contemporary Management, 1974, Chapter 13, S. 362 und die in den genannten Beiträgen angegebenen Literaturverweise.

Gleichgewichtes nach March/Simon[1] entstehen), die Ausrichtung aller Entscheidungen auf das Zielprogramm und die Einflußnahme auf die Organisationsmitglieder mit dem Zweck, diese zu einem möglichst positiven Beitrag für die Ziele einer Organisation zu motivieren. Insofern dürfte die oben angegebene Unterscheidung in instrumentale und sozio-emotionale Führung für die hier vorzunehmende Untersuchung der Führungsfragen bei der Entwicklung und Implementierung von computergestützten Informationssystemen gut geeignet sein.

Die sozio-emotionale Führung berücksichtigt in besonderer Weise informale Erscheinungen[2] in der Organisation, Ziele, Einstellungen und Motivationen der Mitarbeiter und bemüht sich um eine Gestaltung der zwischenmenschlichen Beziehungen in Hinsicht auf eine Erreichung der Organisationsziele. Sozio-emotionale und instrumentale Inhalte von Interaktionen sind jedoch nicht strikt isolierbar,[3] beeinflussen sich vielmehr wechselseitig und müssen in stetiger, enger Verbindung gesehen werden. Die instrumentale Führung richtet sich auf das zieladäquate Treffen von Entscheidungen und die Kontrolle der Durchführung der gewählten Entscheidungsalternativen.

Im folgenden werden nach einer Erörterung der besonderen Führungssituation im Interface EDV zu Fachabteilungen zunächst Fragen der instrumentalen Führung behandelt. Die Führungsaktivitäten im Interface müssen vor allem auf eine zieladäquate Lösung folgender Fragen ausgerichtet sein:[4]

---

1 Vgl. March, J.G., Simon, H.A., Organizations, 1958, S. 84 ff.; siehe auch Wagner, H., Zielbildung, 1972, S. 91 ff..

2 Vgl. hierzu Bartram, P., Kommunikation, 1969, S. 95 ff..

3 Vgl. auch Hill, W., Fehlbaum, R., Ulrich, P., Organisationslehre 1, 1974, S. 109 ff..

4 Vgl. Dearden, J., Nolan, R.L., How to control, 1973, S. 68.

- Wieviel Ressourcen sollen für die EDV aufgewandt werden?
- Wie sollen die Mittel verteilt werden, um ein Maximum an Effektivität zu erzielen?
- Werden die verteilten Ressourcen effizient genutzt?

3.2 Führungsbedingungen im Interface zwischen EDV und Management

Von kompetenter Seite wird behauptet, daß nur wenige Unternehmen bisher imstande sind, den EDV-Bereich adäquat zu führen,[1] insbesondere ihn effizient zu planen, zu organisieren und zu kontrollieren.[2] Verantwortlich für diese unbefriedigende Situation scheinen neben den behandelten komplexen Kommunikations-, Macht- und Rollenproblemen und neben dem Einfluß intrapersonaler Faktoren spezifische Konstellationen der Führungssituation im EDV-Gebiet zu sein. Herausragend sind hierbei vor allem die besonderen Angebots- und Nachfragestrukturen im Verhältnis der EDV zu den Funktionsbereichen.[3]

So sind auf der Angebotsseite die fixen Kosten (Hardware- und Systementwicklungskosten) sehr hoch, die variablen Betriebskosten aber sehr niedrig. Daraus

---

1 Vgl. Dearden, J., Nolan, R.L., How to control, 1973, S. 68. Diese Behauptung wird auch durch empirische Studien gestützt; vgl. statt vieler: McKinsey & Company Inc., The Computer's Profit Potential, 1970, S. 154 ff..

2 Vgl. zu den Führungsinstrumenten Planung, Organisation und Kontrolle Szyperski, N., Unternehmensführung, 1974, S. 13.

3 Einige der folgenden Aspekte sind bei Dearden, J., Nolan, R.L., How to control, 1973, S. 68 ff. dargestellt.

resultiert die Tendenz, die Kapazitäten des Computersystems voll zu nutzen. Sind die Kapazitäten des Systems jedoch erst einmal voll ausgelastet, dann wird dadurch ein neues Problem geschaffen. Weitere Anforderungen der Fachabteilungen kann die EDV nur durch die Eliminierung laufender Programme erfüllen. Nach welchen Kriterien soll diese Eliminierung erfolgen, und welche der vielen gewünschten Aufgaben wird auf die EDV übernommen? Dieses Entscheidungsproblem ist äußerst komplex, berührt viele Fachabteilungen einer Organisation, ist deshalb konfliktbeladen und sehr schwierig zu lösen.

Eine weitere Besonderheit auf der Angebotsseite sind die erheblichen Economies of Scale der Computer Hardware. Eine Ausweitung der Maschinenkapazität führt zu einer starken Verringerung der Durchschnittskosten. Eine daraus resultierende Neigung zur Beschaffung größerer Hardware-Systeme hat jedoch in vielen Fällen für einen längeren Zeitraum zu höheren Betriebskosten für die "alten" Anwendungen geführt, weil nämlich die neuen, zu großen Kapazitäten nicht ausgelastet werden konnten. In der peripheren maschinellen Ausstattung ist zwar eine schrittweise Erweiterung der Kapazität möglich, aber eine harmonische Anpassung an einen stetig wachsenden Bedarf kann sie nicht bieten. Die größten Kapazitätsanpassungsprobleme verursachen die Zentraleinheiten (z.B. brachte die Umstellung vom IBM-System 360/50 auf 370/155 den Unternehmen eine vierfache Kapazitätserweiterung), obwohl hier Entwicklungen wie "virtueller Speicher" für eine gewisse Entschärfung der Probleme sorgen.

Auf der Nachfrageseite wachsen die Wünsche nach EDV-Anwendungen stetig und rapide im Umfang und in der Komplexität. Immer mehr Entwicklungen werden für den dispositiven Bereich entworfen und eingeführt. Die Personalkosten sind weiter gestiegen und üben weiterhin Druck zu Umstellungen auf automatische Systeme aus. Die technischen Fortschritte in den Speichermöglichkeiten von Massendaten führen dazu, daß große abrufbereite Datenbanken für die einzelnen Organisationen verwirklicht werden können.

Zudem folgt die Arbeitsbelastung in der Datenverarbeitung bei fast allen Organisationen großen zyklischen Schwankungen; es gibt wöchentliche, monatliche oder sonstige geschäftsbedingte Spitzenbelastungen und andererseits Phasen mit nicht ausgeschöpfter Kapazität. Da wirtschaftlich eine Ausrichtung der Kapazitäten auf diese Spitzenbelastungen im allgemeinen nicht sinnvoll ist, müssen häufiger Verarbeitungsprozesse extern vergeben werden und die hierbei speziell involvierten Fragen, wie z.B. Vergleich von Anbietern und Geheimhaltung von Daten, bedacht werden.

Neben den speziellen Angebots- und Nachfragestrukturen können als weitere, die komplexe und schwierige Führungssituation im Interface zwischen EDV und Management kennzeichnenden Faktoren angeführt werden:

- Bestimmung von Prioritäten bei der Entwicklung von EDV-Anwendungssystemen,
- Lösung der operativen Prioritätsprobleme im Rechenzentrum (Prioritätsprobleme bilden natürliche Konfliktsituationen!),
- Unsicherheit in der Abschätzung von Kosten und Nutzen bei der Planung von Informationssystemen,
- Unsicherheit bei Personalentscheidungen, bei der Anwerbung, der Ausbildung, der Beurteilung von Personal,
- Abstimmung und Koordination der einzelnen Informationssysteme (zwischen automatischen und manuellen Systemen und zwischen den Systemen in den verschiedenen Teilbereichen; Probleme durch Unterschiede in der Genauigkeit und dem Umfang der zugrunde liegenden Daten[1]),
- mangelnde Erfahrung mit der EDV.

Diese Besonderheiten und daraus resultierende Risiken in der Anwendung der EDV, insbesondere bei der Entwicklung und Implementierung computergestützter Informationssysteme auf administrativer und strategischer Ebene, führen zwangsläufig auch zu Fehlentscheidungen, die - und dies ist schwerwiegend - meistens kaum rückgängig zu machen sind. "If it is discovered that the manual processing of a certain type of information was cheaper and more flexible than the computer processing it is often much too late to change back".[2]

1 Vgl. Dearden, J., MIS is a mirage, 1972, S. 97.

2 Dearden, J., Nolan, R.L., How to control, 1973, S. 70.

Zusammenfassend kann festgehalten werden, daß die konkrete Führung der EDV-Aktivitäten in den Unternehmungen in dieser komplexen Situation hohe Anforderungen stellt. Bisher waren die Führungsverantwortlichen in vielen Fällen dieser Situation nicht gewachsen. Die tatsächliche Wahrnehmung der Führungsaufgaben in der Praxis wird häufig negativ beurteilt.[1]

Garrity hat eine etwas optimistischere Haltung und sieht schon erhebliche Verbesserungen,[2] aber auch von ihm wird eine höhere Effektivität der Führungsprozesse und "... the greater injection of top management thinking..."[3] gefordert.

Das zentrale Problem des EDV-Einsatzes auf der administrativen und strategischen Ebene von Organisationen liegt wohl in der Beurteilung des Informationsnutzens, der durch das MIS angestrebt wird. Bezüglich dieses Aspektes wird beispielhaft für ineffiziente Führung der öffentliche Sektor in den USA genannt.[4] Kriterium für die Entwicklung computergestützter Systeme war dort nicht, welche Informationen zur Verbesserung der Entscheidungen benötigt werden, sondern was technisch möglich war. Deshalb gibt es heute komplexe Systeme, die Daten 100 %ig erfassen, deren Fehlerrate aber allein schon ca. 20 % beträgt, während eine Stichprobenerfassung

1 Vgl. Dearden, J., Nolan, R.L., How to control, 1973; McKinsey & Company Inc., The Computer's Profit Potential, 1970; Gilb, T., Kontrolle der EDV, 1974, S. 210 ff.; Grochla, E., Das Engagement der Unternehmensführung, 1972; Grochla, E., Informationssysteme, 1975, S. 122 ff. und S. 147 ff..

2 Vgl. Garrity, J.T., Management and the computer, 1971, S. 38-44.

3 Garrity, J.T., Management and the computer, 1971, S. 42.

4 Vgl. Garrity, J.T., Management and the computer, 1971, S. 44; vgl. auch Horton, F.W., The evolution of mis in government, 1974, S. 14 ff..

natürlich wesentlich billiger und ebenfalls ausreichend gewesen wäre. Ebenso existieren Real-Time-Systeme oder zumindest Fast-Response-Systeme, die extrem hohe Kosten verursachen, die aber nicht tatsächlich gebraucht werden.

Sehr häufig wird überschätzt, welche Informationen für die Unternehmensleitung tatsächlich relevant sind. Diese Kritik gilt nicht nur für die Entwicklung automatischer, sondern auch für manuelle Systeme, und auch nicht nur den Bedarf der Organisationsspitze betreffend, sondern auch den der anderen dispositiven Positionen. Wenn man jedoch die Informationsbedürfnisse in der Spitze einer Organisation kritisch untersucht, wird man oft die Quantität der Informationen, die z.B. zum Vorstand gehen, erheblich verringern können; das bedeutet gleichzeitig eine Verminderung der Informations- und Berichtsbelastung für das gesamte Informations- bzw. Kommunikationssystem.[1]

Abschließend sollen die Ergebnisse einer Befragung von Marketingmanagern zu ihren Problemen mit computergestützten Management-Informationssystemen wiedergegeben werden. Schewe[2] befragte in 10 Nahrungsmittelfirmen in den USA 79 Marketing-Manager, welche Faktoren nach ihrer Ansicht für die unbefriedigende Nutzung der Möglichkeiten der EDV ausschlaggebend waren. Jeweils die ersten beiden Antworten wurden gewertet und sind in Abbildung 3.1 erfaßt.[3]

---

1 Vgl. auch Garrity, J.T., Management and the computer, 1971, S. 44.

2 Vgl. Schewe, Ch.D., The Forgotten Man, 1973, S. 30-33.

3 Schewe führt als Grund für diese Auswahl an, daß vermutlich die ersten beiden Antworten jeweils die für den einzelnen Benutzer besonders herausragenden Einflußfaktoren repräsentierten; vgl. Schewe, Ch.D., The Forgotten Man, 1973, S. 32.

	Häufigkeiten in %	
	Batch-System	Online-System
Mangelnde Schulung	17	23
Unzureichende Kenntnisse über die Möglichkeiten des Systems	20	20
Unzureichende Kenntnisse über die verfügbaren Daten und Programme	6	11
Kein erkennbarer Beweis für Nutzen	10	3
Es dauert zu lange, den Input zu entwickeln und den Output zu interpretieren (Interaktion langwierig)	0	10
Programme treffen nicht die Bedürfnisse der Benutzer	0	9
Beschaffungszeit der Informationen zu lang	9	0
Benutzer sperren sich gegen organisatorischen Wandel	7	1
Gewöhnung an das System beansprucht zu viel Zeit	0	7
Das System ist zu kompliziert	6	1
Datenbasis des Systems ist unzureichend	6	0
EDV-Personal hat zu viel Kontrolle	4	0
EDV-Personal ist nicht kompetent	3	0
Zu unpersönlich	3	0
Benutzer kennt nicht seinen Informationsbedarf	0	3
Es gibt keine erfahrene Unterstützung	0	3
Schlechte Beziehungen zwischen Benutzern und EDV-Spezialisten	3	0
Zu viel irrelevante Informationen	1	1
Schlechte Konzeption des MIS	1	0
Benutzer hat kein Vertrauen zum MIS	0	1
Ungenügende Unterstützung durch das Top-Management	1	1

Abb. 3.1: Gründe für die Nicht-Benutzung von MIS
Quelle: Schewe, Ch.D., The Forgotten Man, 1973, S. 32.

Obwohl diese Befragung nicht als repräsentativ gelten kann, werden wichtige Anhaltspunkte zur Bedeutung einzelner Probleme der Interaktion zwischen Managern und EDV-Systemen gegeben. Fragen der Ausbildung der Benutzer, der Erfahrung mit dem System, des Nutzens und der Abstimmung des Systems auf die tatsächlichen Informationsbedürfnisse der Manager sind besonders relevant. In der Führung des Gestaltungsprozesses und der Anwendung von MIS sind diese Situationsgegebenheiten zu berücksichtigen.

3.3 Instrumentale Führung

Ausgehend von den dargestellten besonderen Führungsbedingungen in der EDV-Anwendung in Unternehmen und Verwaltungen sollen zunächst die Probleme und Möglichkeiten der instrumentalen Führung diskutiert werden. Die Auseinandersetzung mit diesem Problemkreis geht von der Handhabung der Führungsinstrumente in der Praxis aus, versucht, die dort vorhandenen Schwächen aufzudecken und darauf aufbauend logische Ansatzpunkte zu einer effizienteren Wahrnehmung der Führungsaufgaben zu zeigen.

Die Ausführungen gliedern sich analog zu den wichtigsten Phasen eines Entscheidungsprozesses. Über Phaseneinteilungen und die Sequenzen von Entscheidungen gibt es viele unterschiedliche Auffassungen.[1] Für die Darstellung der Führungsprobleme in der EDV-Anwendung ist eine Konzentration auf (1) Ideengenerierung, (2) Projektauswahl und (3) Kontrolle angemessen.

---

1 Vgl. z.B. Kirsch, W., Entscheidungsprozesse I, 1970, S. 72 ff..

Unabhängig von Entscheidungsphasen werden später (4) die Art der Steuerung und (5) die Führung im personellen Sektor als weitere Problemfelder der instrumentalen Führung behandelt.

3.31 Führung in wichtigen Phasen

3.311 Ideengenerierung

Ideen für die Gestaltung von computergestützten Systemen beziehen sich grundsätzlich entweder auf die Übernahme extern existierender Software oder aber auf die organisationsinterne Entwicklung, bei der in besonderem Maße die Aktivierung des Innovationspotentials der Organisation selbst erfolgen muß.

Insbesondere bei zukunfts- und entscheidungsorientierten Informationssystemen[1] ist jedoch die spezifische Ausgangs- und Umgebungslage so determinierend, daß bei jeder Organisation ganz individuelle Möglichkeiten und Chancen für den Einsatz der EDV vorliegen.[2] Diese auf die organisationsspezifische Konstellation bezogenen Chancen für das Einsatzgebiet und die Gestaltungsmöglichkeiten von EDV-Anwendungen sind abhängig von Faktoren wie Größe eines Unternehmens, Industriezweig, Verfügbarkeit qualifizierten Personals, Einstellung und Risikobereitschaft des Managements, Produktionsstruktur, Marktsituation. Die Möglichkeiten zur Übernahme

---

1 Vgl. zur Unterscheidung von vergangenheitsorientierten einerseits und zukunfts- und entscheidungsorientierten Informationssystemen andererseits Grochla, E., Das Engagement der Unternehmensführung, 1972, S. 65 ff..

2 Vgl. auch Nolan, R.L., Plight of the EDP manager, 1973, S. 148.

fertiger Software-Pakete sind deshalb beschränkt. Eher lassen sich bestimmte Paketteile kleineren Umfangs in die organisationsinterne Systementwicklung einbauen.

Bei diesen Gegebenheiten ist die effiziente Gestaltung des Prozesses der Ideengenerierung für Einsatz- und Entwicklungsmöglichkeiten der elektronischen Datenverarbeitung eine Vorbedingung für den erfolgreichen Einsatz der Ressourcen in EDV-Aktivitäten. In anderen Bereichen (z.B. bei der Gewinnung von Neuproduktideen[1]) erfolgt z.T. eine eingehende Erfassung und Gestaltung der Aufgaben der Ideenentwicklung. Es wäre zu prüfen, inwieweit von dort für die Informationssystemplanung Anregungen entlehnt werden können, um so alle potentiellen Quellen interner und externer Art für den erfolgreichen Einsatz der EDV auszuschöpfen.

Die bei der Ideengenerierung zur Entwicklung von EDV-Systemen wahrzunehmenden Führungsaufgaben haben zwei Schwerpunkte. Zum einen besteht in der Schaffung geeigneter Ideen-Anreiz-Systeme (incentive systems) ein erfolgversprechender Ansatz zur Ausnutzung des organisationalen Innovationspotentials. Zum anderen müssen Führungsmaßnahmen und Führungsverhalten aller Vorgesetzten durch eine entsprechende Innovationspolitik der Unternehmensleitung darauf gerichtet werden, die Organisationsmitglieder zur Ideengenerierung zu motivieren.

In der Unternehmenspraxis geht man oft implizit von der Annahme aus, die von EDV-Spezialisten unterbreiteten Vorschläge für EDV-Projekte sind die best-

---

1 Vgl. z.B. Schmitt-Grohé, J., Produktinnovation, 1972, S. 52 ff..

möglichen.[1] Das Top-Management schenkt i.d.R. der Generierung von Vorschlägen wenig Aufmerksamkeit und überläßt diese Aufgabe allein den EDV-Spezialisten.

Die Motivation zur Ideenentwicklung und Unterbreitung ist aber eine originäre Führungsaufgabe und die Erfolgsabhängigkeit der EDV von der Abstimmung auf die Bedürfnisse in den Benutzerabteilungen läßt vermuten, daß gerade die Einbeziehung des Fachabteilungspersonals (z.B. der Mitarbeiter in der zentralen Planung, im Finanzbereich oder im Marketing) in diesen Prozeß von großer Bedeutung ist. Der limitierte Background der Spezialisten, ihre fachspezifische Ausbildung und ihr mangelndes Interesse für Ökonomität einerseits und die ausbleibende Initiative der Fachabteilungsmanager andererseits[2] haben in der EDV-Praxis oft schon in der Phase der Ideengenerierung interessante EDV-Anwendungen für Managementaufgaben verhindert.

Adams berichtet von einem Konsumgüterunternehmen, in dem eine Prüfung der unzureichenden Vorschläge für die Datenverarbeitung ergab, daß die Beziehungen des Fachabteilungspersonals zur EDV-Gruppe ausgesprochen schlecht waren.[3] Sie waren an einer Zusammenarbeit mit den EDV-Experten nicht interessiert, weil diese nach ihrer Meinung die Unternehmensprobleme nicht kannten und mit Nicht-EDV-Personal nicht arbeiten konnten. Der zweite Grund war die Überzeugung, daß bei den komplizierten Verfahren der Vor-

1 Vgl. Adams, W., New role for top management, 1972, S. 54.

2 Vgl. hierzu McKinsey & Company Inc., The Computer's Profit Potential, 1970, S. 161.

3 Vgl. Adams, W., New role for top management, 1972, S. 55.

schlagsunterbreitung und -prüfung der ganze Aufwand sich nicht lohne.

Die Chance, hervorragende Ideen für EDV-Projekte zu gewinnen, ist vermutlich umso größer, je mehr Personen, insbesondere erfahrene Mitarbeiter aus den Fachabteilungen, sich an diesem Prozeß beteiligen. Die EDV-Spezialisten kennen nämlich die besonderen Probleme und Verhältnisse der Fachabteilungen nur unzureichend und haben meist die Tendenz, zu komplizierte Lösungen anzugehen.[1] Sie bewegen sich oft (insbesondere die Subgruppe der Operations-Research-Spezialisten) in dem Rahmen komplexer mathematischer Modelle und übersehen weniger elegante, einfachere, aber wirtschaftlichere Lösungen. Oder sie streben z.B. Optimierungsverfahren an, wo die Komplexität und Unsicherheit der Entscheidungssituation die Implementierung eines solchen Modells später inadäquat werden läßt.

Spätere Implementierungsprobleme können auch durch sozialpsychologische Faktoren, abhängig von der Art der Projekt-Ideenentwicklung, verursacht sein. Besonders häufig in den Fällen, in denen die Projektidee nicht vom Benutzer, sondern von den EDV-Spezialisten stammt, gab es später Probleme.[2]

Die dargelegten Zusammenhänge sprechen dafür, in anderen Unternehmensbereichen bewährte Ideenentwicklungssysteme, z.B. ein Vorschlagsprämiensystem, auf die erste Phase der Planung von EDV-Projekten ebenfalls anzuwenden. Von Bedeutung erscheint weiterhin, diesen Prozeß durch zusätzliche Führungs-

---

1 Vgl. u.a. Garrity, J.T., Management and the Computer, 1971, S. 39.

2 Vgl. z.B. Stewart, R., How Computers Affect Management, 1971, S. 154 u. S. 200.

maßnahmen tangierend zu unterstützen. So ist bekannt, daß bestimmte Organisationsstrukturen in besonderem Maße Kreativität und Innovationsbereitschaft fördern.[1] Es gilt folglich, kreativitätsfördernde Aspekte bei der Entwicklung und Einführung bzw. Änderung von Strukturen zu berücksichtigen.

Zu flankierenden Führungsmaßnahmen zählen auch Aktivitäten auf informalem Gebiet, z.B. gemeinsame Essen von EDV-Experten und Managern und zwanglos herbeigeführte, spontane Diskussionen. Wesentliches Ingredienz der Ideenförderung sollte ferner eine bestimmte Atmosphäre, ein allgemein innovatives Klima sein, das nur durch geeignetes Führungsverhalten geschaffen werden kann.

Außerdem sind gewisse Formalisierungen und Richtlinien für den Prozeß der Ideengenerierung vorteilhaft,[2] z.B. auf welchen Gebieten Vorschläge erwartet werden, welche Form und welche inhaltliche Strukturierung schriftliche Vorschläge haben sollten, und wie der Prozeß gehandhabt wird. Im Rahmen eines Feedback-Prozesses sollte die Rückkopplung an die Organisation, an die Ideenlieferer erfolgen, um durch kritische, ermunternde Stellungnahme Frustration zu vermeiden und zur erneuten Kreativität und Unterbreitung von Vorschlägen zu motivieren.[3]

Ein relativ bewährtes Mittel zur Förderung der Ideengenerierung sind Seminare, in denen generelle Möglichkeiten des EDV-Einsatzes und realisierter Systeme präsentiert und von dieser Basis aus erfolgver-

---

1 Vgl. den Hinweis bei Wagner zur Innovationsbereitschaft der Organisationsmitglieder in einer teamorientierten Matrix-Organisation; Wagner, H., Gestaltungsmöglichkeiten einer marketingorientierten Strukturorganisation, 1975, S. 291 ff..

2 Vgl. auch Adams, W., New role for top management, 1972, S. 55; McFarlan, F.W., Management audit, 1973, S. 131 ff..

3 Vgl. auch McFarlan, F.W., Management audit, 1973, S. 131 ff..

sprechende Anwendungen in der eigenen Organisation diskutiert werden.[1] Wertvolle Anregungen zu computerisierten Problemlösungen können aus realisierten computergestützten Informationssystemen in eigenen Funktionsbereichen und bei der Konkurrenz und aus Vorschlägen in der Literatur gewonnen werden. Besondere Beachtung sollte ferner bei der Suche nach erfolgreicherer EDV-Anwendung den Rationalisierungsaspekten geschenkt werden; eine rationellere Auslastung des Rechenzentrums und eine geringere Belastung der Benutzer ist sehr oft durch eine kritische Prüfung auf das Notwendige und Sinnvolle möglich.

Das spezifische Führungsproblem der Ideengenerierung liegt darin, die tatsächlich besten Ideen in Hinsicht auf die Organisationsziele in den Auswahlprozeß von Alternativen eingehen zu lassen. Eine Studie von Baker und Freeland[2] zeigt, daß sehr oft Ideen zwar entwickelt und sogar formuliert, aber nicht als Vorschlag eingereicht werden. Aus der Abbildung 3.2 ist abzulesen, welch großer Anteil sehr guter Ideen nicht von den verantwortlichen Entscheidungsträgern in die Entscheidung einbezogen werden konnte. So wurden 25 % der in der Beurteilung der Untersucher besten Ideen gar nicht eingereicht. Nachdem den verantwortlichen Managern, die die Entscheidung über die Realisierung der Ideen zu treffen hatten, später alle Vorschläge zur Prüfung gegeben wurden, erhielten die nicht vorgelegten Projektideen besonders gute Bewertungen. Von 47 formulierten, aber ursprünglich nicht einge-

---

1 Vgl. z.B. Schermer, E.-D., Die gleiche Sprache sprechen, 1974, S. 4 f.; Adams, W., New role for top management, 1972, S. 55.

2 Vgl. Baker, N.R., Freeland, J.R., Structuring Information Flow to Enhance Innovation, 1972, S. 105 ff..

Beurteilung von Projektideen durch unabhängige Prüfer

	gut und sehr gut	befriedigend, schlecht	Summe
nicht eingereicht	28 (25 %)	19 (10 %)	47 (16 %)
eingereicht	88 (75 %)	168 (90 %)	256 (84 %)
Summe	116 (100%)	187 (100%)	303 (100%)

Endgültige Management-Entscheidung über Realisierung von Projektideen

	für Realisierung freigegeben	keine endgültige Entscheidung	abgelehnt	Summe
nicht eingereicht	11 (38 %)	6 (12 %)	30 (13 %)	47 (16 %)
eingereicht	18 (62 %)	43 (88 %)	195 (87 %)	256 (84 %)
Summe	29 (100%)	49 (100%)	225 (100%)	303 (100%)

Abb. 3.2: Ideenbeurteilung

Quelle: Baker, N.R., Freeland, J.R., Structuring Information Flow to Enhance Innovation, 1972, S. 108.

reichten Ideen, wurde für 11 die Realisierung beschlossen, von den 256 eingereichten Ideen erfuhren dagegen nur 19 diesen Erfolg.

Diese Ergebnisse weisen mit Nachdruck darauf hin, daß häufig gewinnbringende Ideen in den Schubladen der Organisationsmitglieder oder lediglich in ihrer Vorstellung schlummern. Eine auf die Nutzung der kreativen Kapazitäten aller Mitarbeiter ausgerichtete Führung dürfte daher in jedem Unternehmen erfolgversprechend sein. Auf dem EDV-Gebiet scheinen vor allem die Innovationskapazitäten der Entscheider in den Fachressorts noch nicht voll ausgenutzt zu sein. Darauf deutet auch die bei Überlassung dieser Aufgabe an die Spezialisten oft festzustellende Schöpfung computerisierter Systeme hin, die zu einem Überfluß an irrelevanten Informationen führen,[1] oder auch von Systemen, die durch die Fülle relevanter Informationen die Entscheidungssituation ins fast Unerträgliche steigern.[2]

---

1 Vgl. Grochla, E., Das Engagement der Unternehmensführung, 1972, S. 69; Kirsch, W., Probleme der Unternehmensführung, 1974, S. 542; Sherwood, H.F., EDV und Management, 1972, S. 65.

2 Die Entscheidung wird durch die Informationsfülle oft nicht richtiger, sondern nur schwieriger (vgl. z.B. Guetzkow, H., Communications in Organizations, 1965, S. 534 ff.; Stone, M.M., Tarnowieski, D., Management Systems in the 1970's, 1972, S. 23). Der Entscheidungsprozeß dauert länger und der Entschluß wird vielleicht aufgeschoben, obwohl ein mutiger, risikobereiter Entschluß richtiger gewesen wäre.

3.312 Auswahl von EDV-Projekten

Nachdem Ideen und Vorschläge für EDV-Anwendungen entwickelt wurden, muß zwischen den möglichen Projekten eine Auswahl zugunsten der sinnvollerweise zu realisierenden getroffen werden. Dies ist eine besonders wichtige Führungsaufgabe im Interface zwischen Management und EDV-Spezialisten. Ausgehend von dem Zielsystem einer Organisation werden durch die Prüfung von alternativen Projekten und den Vergleich einzelner Projektalternativen, gefolgt von dem Entschluß zur Projektverwirklichung, entscheidende Weichen für den Erfolg oder Mißerfolg in der EDV-Anwendung gestellt.

Ein Projekt ist hierbei das Vorhaben einer bestimmten EDV-Anwendung für den Informationsbedarf des Managements in einem betrieblichen Teilbereich. Obwohl bei der Entscheidung über solche Systeme Hardware-Fragen involviert sind, bleiben sie, als von sekundärer Bedeutung für den Zusammenhang des Interface-Gap, aus der Analyse ausgeschlossen.

Die Unternehmensführung muß sich an der Festlegung des Zielprogramms, an der Bestimmung der Strategie und bei größeren Projekten an dem eigentlichen Prozeß der Auswahl beteiligen wegen

- der potentiellen Bedeutung des Systems für strategische Entscheidungen und damit für das Überleben bzw. die langfristige Zielerreichung der Organisation,

---

1 Vgl. Nolan, R.L., EDP managers, 1976, S. 123 ff.; Grochla, E., Grundfragen der Wirtschaftlichkeit, 1970; Grochla, E., Das Engagement der Unternehmensführung, 1972, S. 65 ff.; Grochla, E., Informationssysteme, 1975, S. 124 ff.; Zuberbühler, H., Elektronische Datenverarbeitung, 1972, S. 185 ff.; Dearden, J., MIS is a mirage, 1972, S. 90 ff.; Diebold, J., Die Computer werden falsch eingesetzt, 1971, S. 151 ff.; o.V., Die Tücken des Projekts, 1974, S. 6 ff.; o.V., rationalisieren, 1975, S. 5 ff..

2 Die kritische Größe, ab der die Zustimmung eines Mitgliedes der Geschäftsleitung erforderlich ist, wird abhängig von Unternehmensgröße und weiteren Faktoren unterschiedlich festgelegt und dürfte etwa zwischen 10 000 DM und 100 000 DM liegen.

- der Verflechtungen zwischen den einzelnen Informationssystemen,
- des Umfangs der benötigten Investitionsmittel,
- der Länge des Planungs- und Realisationszeitraumes,
- der meist notwendigen Unterstützung durch die Unternehmensleitung zur Überwindung von durch den Änderungsprozeß ausgelösten Anpassungswiderständen.

Das Interface-Gap wirkt sich jedoch auch auf die Art der Durchführung dieser wichtigen Führungsaufgabe negativ aus.[1] Die Phase der Auswahl von Projekten und der hiervon nicht zu trennenden konkreten Festlegung des Zielprogramms für die EDV-Anwendung ist häufig von vielen Zufälligkeiten, beispielsweise persönlichen Motiven einzelner Leitungsmitglieder, geprägt gewesen.[2]

Weil das Top-Management den EDV-Bereich als reines Spezialistengebiet betrachtet hat, wurde die Bestimmung der zu realisierenden Projekte häufig zentral

---

1 Vgl. Nolan, R.L., EDP managers, 1976, S. 128 f.; Stewart, R., How Computers Affect Management, 1971, S. 192 ff.; McKinsey & Company Inc., The Computer's Profit Potential, 1970, S. 154 ff.. Gerade auf der obersten Unternehmensebene ist häufig ein sehr distanziertes Verhältnis zur EDV vorherrschend. Die rote Kladde mit den wichtigsten aktuellen Kennzahlen in der Schreibtischschublade oder das Telefongespräch wird bevorzugt. Vgl. z.B. Bößenecker, H., Die Angst der Bosse vor dem Computer, 1972, S. 12. Aus einer Untersuchung des Diebold Forschungsprogramms geht hervor, daß bei der Festsetzung der Ziele für die EDV nur in 39 % der Fälle das obere Management beteiligt war; vgl. o.V., rationalisieren, 1975, S. 6.

2 Vgl. Zuberbühler, H., Elektronische Datenverarbeitung, 1972, S. 34; Nolan, R.L., Plight of the EDP manager, 1973, S. 143 ff.; McKinsey & Company Inc., The Computer's Profit Potential, 1970, S. 154 ff.; Stewart, R., How Computers Affect Management, 1971; Mumford, E., Banks, O., The Computer and the Clerk, 1967; Horton, F.W., The evolution of mis in government, 1974, S. 14 ff..

der EDV-Gruppe überlassen.[1] Nach Dearden aber hat eine solche zentrale Führung durch die EDV-Experten überall versagt.[2] Diese Meinung findet Unterstützung in einer Reihe von Untersuchungen, denen zu entnehmen ist, daß gerade bei Projektversagern die EDV-Spezialisten in der Auswahl und Überwachung des Projektes dominieren.[3] Neben der deduktiv abgeleiteten Forderung wird so auch durch die Wirtschaftlichkeitsprobleme, die sich in der Praxis ergeben haben, deutlich, daß die Unternehmensführung in besonderem Maße für die Entwicklung computergestützter Informationssysteme Entscheidungsverantwortung tragen sollte.

Kirsch hat die seines Erachtens hauptsächlichsten Problembereiche der Führung bei dem Prozeß des

---

1 Vgl. u.A. Grochla, E., Das Engagement der Unternehmensführung, 1972, S. 69; Scott, W.H., Office Automation, 1965, S. 91; Diebold, J., Die Computer werden falsch eingesetzt, 1971, S. 153; Mc Kinsey & Company Inc., The Computer's Profit Potential, 1970, S. 154 ff.; Gilb, T., Kontrolle der EDV durch das Management, 1974, S. 210 ff.. Schon seit Anfang der 60er Jahre wurden Forderungen zur Involvierung der Unternehmensführung aufgestellt, ohne daß bisher eine entsprechende Wirkung erzielt worden wäre; vgl. zu den frühen Forderungen u.a. Diebold, J., Beyond Automation, 1964, S. 67; Anthony, R.N. (Hrsg.), Automatic Data Processing Conference, 1956, S. 155; Anshen, M., Automation and Management, 1960, S. 81.

2 Vgl. Dearden, J., MIS is a mirage, 1972, S. 93.

3 Vgl. z.B. McKinsey & Company Inc., The Computer's Profit Potential, 1970, S. 160; Tomaszewski, L.A., Decentralized Development, 1972, S. 62; Horton, F.W., Theevolution of mis in government, 1974, S. 14 ff.; Garrity, J.T., Management and the computer, 1974, S. 38 ff.; Adams, W., New role for top management, 1972, S. 54 ff.; Scott, W.H., Office Automation, 1965; Mumford, E., The Human Factor, 1970, S. 286 ff.; Stewart, R., How Computers Affect Management, 1971; Sollenberger, H.M., Information Systems Development, 1971.

tiefgreifenden informationstechnologischen Wandels in den folgenden sieben thesenartigen Forderungen umrissen.[1]

"1. Die Führung hat dafür zu sorgen, daß das zu lösende Entwicklungsproblem auf die begrenzte Kapazität und das begrenzte Wissen der Planer abgestimmt ist.
2. Die Führung hat dafür zu sorgen, daß die Entwicklung des MIS von einer langfristigen strategischen Zielplanung ausgehen kann.
3. Die Führung hat dafür zu sorgen, daß bei der Entwicklung von MIS von vornherein den Fragen der Durchsetzung, der Überwindung von Anpassungswiderständen und der Konfliktbewältigung Aufmerksamkeit gewidmet wird.
4. Die Führung hat dafür zu sorgen, daß dem Entwicklungsprojekt laufend Impulse zugeführt werden, die ein Versanden verhindern.
5. Die Führung hat dafür zu sorgen, daß für das außergewöhnliche Entwicklungsvorhaben ein geeigneter organisatorischer Rahmen entwickelt wird.
6. Die Führung hat dafür zu sorgen, daß das Entwicklungsprojekt den Aufbau eines funktionierenden, projektbezogenen Ausbildungssystems einbezieht.
7. Die Führung hat nicht zuletzt dafür zu sorgen, daß das zu entwickelnde System den strukturellen und personellen Gegebenheiten der bestehenden Organisation Rechnung trägt..."[2]

Diese von Kirsch aufgestellten Forderungen sind umfassende Abstimmungsaufgaben, die von der Unternehmensführung in der Auswahl wahrzunehmen sind. Sie sind andererseits jedoch sehr global formuliert, so daß z.B. Kirsch dieselben Forderungen auf die Führungsaufgaben im Absatzkanal übertragen konnte.[3]

---

1 Vgl. Kirsch, W., Probleme der Unternehmensführung, 1974, S. 177.

2 Kirsch, W., Probleme der Unternehmensführung, 1974, S. 177.

3 Vgl. Kirsch, W., Esser, W.-M., Entwicklung und geplanter Wandel, 1975, S. 193 ff..

Im folgenden sollen die Probleme, denen sich die Betriebsführung im Verhältnis Management zur EDV gegenübersieht und die in besonderem Maße das Interface-Gap zwischen Management und EDV betreffen, unter stärker operationalen Gesichtspunkten dargestellt und einige sich daraus ergebende Konsequenzen im Ansatz erörtert werden. Die Aufgabe der Unternehmensleitung wird in diesem Zusammenhang nicht darin gesehen, sich im einzelnen bei den Auswahlprozessen zu beteiligen, sondern auf der Basis eines Verstehens der Probleme und Risiken durch entsprechende Führungsmaßnahmen diese Prozesse auf die Ziele der Organisation auszurichten und die erforderlichen Mechanismen zur Abstimmung zwischen den Interessen der einzelnen Funktionsabteilungen und dem EDV-Bereich zu schaffen und zu lenken.

In der unternehmerischen Praxis fehlt jedoch schon die erste Voraussetzung effizienter Führung bei der Auswahl: Klar formulierte Zielsetzungen für den Bereich der EDV-Aktivitäten sind meistens nicht vorhanden.[1] Oft steht das Kriterium, "was man sich denn leisten kann",[2] sehr im Vordergrund.

---

1 Vgl. die Ergebnisse von Untersuchungen im Rahmen des Diebold Forschungsprogrammes. Sie ergaben wenig operationale Zielvorstellungen wie "Personaleinsparung von mehr als 10 %", "Umfangreiche jährliche Einsparungen", "Signifikant positiver Einfluß auf das Geschäftsergebnis" (o.V., rationalisieren, 1975, S. 5); vgl. auch Gilb, T., Kontrolle der EDV durch das Management, 1974, S. 210; Ward, T.B., Computer Organization, 1973, S. 67 f.; Diebold, J., Die Computer werden falsch eingesetzt, 1971, S. 151 ff.; vgl. auch die Feststellung von Mumford "Too many firms seem to operate from a philosophy of 'Let's get the system in and iron the bugs out later' rather than 'Let's identify the problem areas in advance and make plans to deal with them". Mumford, E., The Human Factor, 1970, S. 290.

2 Vgl. McFarlan, F.W., Management Audit, 1973, S. 131; Nolan, R.L., EDP managers, 1976, S. 123 ff.; Zuberbühler, H., Elektronische Datenverarbeitung, 1972, S. 34 ff. u. S. 185 ff.; siehe auch die euphorischen Bemerkungen über endlich wieder erhöhte EDV-Budgets in der Zeitschrift Datamation; vgl. McLaughlin, R.A., 1976 DP Budgets, 1976, S. 52 ff..

Diese Nachlässigkeit kann sich bei dem Fehlschlag eines Projektes in erheblichen Schwierigkeiten für das gesamte Unternehmen auswirken, insbesondere wegen möglicher schwerwiegender Störungen des operativen Ablaufs in fast allen Subsystemen der Organisation. "Eine der Hauptursachen (für mangelnde Effizienz der EDV, d.Verf.) ist, daß zu vage Anforderungen an die ADV-Abteilung gestellt werden. ADV-Experten, so meint man, wüßten selbst am besten, wie und wo man den Computer sinnvoll einsetzt."[1] Aber diese Meinung basiert auf einem Fehlurteil. "Tatsächlich (nämlich) entwickeln die EDV-Experten, wenn man ihnen allein das Feld überläßt, sehr bald ihre eigenen Vorstellungen, die sich aber mangels ausreichender Kommunikation mit den Fachbereichen bei weitem nicht immer mit deren Erwartungen decken."[2]

Von dem grundsätzlichen Zielprogramm für den EDV-Bereich ausgehend müssen deshalb unter Beteiligung der Unternehmensführung detailliertere Kriterien zur Bewertung und Auswahl von EDV-Projekten gebildet werden. Da die ökonomische und operative Eignung von computergestützten Systemen umso schwieriger zu bestimmen ist, je komplexer diese geplant sind,[3] da das Investitions- und Anwendungsrisiko bei strategischen Informationssystemen überproportional steigt,[4] ist die Aufstellung operationaler entscheidungsrelevanter Kriterien gerade in der gegenwärtigen Stufe der EDV-Anwendung ein schwieriges Problem.

---

1 O.V., Die Tücken des Projekts, 1974, S. 6.

2 O.V., Die Tücken des Projekts, 1974, S. 6.

3 Vgl. auch McKinsey & Company Inc., The Computer's Profit Potential, 1970, S. 161.

4 Vgl. auch Grochla, E., Grundprobleme der Wirtschaftlichkeit, 1970, S. 335.

Grundsätzlicher Rahmen einer rationalen, zielorientierten Auswahlentscheidung zu computergestützten Managementinformationssystemen ist die Kosten-Nutzen-Analyse. Dieses Bewertungsschema wird in der Praxis vielfach (zumindest verbal) akzeptiert, aber häufig nicht oder in sehr dürftiger oder fragmentarischer Weise angewandt.[1]

Das Problem der Kosten-Nutzen-Analyse für geplante EDV-Anwendungen liegt natürlich in der Bewertungsunsicherheit. Der Nutzen neuer Systementwicklungen im dispositiven und strategischen Bereich ist nicht exakt quantifizierbar. Die Schätzung der Kosten bereitet erhebliche Schwierigkeiten.

Eine Ableitung der Kosten aus existierenden Systemen ist i.d.R. nicht möglich, da keine Vergleichbarkeit gegeben ist oder keine zuverlässigen Informationen beschafft werden können. Die Bedeutung der Kostenschätzung und ihre Gefahren werden aus der Tatsache ersichtlich, daß in der Praxis die Kosten neuer EDV-Systeme meistens das Mehrfache der geplanten Werte erreichten.[2]

Der Nutzen der EDV-Anwendungssysteme besteht in Informationen. Der Nutzen der Informationen wird aber erst durch den Wert der durch sie (in der Zukunft)

---

1 John Diebold mutet es "wie eine Ironie des Schicksals an, welch naive Maßstäbe für die Beurteilung (der EDV, d.Verf.) ... angewendet werden"; vgl. Diebold, J., Die Computer werden falsch eingesetzt, 1971, S. 151.

2 Vgl. z.B. Kennedy, D.W., What a president needs to know, 1970, S. 54; Zuberbühler, H., Elektronische Datenverarbeitung, 1972, S. 80 f.; McKinsey & Company Inc., The Computer's Profit Potential, 1970, S. 154 ff..

bewirkten Aktionen und Reaktionen bestimmt.[1] Da zur Bestimmung dieses Wertes neue Informationen (Informationen über Informationen) notwendig sind, ergeben sich aus einer zu optimierenden Informationssuche unendlich fortlaufende Beschaffungs- und Bewertungsprozesse.

Die der Entwicklung von MIS zugrunde liegende Problemstellung der optimalen Informationsbeschaffung wird in der Betriebswirtschaftslehre eingehend diskutiert.[2] Theoretisch kann das Optimum eindeutig bestimmt werden: Informationssuche solange, wie der marginale Nutzen größer-gleich den marginalen Kosten ist. Mit gewisser Resignation muß jedoch die Ableitung realitätsnaher Handlungsanweisungen aus diesem Theorem betrachtet werden. Dies gilt insbesondere für den schlecht strukturierten komplexen Prozeß der Gestaltung computergestützter MIS.[3]

Wegen der dargelegten Probleme der Kosten-Nutzen-Analyse für die Auswahl computergestützter Informationssysteme dürfte innerhalb des durch sie gegebenen grundsätzlichen Rahmens ein heuristisches und flexibles Vorgehen erforderlich sein. Als wesentliche Elemente einer solchen von der Betriebsführung festzulegenden strategischen Gestaltung dieser Entscheidungsphase werden angesehen:

---

1 Vgl. Grochla, E., Grundfragen der Wirtschaftlichkeit, 1970, S. 330; vgl. auch Marschak, J., Problems in Information Economics, 1964, S. 38 ff..

2 Vgl. Mellwig, W., Anpassungsfähigkeit, 1972, S. 55 ff. und die dort angegebene Literatur.

3 Die Theorie klammert häufig das Problem der Informationsbeschaffung in der Alternativenauswahl aus und setzt die Prämisse eines gegebenen Informationsstandes (bzw. gegebener Unsicherheit).

1. Die Festlegung zu erfüllender Standards
2. Eigentliche Wirtschaftlichkeitsbestimmung
3. Eine in regelmäßigen Zeitabständen durchzuführende Überprüfung und Verfeinerung der Auswahlentscheidung.

Bei diesem heuristischen Vorgehen wird nicht mehr versucht, die Informationsbeschaffung für die Alternativenbewertung zu optimieren, vielmehr werden durch Führungsentscheidungen diese Prozesse vorläufig abgebrochen, Bewertungen und Entscheidungen für neue Systeme werden jeweils vorläufig vorgenommen, die resultierenden Aktionen werden ständig überprüft und angepaßt. Als erster heuristischer Schritt in der Führung des Auswahlprozesses wird deshalb die Aufstellung formalisierter Rahmenbedingungen notwendig. Diese Bedingungen dienen als heuristische Strategie im Auswahlprozeß, d.h. die Projektvorschläge müssen ihnen genügen. Für EDV-Anwendungssysteme bieten sich hierzu folgende restriktive Standards an:

- Der Aufwand an finanziellen und personellen Ressourcen für ein einziges Projekt darf festgelegte Grenzen nicht überschreiten.

- Projekte, die in anderen Organisationen (z.B. bei der Konkurrenz) erfolgreich verwirklicht sind, werden vorrangig berücksichtigt.

- Die Vorschläge müssen explizit und in überprüfbarer Form den geschätzten Nutzen und die geschätzten Kosten spezifizieren.

- Die Risiken müssen explizit angegeben sein; d.h. in dem Vorschlag muß die gesamte Bandbreite der Entwicklungsmöglichkeiten von günstiger bis schlechter Umweltkonstellation enthalten sein (eine Verdichtung z.B. im Erwartungswert würde dem Auswahlgremium wichtige Informationen vorenthalten).

- Ohne Zustimmung des Benutzermanagements, für die das Projekt entwickelt werden soll, wird kein Vorschlag akzeptiert (dadurch wird dem Durchsetzungsproblem schon in dieser frühen Phase Rechnung getragen).

- Das beabsichtigte Projekt muß kompatibel zu den existierenden manuellen und computerisierten Systemen sein; d.h. die Informationsströme müssen ohne Schwierigkeiten die Interfaces passieren können.

- Jeder EDV-Projektvorschlag muß an Alternativen gemessen werden können. (Dazu kann z.B. auch eine Variation quantitativer und qualitativer Aspekte der Systemfunktionen dienen.)

- Der Aufwand für die Auswahl muß sich in Relation zur Projektbedeutung in bestimmten Grenzen halten.

Diese Liste heuristischer Prinzipien als Leitlinie zur Auswahl ist nicht verbindlich, andererseits jedoch ergänzungsfähig. Eine in der Praxis häufig angewandte globale Richtschnur für die Bestimmung der Aktivitäten im EDV-Bereich, die Vorgabe einer fixen Kennzahl des EDV-Aufwandes im Verhältnis zum Umsatz,[1] sollte jedoch nicht einbezogen werden. Eine Orientierung an dieser Größe hat zu offenkundige Schwächen, weil nämlich keine Ursache-Wirkung-Beziehung besteht, als daß sie sinnvoll für die Zielbestimmung eingesetzt werden kann.[2]

---

1 Vgl. z.B. Ward, T.B., Computer Organization, 1973, S. 67; McLaughlin, R.A., 1976 DP Budgets, 1976, S. 52; Nolan, R.L., EDP managers, 1976, S. 123 ff..

2 Vgl. auch Krägeloh, W., DV-Aufwand, 1975, S. 137 ff..

Die Berechnung des Nutzens eines EDV-Projekts. d.h. die eigentliche Bestimmung der Wirtschaftlichkeit wird in der Praxis sehr unterschiedlich gehandhabt. Nach einer 1970 vom National Computing Centre in England durchgeführten Befragung trafen 63 von 120 EDV-Anwendern Entscheidungen über die Inangriffnahme computergestützter Aktivitäten nach den gleichen Kriterien wie für Investitionen im Anlagenbereich; 36 Anwender bewerteten mit der internen Zinsfuß-Methode, 18 nach der Annuitätenmethode.[1] Soweit angegeben, variierte der kritische interne Zinsfuß zwischen 10 % (netto) und 30 % (brutto); die Annuitätenrate zwischen 10 % und 100 % - mit einer noch höheren Spannweite.

Eine Untersuchung von 30 schweizerischen Industriefirmen ergab, daß nur in zwei Unternehmen eine intensivere Wirtschaftlichkeitsrechnung angewandt wurde. Mehr als die Hälfte dagegen (17) hatten nicht einmal intensivere Überlegungen zur Wirtschaftlichkeit vorgenommen.[2]

In der Literatur fehlt es nicht an Kriterienvorschlägen[3] für die Auswahl von EDV-Projekten, z.B. der Berechnung der Rückflußdauer und des Nutzenkoeffizienten je EDV-Projekt.[4]

---

1 Vgl. Dorey, G.S., Project Activities, 1971, S. 11 ff..

2 Vgl. Zuberbühler, H., Elektronische Datenverarbeitung, 1972, S. 185.

3 Vgl. zu Vorschlägen u.a. Bottler, J., Horvarth, P., Kargl, H., Methoden der Wirtschaftlichkeitsberechnung, 1972; Dworatschek, S., Donike, H., Wirtschaftlichkeitsanalysen, 1972; Ortner, G., Optimierungskriterien, 1971.

4 Vgl. z.B. Schoppan, W., et al., Effektivitätsuntersuchungen, 1973, S. 220 ff..

Interessant sind hierbei Zahlenangaben aus Zentral-Verwaltungswirtschaften, weil dort das Problem der Ressourcenverteilung noch drängender durch quantitative Zielvorgaben gelöst werden muß. Als Zielvorgabe wird z.B. von Schoppan et al. (quasi regierungsamtlich) ein Wert von RD = 2,5 für die Rückflußdauer und von N = 1,5 für den Nutzenkoeffizienten genannt.[1]

Wegen der Schwierigkeiten der Nutzenbestimmung ist besonders in den letzten Jahren als Verfahren zur Auswahlentscheidung bei Hardware- und Software-Projekten die sogenannte Nutzwertanalyse[2] propagiert worden. Bei multipolarer Kriterienstruktur (z.B. Kosten, Flexibilität, Realisationsdauer) wird hierbei mittels einer Gewichtung der Kriterien eine Präferenzordnung der relevanten Alternativen erstellt.

Auf die Frage, welche Nutzen- und Kostenarten im einzelnen zu erfassen sind, kann hier nicht eingegangen werden; verwiesen sei auf Kataloge, die in der Literatur zwecks standardisierter Anwendung vorgeschlagen werden.[3]

Zur quantitativen Bestimmung des Nutzens bleibt noch zu bemerken, daß eine einseitige quantitative Handhabung der Auswahl von EDV-Projekten nicht möglich ist oder als gefährlich bezeichnet werden muß, weil

---

1 Vgl. Schoppan, W., et al., Effektivitätsuntersuchungen, 1973, S. 221 f..

2 Vgl. Zangemeister, Ch., Nutzwertanalyse, 1970; siehe auch die Darstellungen bei Wagner, H., Grob, H.-L., Bock, D., Systemanalyse und Systemgestaltung, 1975, S. 124-135 und Bottler, J., Horvarth, P., Kargl, H., Methoden der Wirtschaftlichkeitsberechnung, 1972, S. 109 ff..

3 Vgl. Bottler, J., Horvarth, P., Kargl, H., Methoden der Wirtschaftlichkeitsberechnung, 1972; Dworatschek, S., Donike, H., Wirtschaftlichkeitsanalysen, 1972; Ortner, G., Optimierungskriterien, 1971.

wegen mangelnder Quantifizierbarkeit eine Reihe von Nutzen- und Aufwandsfaktoren hierbei nicht einbezogen werden kann. Der einseitig betonte Einsatz quantitativer Verfahren kann wahrscheinlich überdimensionierte MIS-Projekte verhindern, die bei vielen Unternehmen zu großen Fehlschlägen führten,[1] wird jedoch auch gerade solche computergestützten Informationssysteme von der Realisation ausschließen, die auf der Managementebene einen wesentlichen Beitrag zur Verbesserung von Entscheidungen liefern könnten.[2]

Die vorgenommenen Überlegungen führen konsequenterweise für die Auswahlphase zu einem Vorgehen, wie es etwa mit dem multidimensionalen Bewertungsverfahren von Nolan und Knutsen vorgeschlagen wird.[3] Hiernach wird für die Auswahlentscheidung nicht eine Kennzahl, sondern für jedes relevante Projekt den Entscheidern auf höherer Ebene eine Aufstellung über die geschätzte Höhe der verschiedenen Aufwandsarten und der einzelnen Nutzenfaktoren vorgelegt. Des weiteren erfolgt eine <u>mehrstufige Verfeinerung der Auswahlentscheidung</u>:

1. Die Auswahlkommission des Managements führt eine vorläufige Bewertung und Auswahl durch.
2. Nachdem die weitere Planung in Kooperation zwischen Fachabteilungen und EDV-Gruppe zur Spezifizierung der Ziele, der Aufgaben und der Kosten des Systemvorhabens führt (bis dahin sind i.d.R. schon 20 bis 30 % der Kosten entstanden[4]) wird

---

1 Vgl. Adams, W., New role for top management, 1972, S. 54; Murdick, R.G., Ross, J.E., Future Management Information Systems, 1972, S. 32; Sherwood, H.F., EDV and Management, 1972, S. 67.

2 Knutsen, K.E., Nolan, R.L., Assessing computer costs, 1974, S. 30 f..

3 Vgl. zum folgenden Knutsen, K.E., Nolan, R.L., Assessing computer costs, 1974, S. 31 ff..

4 Vgl. Knutsen, K.E., Nolan, R.L., Assessing computer costs, 1974, S. 31; vgl. zur zeitlichen Struktur des finanziellen Aufwandes auch diese Übersicht von

eine nochmalige Bewertung und Auswahl getroffen; vor allem müssen in dieser Phase noch geeignete Korrekturen an Systemzielen und -aufgaben vorgenommen werden. Wird ein komplexes System entwickelt, kann jeweils die erfolgversprechendste Anwendungsteilaufgabe als erstes zur Realisation gebracht werden, um so das Risiko zu vermindern (modular approach).

3. Nach der endgültigen Freigabe einer Anwendungssystementwicklung werden dann Budget- und Zeitlimits gesetzt.

Um in dieser Weise den Auswahlprozeß effektiv steuern zu können, ist es notwendig, daß die verantwortlichen Entscheider nicht nur die formale Entscheidungsgewalt, sondern auch eine aufgabenbezogene Entscheidungskompetenz besitzen. Diese Bedingung scheint nicht immer erfüllt zu sein. Vielmehr ist die Situation oft dergestalt, daß die EDV-Experten zu einem Projektvorschlag eine umfassende Präsentation bieten mit Flußdiagrammen, Speicherstrukturen etc. und detaillierter Kosten-Nutzen-Analyse. Manche Entscheider werden von der Fülle und EDV-fachlichen Ausrich-

---

Schoppan, W., et al.:

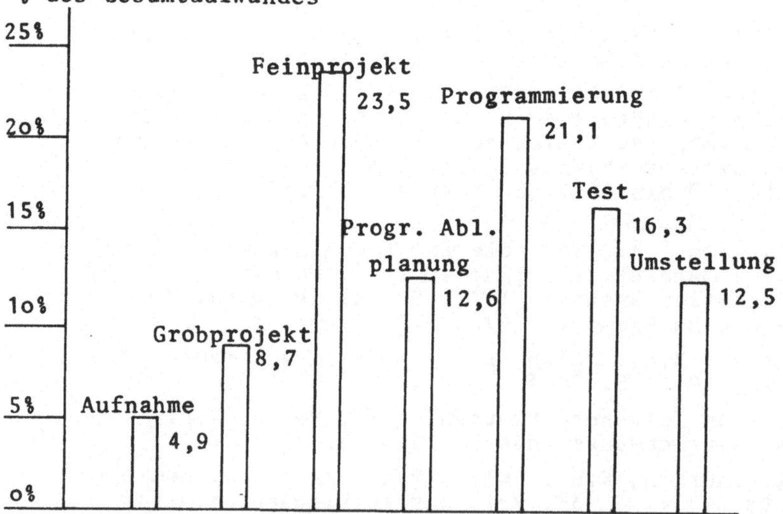

Quelle: Schoppan, W., et al., Effektivitätsuntersuchungen, 1973, S. 197. In diese Untersuchung sind hauptsächlich vergangenheitsorientierte Abrechnungssysteme einbezogen.

tung der Präsentation "erschlagen" und stimmen (neben weiteren Gründen wie Vertrauen, Fortschrittgläubigkeit usw.) zu, um nicht ihre Ignoranz zur Schau zu stellen.[1] Weil die verschiedenen Komitees häufig in dieser Weise ineffizient funktionieren, wird die Beteiligung des Top-Managements und der Vertreter von Fachabteilungen an diesen Sitzungen oft als reine Zeitverschwendung angesehen.[2] Aufgabe der Unternehmensleitung bei der sich in dieser Weise darstellenden Situation ist, in den Auswahlsitzungen für die Vermeidung einer Überbetonung technischer Aspekte und das Herausstellen entscheidungsrelevanter Daten aus ökonomischer Sicht zu sorgen. Die Erfahrungen der Unternehmenspraxis zeigen, daß gegenwärtig in vielen Unternehmen nicht durch komplexere und verfeinerte probabilistische Methoden, sondern durch eine Verbesserung der administrativen Führung die für den Einsatz der EDV in Organisationen geltenden Ziele eher erreicht werden können.[3]

Die aufgezeigten Probleme der Auswahl eines EDV-Anwendungsprojektes, insbesondere die Unsicherheiten in der Bewertung von Nutzen sowie Kosten und die Komplexität des innovativen Entwicklungsprozesses lassen ein stufenweises Vorgehen in dem Entscheidungsprozeß angeraten sein. In kontinuierlichen Abständen sollte eine erneute Entscheidung über die Weiterverfolgung getroffen werden, und die Führung ist dann besonders erfolgreich, wenn sie jederzeit ohne große Verluste ein risikoreiches Projekt abbrechen kann, d.h. wenn den Investitionen zu diesen Zeitpunkten schon entsprechende Teilerfolge gegenüberstehen. In dieser Sicht gehen Auswahl und Kontrolle von Projekten ineinander über.

---

1 Vgl. McFarlan, F.W., Management audit, 1973, S. 131.

2 Vgl. Nolan, R.L., EDP managers, 1976, S. 123 ff..

3 Vgl. auch Dearden, J., Nolan, R.L., How to control, 1973, S. 68 ff.; Knutsen, K.E., Nolan, R.L., Assessing computer costs, 1974, S. 30 f.; Schewe, Ch.D., The Forgotten Man, 1973, S. 30 ff..

3.313 Kontrolle der EDV-Aktivitäten

Wird durch die Auswahl eines bestimmten EDV-Projektes die Freigabe bzw. das Startzeichen zur Realisierung gegeben, so ist damit der administrative Führungs- und Entscheidungsprozeß bei weitem nicht abgeschlossen. Das Projekt begleitend müssen ständig Entscheidungen getroffen werden über Datenbankstrukturen, Modell- und Methodenstrukturen, über Modifizierung von Zielen und Funktionen des Projektes und über die Intensität, mit der die Realisierung vorangetrieben wird.

Grundsätzliche Fragen der Methoden-, Modell- und Dateistrukturen sollen im Zusammenhang des Interface-Gap vernachlässigt werden. Besondere Beachtung zwecks erfolgreicher Entwicklung später tatsächlich benutzter Systeme muß das Management den Fragen der Ziele und Funktionen des geplanten Informationssystems (die sich aufgrund neuer Entwicklungen und Informationen i.d.R. ständig ändern[1]), der Intensität der Projektarbeiten (d.h. Prüfung von Terminüberschreitungen, Personalzuweisung etc.) und der Abschlußkontrolle bzw. -bewertung eines Projektes schenken. Wegen der äußerst komplexen, schlecht strukturierten, innovativen Prozesse der Systementwicklung[2] im Managementbereich ist eine besonders intensive Kontrolle notwendig. Die bisherigen Erfahrungen zeigen in vielen Fällen eine mangelnde Effizienz der EDV, die nur durch von der Unternehmensleitung ausgeübte Kontrolle beseitigt werden kann.[3]

---

1 Vgl. auch Grochla, E., Grundprobleme der Wirtschaftlichkeit, 1970, S. 21.

2 Vgl. Kirsch, W., Probleme der Unternehmensführung, 1974, S. 176.

3 Vgl. McKinsey & Company Inc., The Computer's Profit Potential, 1970, S. 154 ff.; Zuberbühler, H., Elektronische Datenverarbeitung, 1972, S. 80 u. S. 199; Nolan, R.L., EDP managers, 1976, S. 132; Stewart, R., Do you know what you want?, 1971, S. 174 ff.; Sherwood, H.F., EDV und Management, 1972, S. 65 ff.; o.V., rationalisieren, 1975, S. 5 ff..

Der ausgewählte und schriftlich fixierte Projektvorschlag ist Ausgangspunkt des Kontrollprozesses. In dem Projektvorschlag müßten und sind i.d.R. die angestrebten Ziele, die Funktionen, die benötigten Daten und die tangierten Fachabteilungen angegeben. Nur ist dies jeweils mehr oder weniger spezifiziert und exakt ausgeführt. Zweckmäßigerweise sollte direkt nach der ersten positiven Entscheidung für das Projekt eine Grobplanung[1] erfolgen, um die Teilplanungsaktivitäten festzulegen und vor allem auch Teilziele des Entwicklungsprozesses mit entsprechenden Fristen zu setzen. Erst auf dieser Grundlage kann ein der Höhe und Zeit nach spezifiziertes Budget beschlossen werden und ist ein Maßstab gegeben, an dem der tatsächliche Stand der Projektarbeiten gemessen werden kann.

In der unternehmerischen Praxis haben sich auch auf diesem Gebiet der Kontrolle des Planungs- und Entwicklungsprozesses von computergestützten Anwendungssystemen schwerwiegende Probleme ergeben.[2] Bei vielen Organisationen verschlang der Prozeß der EDV-Entwicklung immer mehr und mehr finanzielle Ressourcen, weil ungenügend kontrolliert wurde und weil die Systementwickler sich immer kurz vor dem Ziel sahen ("success is just over the hill"[3]).

---

1 Vgl. zu Grobplanung z.B. Wild, J., Unternehmensplanung, 1974, S. 144.

2 Vgl. Ward, T.B., Computer Organization, 1973, S. 64: "What is surprising is the limited amount of financial control which has been exercised over computer applications."; Meissner, K., DV auf dem Prüfstand, 1975, S. 313 ff.; McKinsey & Company Inc., The Computer's Profit Potential, 1970, S. 154 ff.; Dearden, J., MIS is a mirage, 1972, S. 90 ff.; Garrity, J.T., Management and the computer, 1971, S. 38 ff.; Horton, F.W., The evolution of mis in government, 1974, S. 14 ff..

3 Vgl. Adams, W., New role for top management, 1972, S. 58.

Um die Bedeutung einer Wahrnehmung der Kontrollaufgabe durch die Unternehmensführung herauszustellen, soll ein Überblick über die vielfältigen Probleme gegeben werden, die sich bei der EDV-Anwendung in Unternehmen typisch ergeben haben und nur durch eine Verbesserung der Wirtschaftlichkeitskontrolle zu beseitigen sind.

Im einzelnen sollen folgende Aspekte im Interface zwischen EDV und Management angeführt werden:

1. Mangelnde Erfahrung in bzw. mangelndes Interesse an der Kontrolle des EDV-Einsatzes
   - Ablenkung durch technische Details
   - Keine Kosten-, nur Terminkontrollen
   - Überlassung der Kontrollaufgabe an die zu Kontrollierenden
   - Vernachlässigung der Koordinationsproblematik
   - Keine Wirtschaftlichkeitsprüfung laufender Aufwendungen
2. Sachliche Kontrollprobleme
   - Kostenzuordnung zu Leistungen
   - Messung der Leistung
   - Isolierte Aufwandserfassung der EDV
   - "make-or-buy" Problem

Zu 1: Vielfach beschäftigen sich auch gegenwärtig die Top-Manager und die Funktionsmanager viel zu sehr mit technischen Details und vernachlässigen darüber die administrativen Führungs- und Kontrollaufgaben. Diese Befassung mit technischen bzw. technologischen Details führt aber i.d.R. in den Komitees nach anfänglich großem Interesse zu ständig wachsender Frustration,[1] die sich wiederum leicht negativ auf die Beurteilung der Entwicklungsarbeiten auswirken kann.

---

1 Vgl. McFarlan, F.W., Management audit, 1973, S. 131.

Problematischer ist jedoch die in dieser Situation zum Ausdruck kommende Vernachlässigung der Kontrollaufgabe oder die Übertragung dieser Aufgabe auf die zu Kontrollierenden. Dies führte nämlich häufig dazu, daß unbrauchbare oder unwirtschaftliche Systeme entwickelt und möglichst viele Daten einbezogen wurden, ohne die Kosten und die Wirkungen einer Informationslawine[1] zu berücksichtigen. Die z.B. für einen Marketing-Manager typisch paradoxe Situation der Informationsarmut im Informationsüberfluß (zu viele nicht relevante, zu wenig relevante Informationen) wurde nur verschärft.

Herkömmliche, in der Praxis angewandte Kontrolle, bezieht sich häufig lediglich auf die Termineinhaltung der Projektrealisierung, nicht jedoch auf die Überprüfung von Kosten und realisiertem Nutzen eines Projektes.[2] Eine Ausnahmeerscheinung ist schon eine Verbindung der Terminkontrolle mit einer Kontrolle des Personaleinsatzes.[3] Zur Erfassung des Aufwandes wurde nach gebräuchlicher Methode lediglich am Monatsende von den EDV-Spezialisten ein Bericht über die aufgewandten Manntage je Funktionsbereich gegeben und am Jahresende eine Bewertung mit Tagessätzen vorgenommen und daraus eine Übersicht über die EDV-Kosten erstellt.[4]

1 Vgl. auch Wild, J., Informationen, 1973, S. 73.

2 Vgl. z.B. Waschek, G., Management von EDV-Projekten, 1973, S. 6; Kühn, H.-W., Leistungskontrolle, 1974, S. 443 f.; Zuberbühler, H., Elektronische Datenverarbeitung, 1972, S. 199 ff..

3 Vgl. zu einem aus Netzplantechnik und PAC I (Project - Analysis and Control) kombinierten Verfahren bei der Lufthansa: Waschek, G., Management von EDV-Projekten, 1973.

4 Vgl. Waschek, G., Management von EDV-Projekten, 1973, S. 6; McFarlan, F.W., Management audit, 1973, S. 131 ff..

Auf eine Einstellung, in der die EDV-Aktivitäten als Spezialistenbereich angesehen werden, der sich der Kontrolle entzieht, ist auch unzureichende Kontrolle in der EDV-Abteilung selbst zurückzuführen. So sieht McFarlan in den charakteristisch "messy EDP-departments", die nämlich meist schlecht und unübersichtlich, also eigentlich gar nicht organisiert seien, Auswirkungen mangelnder Wahrnehmung der Führungsaufgaben durch das Top-Management.[1]

Wegen komplexer Organisationsstrukturen und wegen persönlich-situativer Bedingungen wurden in Unternehmen oft isolierte Systeme in Teilbereichen wie Lagerhaltung, Neuproduktentwicklung, Verkauf, Kostenrechnung o.ä. geschaffen, die nicht miteinander koppelbar sind.[2] Die Unternehmensführung könnte häufig jedoch gerade durch eine einfache Koppelung der Systeme relevante Informationen für wichtige Führungsentscheidungen erhalten. Das Koppelungsproblem besteht i.d.R. nicht in der Programmierung der Problemlösung, sondern in der Koppelung der Daten. In der Literatur werden zwecks Koordination und Integration und zur Vermeidung unwirtschaftlicher Parallelspeicherungen flexible Datenbanken gefordert.[3]

Wenn z.B. ein Lagerhaltungssimulationsmodell, ein Umsatzprognosemodell und ein Marktdurchdringungsmodell für Neuproduktentscheidungen existieren, so können diese isolierten Systeme der Unternehmensleitung noch keine genügend aussagekräftigen Informationen für eine geplante kurzfristige Sortimentserweiterung geben, die von einer massiven Werbekampagne unterstützt wird und der Marktanteilserhöhung dienen soll. Wenn zwar die Produktionskapazitäten

1 Vgl. McFarlan, F.W., Management audit, 1973, S. 132.

2 Vgl. Nolan, R.L., data bases, 1973, S. 100.

3 Vgl. Nolan, R.L., data bases, 1973, S. 100 ff.; Meffert, H., Marketing Modelle, 1974, S. 15; Breitung, A.F., Management-Informationssysteme, 1974, S. 23 ff..

vorhanden sind, neue Produktvarianten geschaffen wurden, könnte aber erst eine Kombination der genannten Systeme der Unternehmensführung Informationen zu der erwarteten Befürchtung liefern, daß nämlich einige der regionalen Lagerhäuser zu unangenehmen Engpaßfaktoren werden.

Für solche Abstimmungsprobleme scheint den EDV-Spezialisten meistens der notwendige Überblick zu fehlen. In dieses Bild paßt auch die Beobachtung, daß der von den Spezialisten konzipierte Computeroutput oft in scharfem Gegensatz zu dem steht, was die Funktionsmanager bisher gewöhnt waren.[1] Sinnvoller und effizienter aber erscheint es, den Output auf die Bedingungen der Benutzer abzustellen.

In der Kontrolle des laufenden EDV-Betriebes sollte die Unternehmensleitung sich zwei besonderen Problemkreisen zuwenden, die bisher stark vernachlässigt werden: Einmal liegt die Frequenz von Programmdurchläufen oft zu hoch;[2] statt jeden Tag eine bestimmte Liste zu Informationszwecken (z.B. Bilanz) zu erstellen, würde es oft ausreichen, dies wöchentlich oder noch weniger oft zu tun. In einer Überprüfung der Frequenz liegen deshalb erhebliche Rationalisierungsreserven.

Zum anderen entscheidet man sich in der Praxis fast nie für die Eliminierung einmal aufgenommener EDV-Aufgaben.[3] Diese Haltung wird durch die meist geringen Operationskosten z.T. verständlich. Aber auch in der Eliminierung obsoleter EDV-Operationen liegen Möglichkeiten zur Vermeidung von unnötigen Kapazi-

---

1 Vgl. z.B. Hammond III, J.S., Do's & don'ts, 1974, S. 116.

2 Vgl. z.B. auch Faßbender, W., Wirtschaftliche Steuerung, 1970, S. 78 u. S. 81.

3 Kirsch, W., Probleme der Unternehmensführung, 1974, S. 180.

tätserweiterungen und zur Straffung eines aufgeblähten EDV-Budgets. Insbesondere ist bei dieser Überprüfung auch auf eine mögliche Entlastung der Organisation in der Datenerfassung und bezüglich unnötiger Informationsverarbeitungsvorgänge in den Fachabteilungen zu achten.

Zu 2: Die auf mangelnde Erfahrung zurückzuführenden und beispielhaft erläuterten Probleme der finanziellen Kontrolle der EDV-Aktivitäten reichen z.T. schon in das Gebiet der sachlichen Probleme hinein, die auch bei hoher Qualität der Führung nicht vollständig zufriedenstellend zu lösen sind. Zu den sachlichen Problemen zählen im wesentlichen die Fragen der Kostenzuordnung zu Leistungen, der Leistungsmessung, der isolierten Aufwandserfassung der EDV und das "make or buy" Problem .

Die Kontrolle der EDV-Aktivitäten wird durch die spezifischen Eigenarten der allgemeinen Entwicklung im EDV-Sektor und die Besonderheiten innovativer Systementwicklungsprozesse erschwert. Schon generell ist die Beurteilung der Effizienz von Servicefunktionen ein Problem - wegen verschiedener Faktoren ist dieses Unterfangen im EDV-Bereich besonders schwierig.[1]

Faßbender[2] verweist als Praktiker auf das praktische Problem der verursachungsgemäßen Zuordnung von Kosten auf einzelne EDV-Anwendungen und - z.T. noch problematischer - auf Anwender. Für ihn liegt hier wegen starker organisatorischer Integration, weil der Output i.d.R. mehreren Entscheidungsträgern und

1 Vgl. Nolan, R.L., Plight of the EDP manager, 1973, S. 146.

2 Vgl. Faßbender, W., Wirtschaftliche Steuerung, 1970, S. 67 ff..

Zwecken diene, weil die Kosten für Anwendungssysteme gemeinsam entstehen und nicht auftrennbar seien und weil die Datenverarbeitung im Multiprogramming-Betrieb erfolge, für die Kostenzuordnung zu Leistungen "... eine echte Unmöglichkeit vor."[1] Insbesondere die hohen fixen Kosten verursachen diese Problematik.

In der Frage der Leistung der EDV-Gruppe existiert das Problem der mangelnden Meßbarkeit. Zur Beurteilung des Fortschrittes bei Systementwicklungen behilft man sich in der Praxis deshalb beispielsweise damit, periodisch die Gesamtmenge des produzierten Papiers (Pläne, Flußdiagramme, Testdaten etc.) zu messen oder Prüfmarken (benchmarks) zu setzen, wie: Bei 75 %iger Ausschöpfung des Budgets sollten 90 % der Programme codiert und 50 % ausgetestet sein.[2]

Aber in der Mehrzahl fehlen sogar solche ersten Ansatzpunkte zur Wahrnehmung der Kontrollaufgabe, obwohl doch EDV-Abteilungen andererseits für Funktionsbereiche oft elegante und effiziente Kontrollsysteme konzipieren und implementieren.

McFarlan[3] berichtet über den Fall eines größeren Versicherungsunternehmens, in dem die EDV-Kostenkontrolle nur Vergleiche zwischen Budget und tatsächlichen Ausgaben liefern konnte, die mit 6 Wochen alten Zahlen arbeiteten. Eine Zurechnung auf einzelne Projekte war nicht möglich. Andererseits aber hatte dasselbe Unternehmen ein effizientes, mit viel Können konzipiertes und eingeführtes Kontrollsystem auf Konzernebene, durch das für die einzelnen Profit Center eine Vielzahl von Kontrolldaten ausgewiesen wurde und das jederzeit eine Bewertung der einzelnen Center durchführte und automatisch auf kritische Entwicklungen hinwies.

---

1 Faßbender, W., Wirtschaftliche Steuerung, 1970, S. 75.

2 Vgl. Knutsen, K.E., Nolan, R.L., Assessing computer costs, 1974, S. 32.

3 Vgl. McFarlan, F.W., Management audit, 1973, S. 133.

In der Aufwandserfassung der EDV besteht zwar innerhalb der EDV-Abteilung kein grundsätzliches Problem, aber darüberhinaus ist zu beachten, daß die EDV in vielen fast unüberschaubaren Komponenten in alle anderen Abteilungen hineinreicht. Ein Beispiel[1] dazu, das zwar wesentlich den in dieser Arbeit nur sekundär interessierenden Hardware-Bereich berührt, das aber insgesamt sehr aufschlußreich ist:

In einem Unternehmen stellte man mit Erstaunen fest, daß die Forschungsabteilung, die bisher in starkem und wachsendem Maße das Rechenzentrum benutzt hatte, immer weniger Arbeiten dort durchführen ließ. Die auf weiter wachsende Nachfrage ausgerichteten Kapazitäten des Rechenzentrums wurden deshalb nicht ausgenutzt. Eine Überprüfung ergab dann, daß die Laborabteilungen kürzlich aufwendige Testapparaturen mit eigenen eingebauten Minicomputern angeschafft hatten.

Solche Doppelkapazitäten - und im Software-Bereich Parallelentwicklungen - scheinen durchaus ein Problem zu sein, dem man in großen Unternehmen einige Beachtung schenken muß.

Unter Kostenkontrollaspekten muß sich die Betriebsführung auch der grundsätzlichen Fragestellung zuwenden, ob EDV-Anwendungen nur und direkt auf die unternehmensspezifischen Bedürfnisse zugeschnitten werden oder ob man den potentiellen Verkauf solcher Systeme mit in die Entwicklungsstrategie einbezieht. Unter selbigem Aspekt ist auch zu überprüfen, ob geeignete Systeme auf dem Software-Markt vorhanden sind und für die eigenen Zwecke kostengünstig genutzt werden können. Der Realisierungszeitraum eines angekauften Systems ist überdies kürzer, weil damit viele der üblichen Implementierungsprobleme vermieden werden können.[2] Insbesondere für

---

1 Vgl. McFarlan, F.W., Management audit, 1973, S. 132.

2 Vgl. Mertens, P., Wirtschaftlichkeitssteigerung, 1970, S. 126.

kleinere und mittlere Betriebe sind auch die Möglichkeiten gemeinschaftlicher Entwicklung und Nutzung von Anwendungssoftware überlegenswert.[1]

Die Überlassung der Kontrollaufgabe bei diesen"make-or-buy-decisions"an die EDV-Abteilung ist gefährlich. Letztere hat eine spezifische Interessenlage bzw. Motivation und z.T. nicht die Übersicht über die Bedürfnisse der Gesamtorganisation.

So berichtet Gilb von einem Unternehmen, das jährlich 500 000 Geldeinheiten für den EDV-Bereich aufwandte und dessen EDV-Abteilung den Bau eines neuen, technisch aufwendigen Gebäudes für notwendig hielt. Nach Gilb sei es möglich gewesen, dieselben Leistungen durch externe Auftragsvergabe für 150 000 GE jährlich zu sichern.[2]

Zusammenfassend muß festgestellt werden, daß in der Realität von Organisationen sich gerade im Einsatz der EDV eine Vielzahl administrativer Probleme zeigen, die nur durch exakte, kontinuierliche Kontrolle durch die Unternehmensführung in zieladäquater Weise gesteuert werden können. Für komplexe Anwendungssysteme stellt sich dabei das grundsätzliche Problem, daß große Konzeptionen "sich sehr schnell im kurzfristig ausgerichteten Tagesgeschehen totlaufen können, wenn nicht Personen mit ausreichender Wirkungsbasis immer wieder aktiv eingreifen, indem sie analysieren, Termine und Besprechungen anberaumen, Pläne konzipieren, interpretieren und durchsetzen, insbesondere aber auch die erarbeitete Lösung konsolidieren."[3]

---

1 Vgl. zu Vor- und Nachteilen diesbezüglicher Kooperation zwischen Unternehmern Mertens, P., Wirtschaftlichkeitssteigerung, 1970, S. 121 ff.; vgl. weiterhin Heinrich, L.J., Gemeinsame Computerbenutzung, 1969; Lange-Hellwig, P., Rationalisierung, 1972.

2 Vgl. Gilb, T., Kontrolle der EDV, 1974, S. 218.

3 Kirsch, W., Probleme der Unternehmensführung, 1974, S. 180.

Aus der bisher unzureichenden Kontrolle müssen offensichtlich Konsequenzen gezogen werden. Auf einen einfachen groben Nenner gebracht dürfte der Lerneffekt folgender sein: Trotz wichtiger Besonderheiten der EDV bedarf dieser Bereich einer mindestens ebenso scharfen und kontinuierlichen Kontrolle wie die traditionellen Funktionsbereiche.[1] Eine periodische - ein Vorschlag lautet: wöchentlich eher informal durch Projektleiter; monatlich oder vierteljährlich durch Unternehmensführung - Leistungsüberprüfung müßte sich erstrecken auf die im folgenden skizzierten Kriterien:

1. Vergleich der tatsächlichen mit geplanten Daten bezüglich
   a) Kosten und Nutzen, jeweils nach Arten und Anwendungen spezifiziert,
   b) Termineinhaltungen bzw. Überschreitungen.
2. Automatische Anzeige abnormer Abweichungen (im Sinne eines Rückkoppelungssystems).
3. Überprüfung in Hinsicht auf evtl. notwendige Plankorrekturen, insbesondere aus der Sicht der Benutzer.
4. Einhaltung klarer Dokumentationsgrundsätze.

Die notwendige Detailliertheit in der Planung und Erfassung der einzelnen Kosten- und Nutzenarten ist wegen des unvermeidbaren zeitlichen und materiellen

---

1 Vgl. auch McFarlan, F.W., Management audit, 1973, S. 131 ff.; Adams, W., New role for top management, 1972, S. 54 ff.; Kennedy, D.W., What a president needs to know, 1970, S. 52 ff.; Dearden, J., MIS is a mirage, 1972, S. 90 ff.; Nolan, R.L., data bases, 1973, S. 98 ff.; Gilb, T., Kontrolle der EDV, 1974, S. 210 ff., Zehnder, C.A., Maßstäbe beim Computer-Einsatz, 1973, S. 113 ff.; Grochla, E., Engagement der Unternehmensführung, 1972, S. 65 ff.; Grochla, E., Grundfragen der Wirtschaftlichkeit, 1970, S. 329 ff.; Dearden, J., Nolan, R.L., How to control, 1973, S. 68 ff..

Aufwandes in Relation zur Bedeutung des Projektes zu sehen. Die überprüften Untersuchungen zeigen, daß man nicht der Verlockung erliegen sollte, wegen vieler imponderabler Faktoren auf Plandaten und ihre Kontrolle zu verzichten.

Selbstverständlich ist eine Beurteilung des EDV-Bereiches nach quantitativen summarischen Kriterien ebenfalls problematisch, weil solche Kennzahlen zu wenig aussagekräftig für den Wert der EDV-Anwendungen sind.[1] Unglücklicherweise wird tatsächlich zu oft die Produktivität der EDV-Gruppe nach unzureichenden quantitativen Maßstäben wie z.B. Budgetüberschreitungen oder der Kennzahl Datenverarbeitungsaufwand zu Umsatz beurteilt.[2] Aber auch der aus dieser Misere geborene Vorschlag von Krägeloh[3], die Relation von DV-Anwendungsaufwand je Gebiet zu den gesamten Arbeitskosten und von DV-Entwicklungsaufwand zum gesamten Entwicklungsaufwand als Planungs- und Kontrollmaßstab zu verwenden, ist allein ungenügend, weil die Relation keine Produktivitätsbeziehungen wiedergibt noch Wirtschaftlichkeitsaspekte berücksichtigt. Diese Relation könnte aber als eines in einer Reihe von Kriterien Verwendung finden.

Die Beachtung klarer und eindeutiger Dokumentationsgrundsätze in der Entwicklung von Anwendungssystemen[4] ist notwendig, einmal, um sich vor negativen Auswirkungen (immer) möglicher Fluktuation im Personalsektor zu schützen, zum anderen, um spätere Änderungen

---

1 Vgl. auch Krägeloh, W., DV-Aufwand, 1975, S. 137.

2 Vgl. u.a. Nolan, R.L., Plight of the EDP manager, 1973, S. 146; Krägeloh, W., DV-Aufwand, 1975, S. 137 ff..

3 Vgl. Krägeloh, W., DV-Aufwand, 1975, S. 137 ff..

4 Vgl. auch Zehnder, C.A., Maßstäbe beim Computer-Einsatz, 1973, S. 118.

zu erleichtern. Andererseits verursacht Dokumentation natürlich auch Aufwand, der zu berücksichtigen ist.

Ein Überblick zur Bedeutung der Formalisierung der Kontrolle in der Entwicklung computergestützter Systeme wird durch die umfangreiche Untersuchung der OR/MS-Forschungsgruppe an der North-Western-University, Evanston, gegeben. Auf der Basis von Chi-Quadrat-Tests zeigten sich bei Signifikanzniveaus von $p = 0{,}005$ bis $p = 0{,}02$ signifikante Korrelationen zwischen verschiedenen Faktoren der Formalisierung des Entwicklungs- und Kontrollprozesses und des Verhältnisses zwischen Experten und Funktions-Managern einerseits und dem Erfolg bzw. der Nutzung entwickelter computergestützter Informations-Systeme andererseits.[1] Wie in anderen Bereichen wird es auch hier einen optimalen Formalisierungsgrad[2] geben, der in der konkreten Aufgabe jedoch nicht leicht und nie eindeutig zu bestimmen ist.

Die von Radnor/Neal als Erfolgskriterium gewählte "häufige Nutzung von EDV-Systemen" ist jedoch wenig aussagekräftig in bezug auf die wirtschaftliche Effizienz der EDV-Aktivitäten. So kann man zu Recht darauf hinweisen, daß für manche Organisationsmitglieder

- Interaktion mit einem EDV-Modell Substitut für eingehendes Nachdenken über Annahmen und alternative Strategien wird,
- der Computeroutput ein Flair von Genauigkeit hat, das bei in die Zukunft gerichteten Systemen auf tönernen Füßen stehen kann,

1 Vgl. Neal, R.D., Radnor, M., OR/MS Group Success, 1973, S. 451 ff..

2 Vgl. Wild, J., Unternehmensplanung, 1974, S. 158.

- eine nach eingehenden EDV-Tests ausgewählte Alternative wegen des umfangreichen Testens einen unangreifbaren Status bekommt; die Folge kann sein, daß Umweltänderungen in ihrer Auswirkung zu wenig beachtet und keine Korrekturen vorgenommen werden (Rigidität statt Flexibilität),
- Computermodelle mehr zur Unterstützung der eigenen Interessen, denn zur objektiven Überprüfung von Strategien verwandt werden.[1]

Mit diesem Hinweis auf mögliche "Fallstricke" zu häufiger Nutzung von EDV-Modellen auf der dispositiven und strategischen Ebene sollen die Erörterungen über die Bedeutung einer wirtschaftlichen Kontrolle, über die speziellen Formen zu kontrollierender Probleme bei der Entwicklung und Einführung computergestützter Informationssysteme und über methodische Probleme der Kontrolle abgerundet werden. Die in Beiträgen zu Implementierungsproblemen beklagte zu geringe Nutzung von z.B. Marketingmodellen ist ein tatsächliches Problem, aber allein entscheidend ist die Ausrichtung der EDV-Aktivitäten auf die Organisationsziele und eine Beurteilung und Kontrolle nach dem Erfolgsbeitrag.

Ausgehend von diesen Gesichtspunkten werden im folgenden Abschnitt die Möglichkeiten der dezentralen Steuerung (Charge-Out System) diskutiert und der gebräuchlicheren zentralen Führung (No-Charge-Out System) gegenübergestellt. Das Charge-Out System zielt insbesondere darauf ab, die zentralen Kontrollprobleme durch Dezentralisierung zu vermindern.

---

1 Vgl. auch Hammond III, J.S., Do's & don'ts, 1974, S. 121.

3.32 Zentrale und dezentrale Steuerung

Als Hilfsmittel zu einer Überbrückung des Interface zwischen Fachabteilungen und EDV-Gruppe und damit zur effizienteren Führung der EDV-Aktivitäten wird von verschiedenen Seiten ein dezentrales Konzept empfohlen. Die Fehlleitung von Ressourcen soll dadurch vermieden und die Unternehmensführung von Entscheidungs- und Kontrollaktivitäten entlastet werden. Ein solch dezentrales Führungssystem ist das Charge-Out System, das in einer Reihe von Organisationen verwirklicht ist.[1] In diesem Abschnitt sollen seine Vor- und Nachteile durch eine Gegenüberstellung zum zentralen No-Charge-Out-System herausgestellt werden.

Grundsätzlich läßt sich das Charge-Out-System zurückführen auf das Konzept der pretialen Lenkung bzw. dezentralen Entscheidungsorganisation von Schmalenbach.[2] Der angestrebte Vorteil dieses System ist die Entlastung der Unternehmensspitze von Informations-Verarbeitungs-Prozessen und die Verlagerung von Entscheidungen an solche Instanzen, die "vor Ort" über mehr und genauere Informationen der konkreten Entscheidungssituation verfügen (müssen).

Das Problem solch dezentral organisierter Entscheidungssysteme ist die Koordination der Einzelentscheidungen in Hinblick auf die Gesamtorganisation, die wegen der Interdependenzen zwischen den einzelnen

---

1 Vgl. Faßbender, W., Wirtschaftliche Steuerung, 1970, S. 67 ff.; Dearden, J., Nolan, R.L., How to control, 1973, S. 69 ff.; Sollenberger, H.M., Information Systems Development, 1971.

2 Vgl. Schmalenbach, E., Pretiale Wirtschaftslenkung, 1947; Laux, H., (Stichwort) Pretiale Lenkung, 1975; Adam, D., Entscheidungsorientierte Kostenbewertung, 1970 und die dort angegebene Literatur.

Entscheidungsbereichen Schwierigkeiten bereitet. Bei pretialer Lenkung soll die Koordination über Kostenwerte (Lenkpreise) erfolgen.

Das Dilemma der pretialen Lenkung ist eklatant: Die z.B. für das Ziel Gewinnmaximierung optimalen Verrechnungspreise können erst bestimmt werden, wenn die optimale Bestimmung des Aktivitätsprogramms schon an oberster zentraler Stelle in einer Simultanplanung erfolgt ist. Dann jedoch sind die optimalen Kostenwerte nur Abfallprodukt der Simultanplanung (bei Anwendung des Verfahrens der linearen Programmierung entsprechen sie den Dualwerten der optimalen Lösung). Die in dieser Weise ermittelten Werte sind somit für die Entscheidung überflüssig, weil das optimale Programm bereits ermittelt wurde.

Da optimale Lenkpreise ex-ante nicht bestimmbar sind, bleibt als Ausweg aus diesem Dilemma nur die Vorgabe befriedigender Parameter[1] durch die zentrale Führung. Die Ableitung dieser Werte, d.h. ihre Schätzung kann anhand bestimmter Orientierungsdaten (Marktpreise, Vergangenheitsdaten, Grobplanung) erfolgen.[2] Darüberhinaus ist die Anpassung aufgrund eines verbesserten Informationsstandes, d.h. die schrittweise Annäherung an ein Optimum möglich. Die grundsätzlichen Probleme eines solchen Vorgehens liegen in den zwangsläufig gegebenen starken Momenten der Subjektivität und der Unsicherheit in der Schätzung der Lenkpreise.

Im innerbetrieblichen Verkehr der EDV-Abteilung zu den einzelnen Funktionsbereichen ähnelt dem System pretialer Lenkung das Charge-Out-System.[3] Bei dem

---

1 Vgl. Heinen, E., Betriebswirtschaftliche Kostenlehre, 1970, S. 359 ff..

2 Vgl. Heinen, E., Betriebswirtschaftliche Kostenlehre, 1970, S. 360.

3 Vgl. zum Charge-Out- und zum No-Charge-Out-System McFarlan, F.W., Management audit, 1973, S. 131 ff.; Dearden, J., Nolan, R.L., How to control, 1973, S. 68 ff.; über ein Charge-Out-System in einem Unternehmen der Photoindustrie berichtet auch Faßbender, W., Wirtschaftliche Steuerung, 1970, S. 67 ff..

Charge-Out System werden für die Leistung der EDV-Gruppe innerbetriebliche Preise festgesetzt und den Benutzern belastet. Die Benutzer entscheiden selbst über die Art und den Umfang der erwünschten und in Anspruch genommenen Leistungen. Die in der EDV-Abteilung entstehenden Kosten sollen durch die Preise gedeckt werden.

Im Gegensatz zu dieser dezentralen Entscheidungsorganisation erfolgt im No-Charge-Out System eine zentrale Steuerung des EDV-Bereiches. Die Unternehmensleitung legt den Ausgabenrahmen für die EDV fest und Entscheidungen über Systementwicklungen und Anwendungen werden zentral getroffen.

Beide Systeme haben zum Zwecke der Lenkung des EDV-Einsatzes Vorzüge und Schwächen, die im folgenden in ihren Besonderheiten für das EDV-Gebiet diskutiert werden.[1]

Das bedeutendste Problem des No-Charge-Out Systems liegt in dem systemimmanenten tendenziellen Desinteresse der Benutzer an der wirtschaftlichen Effizienz der EDV. So wird für interessant erscheinende oder persönlichen Zwecken dienende (z.B. aus Prestige) Anwendungsentwicklungen ohne Rücksicht auf die Kosten die Realisierung gefordert und von Bereichsleitern mit geeigneten Machtmitteln i.d.R. auch durchgesetzt.[2] Gerade in einer entsprechenden Motivation der Benutzer liegt jedoch aufgrund einer dann besseren Bedarfsanalyse und Einbringung ihres Wissens

---

1 Vgl. zum folgenden auch McFarlan, F.W., Management audit, 1973, S. 134 ff.; Dearden, J., Nolan, R.L., How to control, 1973, S. 69 ff..

2 Vgl. die Ausführungen im Abschnitt 2.124.1. Die geplante zielgerichtete zentrale Steuerung wird so durch Auswirkungen von Machtprozessen ad absurdum geführt.

in den Entwicklungsprozeß neuer Systeme ein bedeutendes Potential zu einer Steigerung der Effizienz. Das Nachfrageverhalten der Funktionsbereiche ist von entscheidendem Einfluß auf Entwicklungs-, Implementierungs- und Operationskosten.

Andererseits ist das No-Charge-Out System wesentlich weniger aufwendig als das Charge-Out System. Der EDV-Aufwand ist lediglich in der Summe zu erfassen und unter Wirtschaftlichkeitsgesichtspunkten zu überprüfen. Jedenfalls reicht als Grundlage dieser Entscheidungsorganisation ein primitives und billiges Kostenerfassungssystem. Bei dem Charge-Out System müssen dagegen detailliert die Kosten für einzelne Anwendungen und Aufträge erfaßt werden, um auf einer entscheidungsrelevanten Grundlage die Lenkpreise festsetzen zu können. Um die Beanspruchung der Hardware bei Multiprogrammierung einigermaßen exakt zu erfassen, wäre z.B. ein spezielles "Software-Package" zur Diagnose der jeweiligen Nutzung der verschiedenen Konfigurations- und ZE-Komponenten[1] notwendig. Dieses System verursacht folglich zusätzlichen Aufwand. Besondere Probleme ergeben sich in der Zurechnung der Entwicklungskosten auf bestimmte Anwendungen und auf bestimmte Benutzer.

Bei Organisationen mit No-Charge-Out System existiert i.d.R. ein zentrales Komitee auf höchster Unternehmensebene zur zentralen Führung und Kontrolle der EDV-Aktivitäten.[2] In der Praxis hat dieses Gremium wegen der Vielzahl der anderen Aufgaben des Top-Management aber zu wenig Zeit, um sich intensiv mit

1 Vgl. z.B. McFarlan, F.W., Management audit, 1973, S. 133 f..

2 Vgl. u.a. Dearden, J., MIS is a mirage, 1972, S. 90 ff.; Dearden, J., Nolan, R.L., How to control, 1973, S. 71; Sollenberger, H.M., Information Systems Development, 1971, S. 10.

den anstehenden Entscheidungen zu befassen.[1] Zudem sehen viele Top-Manager die EDV als reinen Expertenbereich an. In dieser Situation fällt den das Komitee beratenden EDV-Spezialisten die dominierende Rolle zu. Entscheidungen über Anwendungsprojekte werden im No-Charge-Out System deshalb meist von der EDV-Gruppe getroffen.

Über das zentrale Komitee hinaus existieren häufig für die einzelnen Funktionen Subkomitees. Da das Komitee auf der höchsten Unternehmensebene jedoch wegen der organisatorischen Distanz und der anderweitigen Belastungen der Komiteemitglieder i.d.R. ineffizient funktioniert, ist auch für die Subkomitees ein unzureichender Entscheidungsrahmen gegeben.[2] Ihre Aufgabe ist etwa die Überprüfung der operativen Datenverarbeitungsprozesse, die Bewertung der Systeme und die Erörterung von Vorschlägen für Veränderungen und für neue Anwendungsprojekte. Da diese Subkomitees jedoch keine direkte Verantwortung für die Effizienz der EDV tragen, erschöpft ihre Tätigkeit sich im wesentlichen im Vorschlagen immer neuer zusätzlicher Projekte; einigen Vorschlägen wird dabei hohe Priorität gegeben. In den funktionalen Komitees dürfte es bei dieser Struktur jedoch selten zu einer Analyse der Wirtschaftlichkeit der Anwendungen unter Berücksichtigung des Kapitaleinsatzes kommen und schließlich dazu, auch Vorschläge zur Eliminierung unwirtschaftlicher Anwendungen zu unterbreiten.[3] Der Gesamt-EDV-Plan für

---

1 Das Steering Committee wird von manchen Unternehmensführern als totale Zeitverschwendung angesehen. Vgl. Nolan, R.L., EDP managers, 1976, S. 132.

2 Vgl. Dearden, J., Nolan, R.L., How to control, 1973, S. 71.

3 Vgl. auch Faßbender, W., Wirtschaftliche Steuerung, 1970, S. 81.

die Organisation ist unter diesen Umständen oft nicht mehr als eine Summierung bzw. Aufzählung aller Projektvorschläge in den einzelnen Funktionsbereichen, die nicht annähernd optimal ist.

Im Charge-Out System arbeitet die EDV-Abteilung wie ein Cost-Center. Die gesamten EDV-Kosten werden z.B. jeweils monatlich hauptsächlich auf der Basis beanspruchter CPU-Zeit auf die Benutzer verteilt. Entwicklungskosten müssen voll vom Benutzer getragen werden. In die Berechnung dieser Kostenwerte können auch Tagespreise eingehen, soweit vergleichbare Leistungen auf dem Markt gekauft werden können. Die Werte sind somit mehr oder weniger grob geschätzt. Die Kosten des EDV-Bereiches sollen durch dieses Verteilungssystem mindestens gedeckt sein.

In dem Charge-Out System muß die EDV alle Wünsche der Funktionsbereiche erfüllen, die nicht gewissen Unternehmensgrundsätzen widersprechen. Das heißt auch, die Benutzer können außer speziell als vertraulich bezeichneten Informationen alle anderen erlangen. Zum Funktionieren eines solchen Systems in der Praxis muß die Unternehmensspitze alle größeren Investitionen im Hardware-Bereich bestätigen.

Eine solchermaßen dezentrale Steuerung des EDV-Bereiches bildet für die verschiedenen Funktionsbereiche Einzel-Entscheidungsfelder, die erlauben, den jeweiligen Entscheidungsrahmen detaillierter zu berücksichtigen. Das System verlangt von den Benutzern eine exaktere Analyse ihrer tatsächlichen Informationsbedürfnisse und fordert mehr Verantwortung für die EDV-Anwendung. Die Prioritätssteuerung in der Entwicklung und im Rechenzentrum erfolgt durch die Preise - ein gängiges Problem der Praxis scheint ausgeschaltet. Dem Management wird andererseits eine bessere Grundlage gegeben, den Erfolgsbeitrag der EDV zu beurteilen.

McFarlan[1] befürchtet jedoch in der Unternehmenspraxis bei dem Charge-Out System ein unkontrolliertes Wachstum der EDV; die EDV-Kosten seien in den Funktionsbereichsbudgets verborgen und entzögen sich zentraler Kontrolle. Dieser Befürchtung muß entgegengehalten werden, daß dieses Problem - die Kontrolle eines angemessenen Verhältnisses zwischen Aufwand und Nutzen - immer vorhanden ist. Es ist unabhängig von zentraler oder dezentraler Entscheidungsorganisation. Die Revision kann deshalb bei beiden Systemen in gleicher Weise effizient durchgeführt werden.

Relevanter für Überlegungen der Führung erscheint, ob nicht durch ein Charge-Out System die notwendige Kreativität und Innovationsbereitschaft der EDV-Gruppe gehemmt wird. Nicht sie entscheidet über neue Projektentwicklungen, sondern die Fachabteilungen. Dort aber könnte Einsicht in besondere Möglichkeiten und Chancen des EDV-Einsatzes insbesondere für qualifizierte Anwendungen fehlen. Z.T. will man auch aus sozio-emotionalen Ursachen Änderungen bzw. Umstellungen vermeiden. Aber diese eventuell möglichen Probleme wiegen wahrscheinlich geringer als oft festgestellte Fehlentwicklungen unter der Entscheidungsführung der Spezialisten.

Bei einem Charge-Out System verursacht eine vollständige Verteilung der Kosten bei hohen fixen Kosten der EDV und schwankender Nachfrage erhebliche Änderungen in den angerechneten Kostenpreisen. Nach Dearden/Nolan betragen diese Änderungen leicht bis zu 15 % und es besteht, wenn die Funktionsbereiche EDV-Arbeiten auch extern durchführen lassen können, die Gefahr einer Spirale wachsender Kostenwerte und sinkender Kapazi-

1 Vgl. McFarlan, F.W., Management audit, 1973, S. 134.

tätsnutzung.[1] Zur Handhabung dieses Problems erscheint eine langfristige Festlegung der Lenkungspreise sinnvoll (z.B. 1 Jahr).[2]

Die unterschiedlichen Problematiken der beiden Systeme lassen also keine generell eindeutige Entscheidung für ein System zu. Tendenziell jedoch könnte ein Charge-Out System dort sinnvoller sein, wo die EDV-Anwendung schon einen hohen Reifegrad erreicht hat und wo ein solch dezentrales System mit dem Führungssystem in anderen Bereichen übereinstimmt. In der Abbildung 3.3 wird ein Überblick zu der Einstellung von Managern und EDV-Spezialisten zum Charge-Out System gegeben. Wie zu ersehen ist, neigt man mit großer Mehrheit zu einem Charge-Out System.

Die tatsächliche Wahl des Kostenzurechnungssystems, das ja verschiedenste Ausprägungen zwischen den beiden beschriebenen Extremen haben kann, ist auf die konkrete Organisationssituation abzustellen.[3] Aber wichtiger noch als die Wahl eines spezifischen Systems der Entscheidungsorganisation erscheint Dearden/Nolan "... the way in which it is administered".[4]

---

1 Vgl. Dearden, J., Nolan, R.L., How to control, 1973, S. 74.

2 Vgl. Dearden, J., MIS is a mirage, 1972, S. 74; Faßbender, W., Wirtschaftliche Steuerung, 1970, S. 84 f..

3 Die Frage der Entscheidungsorganisation in der EDV findet ihre Ergänzung in der Hardware-Verteilung. In jüngster Zeit wird verstärkt die Auflösung zentraler Rechenzentren zugunsten eines Netzes von Minicomputern direkt bei den Anwendern gefordert (distributed processing); vgl. z.B. Farber, D.J., Minis zum Verschwenden, 1976, S. 4.

4 Dearden, J., Nolan, R.L., How to control, 1973, S. 71.

EDV-Spezialisten ja	EDV-Spezialisten nein		Manager ja	Manager nein
270	79	Im allgemeinen ist es eine gute Idee, den Fachabteilungen für die empfangenen EDV-Leistungen Preise in Rechnung zu stellen.	176	37
267	81	Die Fachabteilungen für die empfangenen EDV-Leistungen mit den Kosten zu belasten, ist eine ausgezeichnete Methode, um die Wahrscheinlichkeit zu erhöhen, daß diese Benutzer ihre Forderungen nach EDV-Leistungen wirtschaftlich überprüft haben.	175	39
154	194	Die Belastung der Anwenderabteilungen für die Entwicklungskosten neuer Systeme hemmt die Entwicklung von besseren Systemen.	87	122
240	112	Die Belastung der Anwenderabteilungen mit den Systementwicklungskosten überträgt die Verantwortlichkeit für die Kostenkontrolle tendenziell auf das Management dieser Abteilungen.	132	76
94	255	Normalerweise ist es nicht gerecht, die Fachabteilungen für Entwicklungskosten bezahlen zu lassen, weil diese Abteilungen gewöhnlich wenig Kontrolle über die tatsächlichen Entwicklungsausgaben der EDV haben.	62	142

Abb. 3.3: Einstellungen zum Charge-Out System

Quelle: Stone, M.M., Tarnowieski, D., Management Systems, 1972, S. 27.

Zum Schluß dieser Ausführungen über spezielle Formen zentraler und dezentraler Entscheidungsorganisation im EDV-Bereich bleibt noch darauf zu verweisen, daß auch für die EDV ein typisches Management-Phänomen zutrifft. In Krisenzeiten, wenn ein unzureichender Erfolgsbeitrag der EDV festgestellt wird, neigen die Organisationen zu stärkerer Zentralisierung. Sieht die Unternehmensführung das Anreiz-Beitrags-Gleichgewicht der Unternehmenskoalition dagegen nicht gefährdet, wird tendenziell dezentralisiert.[1]

3.33 Führung im personellen Bereich

Als letzter Problemkreis der instrumentalen Führung soll nun der Personalbereich behandelt werden.[2] Unter dem Aspekt des festgestellten Interface-Gap zwischen Managern und EDV-Spezialisten richtet sich das Interesse vor allem auf

1. Aus- bzw. Weiterbildung,
2. Personalbeurteilung und -kontrolle,
3. Besetzung der zentralen Interface-Positionen.

Festgestellte Implementierungsschwierigkeiten sind oft im Zusammenhang mit einer mangelnden Ausbildung der Benutzer in Hinsicht auf die Eigenarten und die Erfordernisse des einzuführenden Systems zu sehen.[3]

---

1 Vgl. zu diesem Zusammenhang das Werk des Wirtschaftshistorikers Chandler; Chandler, A.D., Strategy and Structure, 1962.

2 Vgl. den Überblick zu den Problemkreisen der instrumentalen Führung bei der EDV-Anwendung auf S. 198 f..

3 Vgl. zu unzureichender Ausbildung Stewart, R., How Computers Affect Management, 1971, S. 195; Mumford, E., The Human Factor, 1970, S. 290; Zuberbühler, H., Elektronische Datenverarbeitung, 1972, S. 137 ff.; Grochla, E., Das Engagement der Unternehmensführung, 1972, S. 65 ff..

Neben zu wenig Schulung an sich scheinen vorhandene Probleme sehr stark in einer fehlgerichteten Konzeption begründet zu sein.[1] In EDV-Kursen - oft von Herstellerfirmen durchgeführt - werden meist detailliert technisch orientierte Fragen der Hardware, von Betriebssystemen u.ä. behandelt, das Interface zwischen Benutzern und EDV vernachlässigt. Die Besonderheiten und Probleme der Interface-Aspekte, die von der konkreten Organisation und dem Anwendungsbereich abhängig sind, verlangen jedoch eine Ausrichtung der Schulung auf diese Aspekte.[2] Die Anwenderorganisationen werden sich deshalb stärker einer organisationsinternen Schulung - oder soweit es sich um kleinere Firmen handelt - unabhängigen Beratern und Institutionen oder auch kooperativen Aktivitäten zuwenden müssen. Nur so erscheint eine entsprechende Behandlung der jeweiligen organisationsspezifischen EDV-Probleme gesichert.

In eine in dieser Weise ausgerichtete Ausbildung sollten nicht nur die Benutzer, sondern auch die EDV-Spezialisten einbezogen werden. Was Systemanalytikern und Programmierern oft fehlt, ist ausreichendes funktionsorientiertes betriebswirtschaftlich-organisatorisches Wissen. Zur effizienten Gestaltung von Systemen jedoch muß hier eine fundierte

---

1 Vgl. auch Wundt, D., EDV aus der Sicht der Unternehmensführung, 1971, S. 275; Grochla, E., Das Engagement der Unternehmensführung, 1972, S. 71.

2 Über Hardware, Betriebssysteme, Speicherungstechniken u.ä. benötigt der Benutzer aus einem Funktionsbereich wohl nicht mehr Wissen als über technische Einzelheiten seines Autos oder Fernsehers. Die erwünschte stärkere Ausrichtung auf die anwendungsbezogenen organisatorischen Aspekte verlangt allein wegen der Kosten einen Verzicht auf herkömmliche EDV-Schulung.

Grundlage gegeben sein. Die EDV-Spezialisten stellen im allgemeinen den Anspruch, für jede Funktion, sei es Marketing, Produktion oder Finanzen, Experte für die Entwicklung von Informationssystemen zu sein.[1] Die Unternehmensführungen sollten jedoch deutlich sehen, daß die jeweiligen Funktionsmanager die Spezialisten ihres Bereichs sind und daher besser den zieladäquaten Informationsbedarf bestimmen können als generelle Informationsexperten. Eine Spezifizierung der Aus- und Weiterbildung nach betrieblichen Bereichen und ein funktionsorientierter Einsatz erscheint daher zweckmäßig. Unter Berücksichtigung der Entwicklung in Richtung auf hochqualifizierte Programmiersprachen wird es vielleicht oft wirkungsvoller sein, die Funktionsspezialisten das notwendige EDV-Wissen zu lehren, als EDV-Spezialisten in die Geheimnisse des Funktionsbereichs einzuweihen.

Als Problematik der Aus- und Fortbildung der Spezialisten ist daneben nicht zu verkennen, daß sich die institutionelle Ausbildung (an Schulen, Hochschulen usw.) noch nicht konsolidiert hat.[2] Die inhaltliche Ausfüllung und das Niveau sind recht unterschiedlich.[3]

Die betriebliche Schulung der EDV-Anwender kann unterteilt werden in Grundlagenausbildung und in spezielle, oft projektbezogene Schulung. Die bisherigen Erfahrungen legen eine stärker projektbezogene Ausbildung nahe. Als Vorbedingung ist dabei sicherzustellen, daß nicht nur ein Benutzer und nicht nur ein EDV-Spezialist ein bestimmtes Computer-Modell kennen. Bei Ausfall eines Mitarbeiters oder bei einer

---

1 Vgl. auch Dearden, J., MIS is a mirage, 1972, S. 93.

2 Vgl. u.a. Waldhelm, F., Ausbildungsprobleme, 1971, S. 153 ff..

3 Vgl. auch Gilb, T., Kontrolle der EDV, 1974, S. 215.

Kündigung muß die Kontinuität der EDV-Anwendung gewahrt bleiben. Um die notwendige Lernmotivation der Mitarbeiter zu bewirken, hat das Top-Management die Aufgabe, den geeigneten Motivationsrahmen zu schaffen.

Unter Führungsgesichtspunkten entscheidend ist aber, die Verantwortlichkeit für die Ausbildung der Benutzer bei komplexen EDV-Anwendungen klar zu regeln. Unklarheiten in dieser Frage verursachen naturgemäß schwerwiegende Probleme. Wie jedoch die Studie von Schewe zeigt, wird häufig gerade bei qualifizierten Anwendungen auf der Managementebene diese Aufgabe vernachlässigt.[1] Mancherorts wird bezüglich der Schulung mit an erster Stelle die Führungsspitze als ausbildungsbedürftig genannt.[2] Dem Verfasser erscheint dies nicht so sehr eine Frage der Ausbildung, als vielmehr der notwendigen Erkenntnis des Top-Managements, daß es den EDV-Bereich ebenso in seine Führungsaktivitäten einschließen muß wie alle anderen Bereiche.

Die weiteren Aufgabenbereiche in der personellen Führung sind die Beurteilung und Kontrolle der Mitarbeiterleistung und die darauf basierende Gehaltsfestsetzung und der geeignete Personaleinsatz. Kriterien zur Beurteilung des EDV-Personals fehlen bisher nahezu völlig.[3] Die Führung ist deshalb vor eine sehr schwierige Aufgabe gestellt. In der Praxis

1 Vgl. Schewe, Ch.D., The Forgotten Man, 1973, S. 30 ff..

2 Vgl. z.B. Diebold, J., Die Computer werden falsch eingesetzt, 1971, S. 151 ff.; Wundt, D., EDV aus der Sicht der Unternehmensführung, 1971, S. 275.

3 Vgl. Nolan, R.L., EDP manager, 1973, S. 143 ff.; Mumford, E., Job Satisfaction, 1972, S. 210; Diebold, J., Die Computer werden falsch eingesetzt, 1971, S. 153.

erfolgt demgemäß die Beurteilung sehr subjektiv und orientiert sich an fragwürdigen quantitativen Kriterien (z.B. Budgetabweichungen).[1] Erscheint die EDV-Arbeit erfolgreich, finden die Spezialisten zwar häufig hohe Anerkennung, aber entwickeln sich Probleme, dann werden sie auch zum "Sündenbock" gestempelt.

Das Interface-Gap hat sich in Unternehmen häufig dahingehend ausgewirkt, daß die Beurteilung nach völlig sachfremden Kriterien erfolgte. Die Betriebsführungen sollten jedoch erkennen, daß in der Beurteilung der gesamten EDV-Gruppe und insbesondere des Leiters der Gruppe eine stärkere Orientierung an der Qualität der entwickelten Anwendungen und deren Beitrag zu den Organisationszielen zweckmäßig und notwendig ist. So nur kann überprüft werden, ob die Möglichkeiten der EDV-Anwendung zielgerichtet ausgeschöpft werden. Anhaltspunkte für diese Prüfung können primär die Befriedigung zentraler Informationsbedürfnisse der Organisation und die EDV-Anwendungen der Konkurrenz sein.[2] Da eine Einzelperson aus dem Top-Management mit dieser Aufgabe überfordert ist, sollte sie dem "steering committee"[3] übertragen werden.[4]

Eine der populären Beurteilungsmethoden, Beurteilung durch Unternehmensberater, ist eine zweischneidige Strategie. Einerseits hat ein Berater zwar gewisse Vergleichsmöglichkeiten, aber andererseits bleibt die Beurteilung wegen fehlender eindeutiger Kriterien immer subjektiv und bringt die Hinzuziehung eines Beraters doch erhebliche Unruhe. Letzteres auch deshalb, weil diese Berater oft eine gewisse Personalvermitt-

---

1 Vgl. Nolan, R.L., Plight of the EDP manager, 1973, S. 146; vgl. auch Nolan, R.L., EDP managers, 1976, S. 123 ff..

2 Vgl. Nolan, R.L., Plight of the EDP manager, 1973, S. 146.

3 Vgl. zum "steering committee"-Ansatz z.B. Meffert, H., Marketing Modelle, 1974, S. 80; Koreimann, D.S., Systemanalyse, 1972, S. 126.

4 Vgl. Nolan, R.L., Plight of the EDP manager, 1973, S. 146.

lungsaufgabe wahrnehmen.[1] In dieser Lage erscheint es grundsätzlich zweckmäßiger, die Beurteilung selbst und nach eigenen Zielvorstellungen durchzuführen.

Innerhalb der EDV-Gruppe selbst stößt die Leistungsbeurteilung und Kontrolle der Systemanalytiker und Programmierer ebenfalls auf erhebliche Schwierigkeiten. Einerseits sind exakte Maßstäbe nicht vorhanden, andererseits schwankt die Produktivität der Einzelpersonen mit großer Amplitude.[2] Eine Untersuchung[3] ergab, daß von verschiedenen Mitarbeitern bei gleicher Aufgabenstellung angefertigte Programme in ihrer Effizienz (gemessen an der CPU-Zeit) Abweichungen bis zu 1200 % aufwiesen. Die in der kürzesten Zeit erstellten Programme gehörten mit zu den besten. Die Ergebnisse einer Untersuchung der Systems Development-Corporation über die Arbeitsleistung von 12 Programmierern mit 2- bis 11jähriger Berufserfahrung[4] sind in Abbildung 3.4 zusammengefaßt.

Leistungsfaktoren	Bester	Schlechtester
Analyse der Programmfehler und Berichtigung	1	26
Programmerstellung	1	25
CPU-Testzeit	1	11
Programmlänge	1	5
CPU-Zeit	1	12

Abb. 3.4: Zeitrelationen von Programmierern für identische Aufgaben

Quelle: Systems Development Corporation, in: Communications of the ACP 11 (1968) 6, hier zitiert nach Gilb, T., Kontrolle der EDV, 1974, S. 219.

1 Vgl. zum "consultant syndrom" Nolan, R.L., Plight of the EDP manager, 1973, S. 147.

2 Vgl. Weinberg, G.M., Performance, 1972, S. 82 ff.; Weinberg, G.M., Computer Programming, 1971, S. 100 ff.; Gilb, T., Kontrolle der EDV, 1974, S. 219.

3 Vgl. Weinberg, G.M., Performance, 1972, S. 83.

4 Vgl. Gilb, T., Kontrolle der EDV, 1974, S. 219.

Die aus der Tabelle ersichtlichen großen Schwankungsbreiten in der Leistung geben zu denken und unterstreichen die Bedeutung einer Leistungskontrolle und einer leistungsgerechten Beurteilung. Zu berücksichtigen ist aber, daß die in der Abbildung angegebenen Werte Höchstabweichungen, nicht Durchschnittswerte sind und zudem die Stichprobe sehr klein ist. Deshalb sollen zusätzlich die Ergebnisse einer Befragung von EDV-Leitern durch Zwicker wiedergegeben werden (Abbildung 3.5).

Im Durchschnitt wurde in dieser Befragung die Leistung des besten Programmierers 3,5 mal höher eingeschätzt als die des schlechtesten. Die tatsächlichen durchschnittlichen Leistungsunterschiede dürfen vermutlich in dem Bereich zwischen den Zahlen von Zwicker und denen der Systems Development Corporation angenommen werden. In jedem Fall aber liegen sie offensichtlich weit höher als die bekannten Leistungsunterschiede in anderen Arbeitsgebieten.[1]

Leistung des besten Programmierers im Verhältnis zum Schlechtesten	Anzahl der Antworten	Anteil in %
2	1	6
2 bis 3	2	11
3	7	38
4	4	23
4 bis 5	2	11
5	2	11
Mittelwert $\bar{x}$ = 3,5	18	100

Abb. 3.5: Leistungsunterschiede von Programmierern in der Beurteilung durch ihre EDV-Leiter

Quelle: Zwicker, E., Personelle Organisation in der EDV, 1970, S. 40.

1 Vgl. Zwicker, E., Personelle Organisation in der EDV, 1967, S. 40 f.; Hofstätter, P.R., Psychologie, 1957, S. 74.

Richtige Leistungsbeurteilung ist deshalb als Basis für die Personaleinstellung, für Personaleinsatz, für Gehaltsbestimmung[1] und zur Kontrolle der erbrachten Leistung von besonderer Bedeutung. Zur Erfassung der Eignung bei der Einstellung werden häufig Tests durchgeführt.[2] Ihre Validität muß jedoch kritisch betrachtet werden. Unterschiedliche Tests kommen i.d.R. auch zu abweichenden Ergebnissen.[3] Gilb fordert deshalb und wegen der erfahrenen (erlittenen) wirtschaftlich-organisatorischen EDV-Probleme die Unternehmensleitung auf, bei der Einstellung leitender Mitarbeiter in der EDV insbesondere das Verständnis für ökonomische und organisatorische Zusammenhänge zu prüfen.[4] Dieses Verständnis hat oft gefehlt und ist auch schwer erlernbar.[5]

Um in der komplexen Frage der Leistungsmessung und Leistungsbeurteilung von EDV-Spezialisten einer Lösung näher zu kommen, haben Arvey/Hoyle[6] in einem großen amerikanischen Konzern mit ungefähr 3000 EDV-Mitarbeitern nach dem Guttman- Ansatz[7](verhaltensanalytisch) die Ableitung der relevanten Dimensionen der Tätigkeit von EDV-Spezialisten versucht. In

---

1 Eine Bezahlung analog zu den angeführten Leistungsunterschieden wäre gleichwohl irreal.

2 Vgl. Zwicker, E., Personelle Organisation in der EDV, 1967, S. 46.

3 Vgl. Zwicker, E., Personelle Organisation in der EDV, 1967, S. 45 ff..

4 Vgl. Gilb, T., Kontrolle der EDV, 1974, S. 215 f. "Ein Programmvirtuose ist nicht immer auch für die Organisationsziele der beste Mann"; vgl. auch Grochla, E., Informationssysteme, 1975, S. 120.

5 Vgl. Stone, M.M., Tarnowieski, D., Management Systems, 1972, S. 28.

6 Vgl. zum folgenden Arvey, R.G., Hoyle, J.C., Evaluating Computing Personnel, 1973, S. 69 ff..

7 Vgl. Ruskin, V.W., Comparing Computer Operations, 1973, S. 34 ff..

der Abbildung 3.6 sind die aus einem mehrphasigen Validitätstest resultierenden 12 Dimensionen wiedergegeben. Die Länge der Balken beschreibt die von Vorgesetzten beurteilte Bedeutung dieser Dimensionen (113 Programmierer und 87 Systemanalytiker wurden beurteilt). Nach Arvey/Hoyle sollen diese Dimensionen dazu dienen, die Validität von Eignungstests zu überprüfen, individuelle Stärken und Schwächen der Mitarbeiter zu diagnostizieren, individuelle Leistungen zu beurteilen und eine Grundlage für Gehaltsbestimmungen zu bilden. Inwieweit diese Ziele tatsächlich erreicht werden können, bleibt vorläufig abzuwarten. Für die Gegenwart sollte der Vorschlag von Arvey/Hoyle als ein erster möglicher Ansatz gewertet werden.

Der besondere Stellenwert der Personalauswahl und der Leistungskontrolle für den betrieblichen Erfolg der EDV wird auch aus der Höhe des Anteils der Personalkosten ersichtlich. Nach einer umfassenden Untersuchung von Ruskin[1] bei 400 Computeranwendern in Nordamerika wurden 48 % der gesamten Kosten des EDV-Bereichs für Gehälter verbraucht. Die Brutto-Personalkosten, einschließlich solcher Nebenkosten wie notwendige Büroräume werden von ihm auf etwa 60 % geschätzt.[2] Alle Informationen deuten darauf hin, daß die Personalkosten der EDV auch weiterhin eher steigende als sinkende Tendenz haben werden.

Als dritter Problemkreis der Führung auf dem Personalsektor im Interface zwischen Management und EDV wurde oben die <u>Besetzung der zentralen Interface-Positionen</u> genannt. Hierbei geht es vor allem um die Besetzung der Führungsposition für die EDV-Gruppe. In den Unternehmen ist ein starker Trend zum lokal orientierten Manager mit bewiesenen administrativen

---

1 Vgl. Ruskin, V.W., Comparing Computer Operations, 1973, S. 34 ff..

2 Vgl. Ruskin, V.W., Comparing Computer Operations, 1973, S. 35.

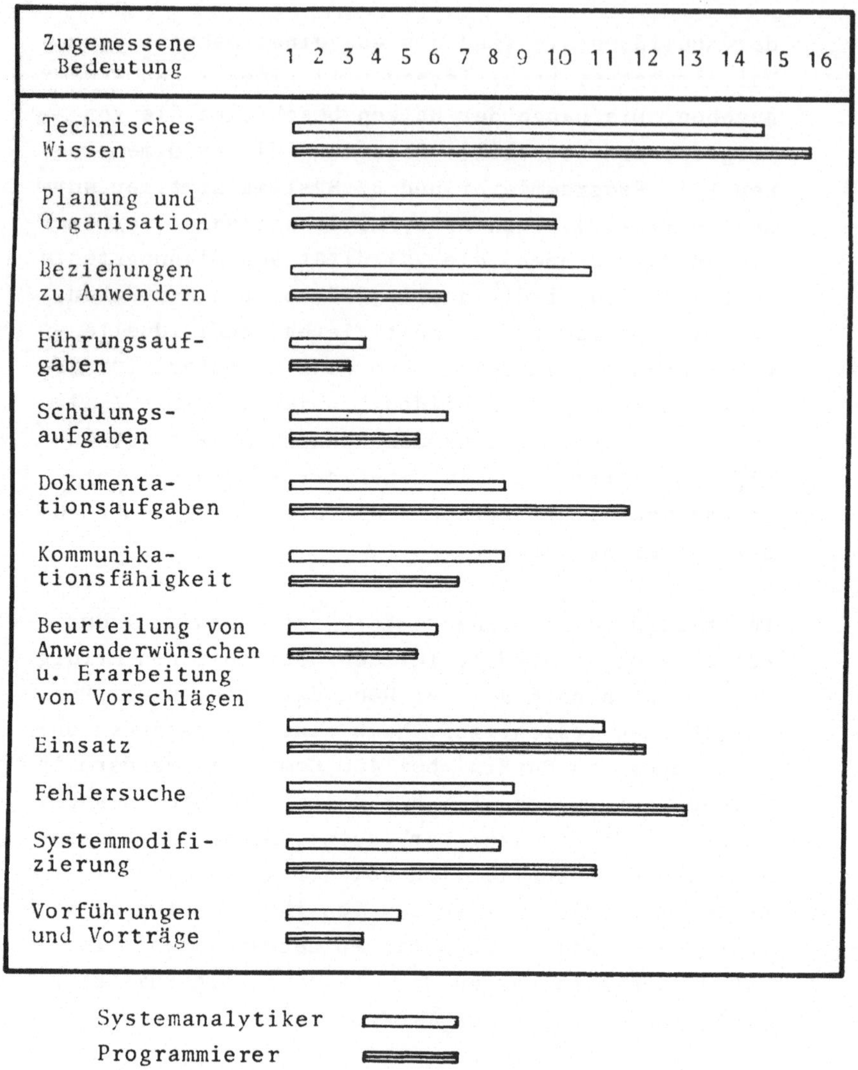

Zugemessene Bedeutung 1 2 3 4 5 6 7 8 9 10 11 12 13 14 15 16

Technisches Wissen

Planung und Organisation

Beziehungen zu Anwendern

Führungsaufgaben

Schulungsaufgaben

Dokumentationsaufgaben

Kommunikationsfähigkeit

Beurteilung von Anwenderwünschen u. Erarbeitung von Vorschlägen

Einsatz

Fehlersuche

Systemmodifizierung

Vorführungen und Vorträge

Systemanalytiker

Programmierer

Abb. 3.6: Die Dimensionen der Leistungsbeurteilung von EDV-Spezialisten nach Arvey/Hoyle

Quelle: Arvey, R.D., Hoyle, J.C., Evaluating Computing Personnel, 1973, S. 71.

Fähigkeiten vorhanden.[1] Allgemeine Managementfähigkeiten werden für diesen Job inzwischen oft höher bewertet als Expertenkenntnisse. Mehreren Untersuchungen zufolge haben Organisationen, in denen dieses Konzept zur Besetzung der Spitzenposition im EDV-Bereich angewandt wird, besonderen wirtschaftlichen Erfolg im Einsatz der EDV-Aktivitäten.[2]

Die Vorteile dieser Politik liegen offenbar in folgenden Aspekten:

1. Ein Manager mit langjährigen Erfahrungen und entsprechendem Status in dieser Organisation kann eine erfolgreichere Ausrichtung der EDV-Gruppe auf die Organisationsbedürfnisse bewirken.[3]
2. Dieser Manager kann die oft fehlende administrative Kompetenz in die EDV-Abteilung bringen.
3. Dieser Manager kann aufgrund seiner Machtbasis und seines Status die Funktionsbereiche eher von der Erfolgsaussicht von EDV-System-Konzeptionen überzeugen.
4. Dieser Manager kennt die Problembereiche seiner Organisation und damit erfolgversprechende Ansatzpunkte für die EDV einfach besser.

Eine ähnlich managementorientierte Ausrichtung der Stellenbesetzung könnte sich auch für weitere Interface-Positionen erfolgreich zeigen.

---

1 Vgl. McKinsey & Company Inc., The Computer's Profit Potential, 1968, S. 167; Radnor, M., Neal, R.D., The Progress of Management-Science Activities, 1973, S. 429 ff.; Brink, V.Z., Computers and Managers, 1971, S. 77; Dearden, J., MIS is a mirage, 1972, S. 93. In der deutschsprachigen Literatur hat der Verfasser keine direkten Hinweise zu diesem Aspekt gefunden.

2 Vgl. McKinsey & Company Inc., The Computer's Profit Potential, 1968, S. 167; Brink, V.Z., Computers and Management, 1971, S. 93; Garrity, J.T., Computer Profits, 1963, S. 6 ff.; die erfolgreiche Anwendung dieser Personalpolitik wird auch aus anderen Spezialistenbereichen berichtet; vgl. zum Bereich Forschung und Entwicklung Utterbeck, J.M., Process of Innovation, 1971, S. 157.

3 Vgl. die Unterscheidung von Locals und Cosmopolitans in Abschnitt 2.135.

Mit diesen Erörterungen über Probleme der Aus- und Weiterbildung, der Personalbeurteilung und -kontrolle und der Stellenbesetzung im Interface zwischen Management und EDV ist der Abschnitt 3.3 "Instrumentale Führung" abgeschlossen. Nun gilt es, sich den spezifischen Fragen der sozio-emotionalen Führung zuzuwenden.

3.4 Sozio-emotionale Führung

Die Untersuchung der Kommunikations-, Rollen- und Machtbeziehungen und der intrapersonalen Einflußfaktoren des Interface-Gap hat die Bedeutung und die Probleme sozialer und emotionaler Faktoren bei der Implementierung von MIS aufgezeigt. Neben der instrumentalen Führung muß deshalb der sozio-emotionalen Führung besondere Beachtung geschenkt werden.

Beide Bereiche sind zwar nicht eindeutig voneinander trennbar, vielmehr bestehen wechselseitige Abhängigkeiten und Einwirkungen. Während die instrumentale Komponente jedoch auf die sachlich-intellektuelle Bewältigung der Aufgabe abzielt, ist die sozio-emotionale Komponente in ihrer Essenz darauf gerichtet, den Geführten (Untergebenen) Motivation zur angestrebten Leistung und hohes Selbstbewußtsein (hohe Selbsteinschätzung) zu vermitteln bzw. sicherzustellen.

Mit Motivationsfaktoren und Möglichkeiten zur Motivierung von Mitarbeitern hat sich die Organisationsforschung eingehend beschäftigt.[1] Die gewonnenen grundsätzlichen Erkenntnisse haben für die Entwicklung und Einführung computergestützter Systeme ihre besondere Bedeutung. Wegen der erforderlichen hohen Leistungs- und Anpassungsbereitschaft aller betei-

1 Vgl. insbesondere Maslow, A., Motivation and Personality, 1954; Herzberg, F., Work and the Nature of Man, 1966.

ligten Mitarbeiter ist neben zusätzlichen materiellen Anreizen erhebliche Aufmerksamkeit der Berücksichtigung höherer Bedürfnisschichten wie Streben nach Anerkennung, Selbstverwirklichung, Verantwortung, Einfluß oder Prestige[1] zu schenken.

Durch die Bildung von Selbstbewußtsein soll erreicht werden, daß die Geführten sich trotz Risiken zur zieladäquaten und zügigen Bewältigung einer komplexen Aufgabe in der Lage sehen. Eine darauf ausgerichtete sozio-emotionale Führung könnte bei den erheblichen Unsicherheiten in der Entwicklung von EDV-Anwendungssystemen eine wichtige unterstützende Wirkung haben. Auftretende Enttäuschungen und Frustrationen sollten dadurch besser überwunden werden können. Die existierenden Erkenntnisse über Führungsstile[2] und über positive Menschenführung[3] sind hierbei als wesentliche allgemeine Ansatzpunkte zur Führung im Interface anzusehen.

Die festgestellten Probleme in der Praxis der Entwicklung und Einführung computergestützter Informationssysteme scheinen in besonderem Maße aus einer unzureichenden Wahrnehmung und Erkennung der sozialen und emotionalen Elemente zu resultieren. Die vorgenommene systematische Untersuchung der Komponenten des Interface-Gap sollte zu einem besseren Verstehen dieser Elemente entscheidend beitragen, um daraus im konkreten Fall gestaltende Führungsmaßnahmen abzuleiten.

Als Rahmen und Leitlinie einer zielgerichteten sozioemotionalen Führung im Interface zwischen Management und EDV können die für geplanten Wandel angebotenen Vorschläge dienen. Im wesentlichen auf der Basis ver-

---

1 Vgl. Maslow, A., Motivation and Personality, 1954; vgl. auch Mumford, E., Job Satisfaction, 1972, S. 64 ff..

2 Vgl. Kunczik, M., Führung, 1972, und die dort angegebene Literatur.

3 Vgl. Wagner, H., Menschenführung, 1969, S. 163 ff..

schiedener Strategien, die von Lippit, Watson & Westley stammen, sollen im folgenden bewährte Möglichkeiten angeführt werden.[1]

(1) Definition realistischer Teilziele. Diese Strategie hat sich in der Unternehmenspraxis grundsätzlich erfolgreich gezeigt. Sie wird überdies auch durch soziologische und psychologische Forschungsergebnisse unterstützt. Gruppenexperimente ergaben, daß bei Klarheit über Ziele und Aufgaben die Individuen mehr Interesse an ihrer Aufgabe hatten, weniger Feindseligkeiten zeigten und stärker bereit waren, Machtausübung zu akzeptieren.[2]

Besondere Unterstützung findet die Strategie der Definition realistischer Teilziele auch in der psychologischen Forschungsrichtung der "reinforcement theory" nach Skinner.[3] Danach wird Verhalten von den eintretenden Konsequenzen ("reinforcers") geformt. Es gibt positive und negative Reinforcer, aber im allgemeinen sind die positiven Reinforcer wirksamer. Aus der umfangreichen Laboratoriumsforschung sind hier diejenigen Ergebnisse sehr interessant, die die Beziehung zwischen der Frequenz sowie der Schnelligkeit, mit der positive Reinforcer gewährt werden, mit der erbrachten Leistung zum Gegenstand haben: Je schneller und je häufiger die positiven Konsequenzen eintreten, desto höher die Leistung.

Dieser Zusammenhang wird durch das Setzen realistischer und vieler Teilziele genutzt. Wenn wöchentlich oder gar täglich durch das Erreichen realistisch gesetzter Teil-

1 Vgl. Lippit, R., Watson, J., Westley, B., The dynamic of planned change, 1958, hier zitiert nach Rosenstiel, L.v., Molt, W., Rüttinger, B., Organisationspsychologie, 1972, S. 165.

2 Raven, B.H., Rietsema, J., Clarity of Group Goal, 1971, S. 72.

3 Vgl. insbesondere Whyte, W.F., Skinnerian Theory in Organizations, 1972, S. 67 ff.; Skinner, F., Contingencies of Reinforcement, 1969.

ziele Erfolgserlebnisse eintreten, verspricht die Produktivität höher zu sein. Häufigere kleinere Erfolgserlebnisse zwecks Leistungssteigerung bzw. Motivation der EDV-Spezialisten und der Anwender wurden auch von Brewer et al. bei der Entwicklung eines komplexen MIS für einen Verbund von Kliniken genutzt.[1] Von Beginn an wurden die Benutzer ermuntert, spezielle Informationswünsche an die EDV-Gruppe heranzutragen. Schon sehr früh in dem langwierigen Prozeß - sieben Jahre Entwicklungszeit - konnten die EDV-Spezialisten unkomplizierte Informationswünsche erfüllen. Sowohl für die Spezialisten als auch für die Anwender waren diese kleinen, sich allmählich steigernden Erfolgserlebnisse Anlaß für mehr Selbstbewußtsein und Motivation zu weiterer Leistungserbringung. In der Entwicklung und Einführung von MIS immer wieder eintretende Schwierigkeiten konnten so leichter überwunden und eine effiziente Zusammenarbeit erreicht werden.

(2) <u>Aktivierung des Bedürfnisses nach Wandel und Erhaltung des Aktivierungspotentials</u>. Bewährt im Rahmen dieser Strategie haben sich vor allem regelmäßige Sitzungen, Arbeitsprotokolle sowie kontinuierliche Berichte über Erfolge. Diese Maßnahmen wirken im wesentlichen als Unterstützung für die Strategie 1. Es muß sichergestellt sein, daß der Definition realistischer Teilziele auch der entsprechende Feedback folgt. Zusätzlich wird z.B. durch die vorgeschlagenen Zusammenkünfte eine gezielte Pflege der menschlichen Beziehungen vorgenommen. Die Untersuchungen von EDV-Projekten zeigen, daß durch häufigere Kontakte und durch ein offenes, Aussprachen förderndes Klima bei solchen Zusammenkünften Vertrauen erhöht, Anpassungswiderstände vermindert werden können.[2]

---

1 Vgl. Brewer, R.J. et al., Waiting for the data base, 1973, S. 32 ff..

2 Vgl. z.B. Adams, W., New role for top management, 1972, S. 54 ff.; Mumford, E., The Human Factor, 1972, S. 286 ff..

(3) Möglichkeiten für antizipatorische Versuche schaffen. Durch das Testen der neuen Methoden auf einem kleinen Gebiet sollen Widerstände abgebaut und die erforderliche Anpassungsbereitschaft gesichert werden. In diese Strategie läßt sich z.B. das von Little[1] vorgeschlagene Vorgehen einordnen. Im Entwicklungsprozeß computergestützter Marketingmodelle soll der potentielle Benutzer durch eine Folge von Modellen wachsenden Umfangs und wachsender Komplexität geführt werden. Der Manager soll zuerst ein einfaches EDV-Modell kennenlernen und damit vertraut werden. Dadurch werde er automatisch zusätzliche Bedingungen berücksichtigt wissen wollen und so durch einen evolutionären Lernprozeß zum fortgeschrittenen, komplexen Modell gelangen.

Auch die Forderung von Knutsen/Nolan,[2] bei komplexen Systementwicklungen eine Gliederung der Gesamtaufgabe in Teilaufgaben vorzunehmen und jeweils die erfolgversprechendste Teilaufgabe zuerst und mit der Konzentration aller Kräfte zu realisieren, läßt sich auf das Prinzip antizipatorischer Versuche zurückführen.

(4) Entwicklung und Mobilisierung von Kompetenz. Bei dieser Strategie wird vor allem Schulung und Ausbildung eingesetzt. Durch die Vermittlung von Wissen über neue Verfahren und Systeme wird nicht nur fachliche, sondern auch sozio-emotionale Kompetenz hergestellt, die Furcht vor Änderungen reduziert sich. Allein die Auszeichnung, von der Firma auf einen Lehrgang geschickt zu werden, kann bei Individuen Widerstände beseitigen und zu einer stimulierten Mitarbeit motivieren.

---

1 Vgl. Little, J.D.C., Decision Calculus, 1970, S. B-483.

2 Vgl. Knutsen, K.E., Nolan, R.L., Assessing computer costs, 1974, S. 28 ff..

Das Zentrum aller sozio-emotionalen Bemühungen sollte in dem Versuch liegen, die konkreten sozialen Beziehungen und Bedingungen zu erkennen. Insbesondere auf dysfunktionale Elemente in den Kommunikations-, Macht- und Rollenbeziehungen muß reagiert werden. Dazu zählt auch unter dem Gesichtspunkt sozio-emotionaler Führung eine klare Verantwortungsabgrenzung und Rollenverteilung. Nur aus eingehender Kenntnis der Einflußfaktoren, die bei Systemänderungen wirksam werden, kann ein geeignetes Führungsverhalten abgeleitet werden.

4 Organisationsgestaltung und Interface-Gap

Die Führungsmaßnahmen im Interface zwischen EDV und Management bedürfen einer Unterstützung durch dauerhafte Regelungen. Nicht alle Entscheidungs-, Führungs- und Kontrollprobleme können von der Unternehmensleitung ad hoc gelöst werden. Vielmehr müssen Kompetenzen delegiert, Informationsströme kanalisiert, unterschiedliche Aufgaben- bzw. Entscheidungsbereiche durch grundsätzliche organisatorische Gestaltungsmaßnahmen koordiniert werden.

Auf der Ebene der Unternehmensleitung wird durch die Festlegung der unternehmerischen Strategie auch eine Vorentscheidung über die Struktur der Organisation getroffen. Diese wird nämlich entscheidend davon geprägt, ob eine Unternehmung stark expandieren will, ob mittelfristige Gewinnaspekte Vorrang haben oder ob eine Unternehmung die Flexibilität in den Vordergrund stellt, um auf Marktsituationen und technologische Änderungen schnell reagieren zu können.

Dieser grundsätzliche Zusammenhang zwischen Unternehmensstrategie und Organisationsstruktur gilt auch bezüglich des behandelten Interface-Gap. In erster Linie wird die Strukturorganisation von der strategischen Konzeption einer Unternehmung bestimmt. Erst danach können die Besonderheiten des Interface-Gap in der Gestaltung der Organisation berücksichtigt werden.

Die besondere Problematik der Einbettung der EDV-Gruppe in die Struktur besteht in der Notwendigkeit, einerseits der Überbrückung des Interface-Gap zwischen EDV-Spezialisten und Fachabteilungen gerecht zu werden, andererseits die Synergieeffekte der Zentralisierung zu nutzen. Bei dem gegenwärtigen Entwicklungsstand kann EDV grundsätzlich in allen Fachabteilungen eingesetzt werden. Zu allen Bereichen der Organisation müssen deshalb Verbindungen bestehen. Die Unternehmensleitung muß dabei entscheiden, inwieweit und in welcher Form die notwendigen Verbindungskanäle in der Organisationsstruktur institutionalisiert werden.

Im Rahmen der empirischen Orientierung der vorliegenden Arbeit erscheint es zweckmäßig, zunächst realisierte Strukturen zur Einbettung des EDV-Bereichs in die Gesamtorganisation vorzustellen. Hierbei soll überprüft werden, inwieweit dem Interface-Gap Rechnung getragen wird und welche strukturorganisatorischen Trends vorhanden sind. Bestimmte Entwicklungstrends sind hier als Konsequenzen interpretierbar, die aus einem unbefriedigenden Zustand gezogen worden sind.

Im späteren Teil dieses Kapitels zur Strukturorganisation sollen auf der Basis eines informationalen Ansatzes der Organisationsgestaltung potentielle strukturelle Alternativen diskutiert werden, welche die verschiedenen Einflußfaktoren und Komponenten des Interface-Gap berücksichtigen und der Überbrückung des Gap dienen können.

4.1 Realisierte Organisationsstrukturen

4.11 Darstellung realisierter Strukturen

In typisierender Weise sollen im folgenden Organisationsstrukturen dargestellt werden, die zur Einbettung der EDV-Gruppe in die Organisation mit Erfolg realisiert wurden. Eine Typisierung ist deshalb notwendig, weil nicht alle zufriedenstellenden Konzepte, die in vielfältigen Ausprägungen existieren, angeführt werden können. Die beispielhaften Fälle A,B,C,D sollen dazu dienen, die Spannweite der Möglichkeiten einzufangen und grundsätzliche Unterschiede aufzuzeigen.[1]

Die Darstellung stützt sich vor allem auf eine empirische Untersuchung von Sollenberger (NAA-Research Study)[2] und auf eine in Zusammenarbeit mit Unternehmensführern durchgeführte Studie des Studienkreises Dr. Meller.[3] Die aus den Organigrammen der vier Strukturtypen schon ersichtlichen Besonderheiten sollen im folgenden kurz erläutert werden.

Im Fall A (Abbildung 4.1) ist die EDV-Gruppe zentral und auf oberer Ebene als Stab in die Organisationsstruktur eines großen, divisionalisierten Unternehmens eingegliedert. Der EDV-Leiter ist über den Leiter des gesamten Vorstandsstabes mit der Unternehmensleitung verbunden. Der EDV-Bereich selbst ist untergliedert in Systementwicklung, Programmierung und in das eigentliche Rechenzentrum (Durchführung der EDV-Operationen). Zu den Fachbereichen existieren innerhalb dieser Strukturorganisation keine direkten formalen Verbindungen.

Im Fall B besteht auf der höchsten Unternehmensebene eine funktionsorientierte Gliederung, hier in Produktion, Allgemeine Verwaltung, Kaufmännischer Bereich. Die EDV-Gruppe ist über den zentralen Stab dem Leiter der Allgemeinen Verwaltung unterstellt. Neben der EDV-Gruppe existiert eine Organisationsabteilung. Eine

1 Vgl. zu der Darstellung realisierter Organisationsstrukturen insbesondere Sollenberger, H.M., Information Systems Development, 1971; Meller, F. (Studienkreis Dr. Meller), Datenverarbeitungsstelle und ihre Einordnung, 1967; Grochla, E., Unternehmungsorganisation, 1972, S. 178 ff.; Zwicker, E., Personelle Organisation in der EDV, 1970, S. 70 ff..

2 Vgl. Sollenberger, H.M., Information Systems Development, 1971, S. 61 ff..

3 Vgl. Meller, F. (Studienkreis Dr. Meller), Datenverarbeitungsstelle und ihre Einordnung, 1967.

Überlappung von Zuständigkeiten und eine deshalb notwendige enge Zusammenarbeit zwischen Organisation und EDV dürfte aus dieser Konstellation zwangsläufig folgen. Festzustellen ist, daß auch bei dieser relativ häufig realisierten Organisationsform keine direkten organisatorischen Verbindungen zu den einzelnen Fachabteilungen existieren.

Bei dem vorliegenden starken Gewicht der Allgemeinen Verwaltung könnte jedoch die Durchsetzung von EDV-Anwendungen eine fundierte Unterstützung haben. Dies wäre dann zu erwarten, wenn die Spitzenposition in diesem Bereich mit einem für die EDV aufgeschlossenen Manager besetzt ist.[1]

Im Fall C ist die EDV-Gruppe ebenfalls dem Bereich der zentralen Verwaltung zugeordnet. Der Leiter der EDV-Aktivitäten ist hier direkt dem Verwaltungsleiter, welcher Mitglied der Geschäftsleitung ist, unterstellt.

Der EDV-Bereich selbst ist stärker differenziert. Die größere Differenzierung resultiert insbesondere aus der Tatsache, daß diese Unternehmung große Anstrengungen auf dem Gebiet komplexer computergestützter Management-Informations-Systeme unternimmt. Der EDV-Bereich hat deshalb neben dem eigentlichen Rechenzentrum drei weitere Abteilungen: Entwicklung Managementsysteme, Systemforschung und -entwicklung, Entwicklung technischer Systeme. In der besonders interessierenden Abteilung "Managementsysteme" ist die weitere Untergliederung funktionsorientiert (siehe Abbildung 4.3).

Dieser Typ C der Organisationsstruktur erscheint kennzeichnend für ein größeres Unternehmen, in dem der Einsatz der EDV schon einen höheren Reifegrad hat. Zu beachten bleibt, daß bei dieser Strukturierung zwar eine Funktionsorientierung in der Entwicklungsgruppe

---

1 Vgl. zu diesem Zusammenhang auch Abschnitt 2.124.1 "Verfügung über Aufwendungen und Erträge".

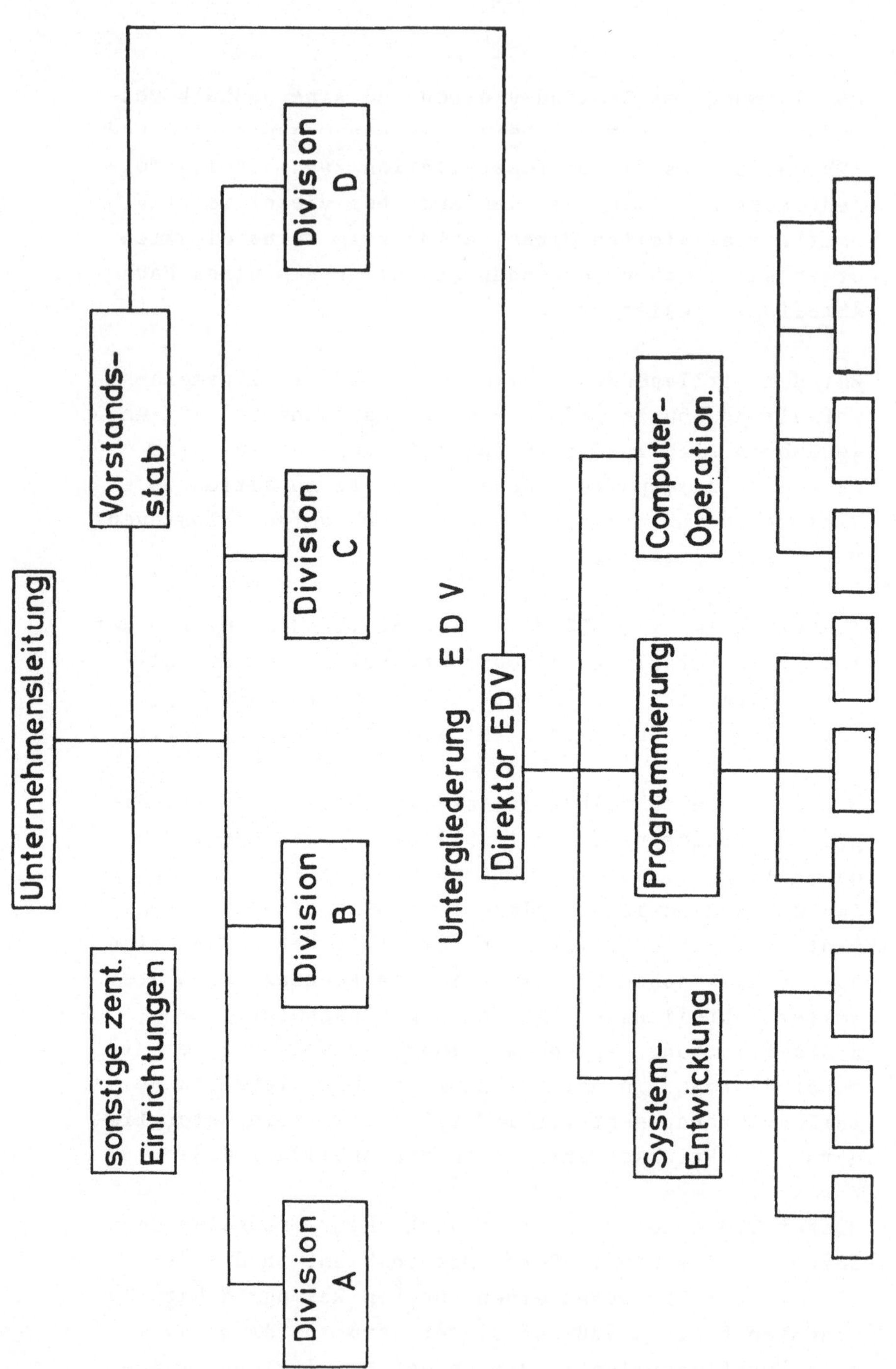

Abb. 4.1: Realisierte Organisationsstrukturen: Typ A

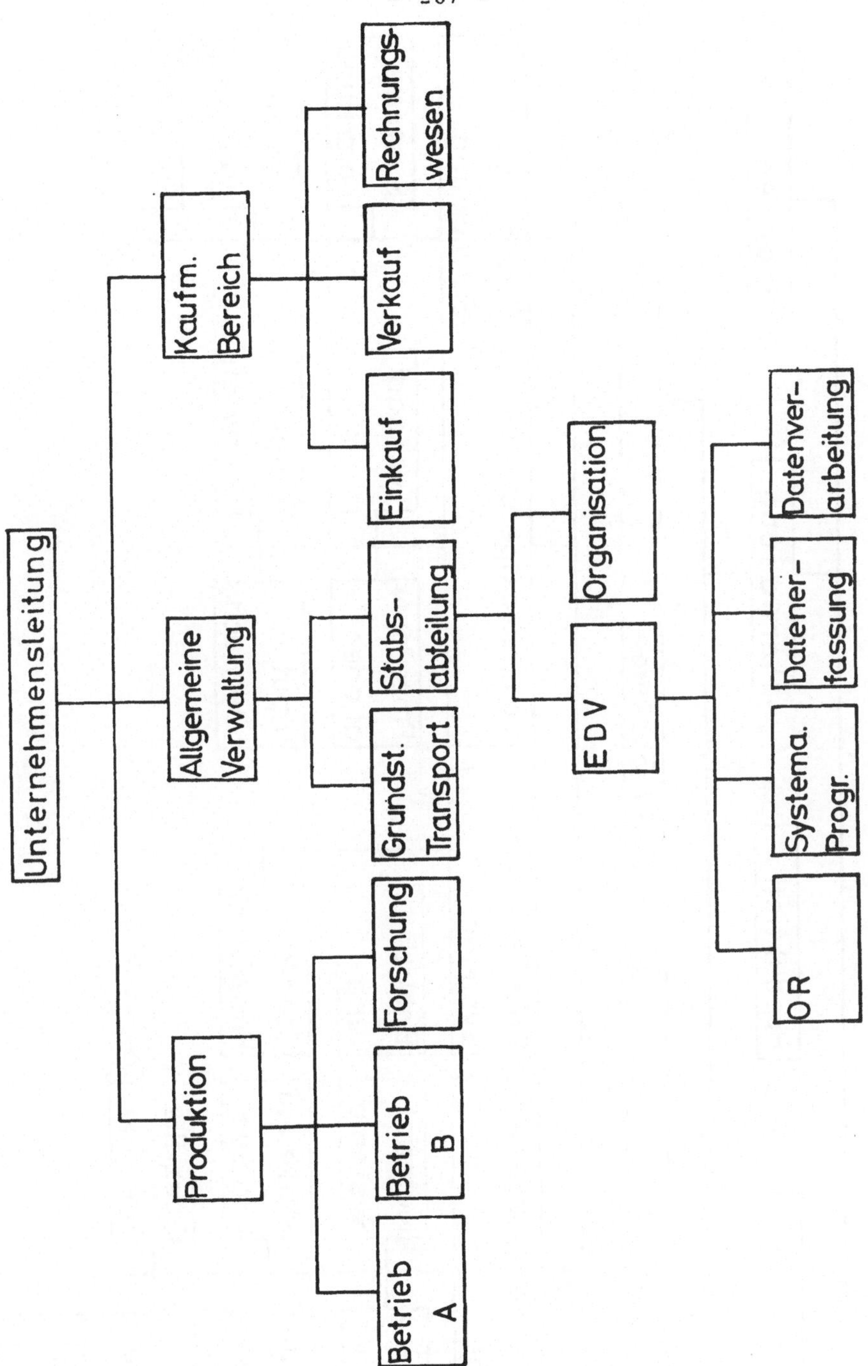

Abb. 4.2: Realisierte Organisationsstrukturen: Typ B

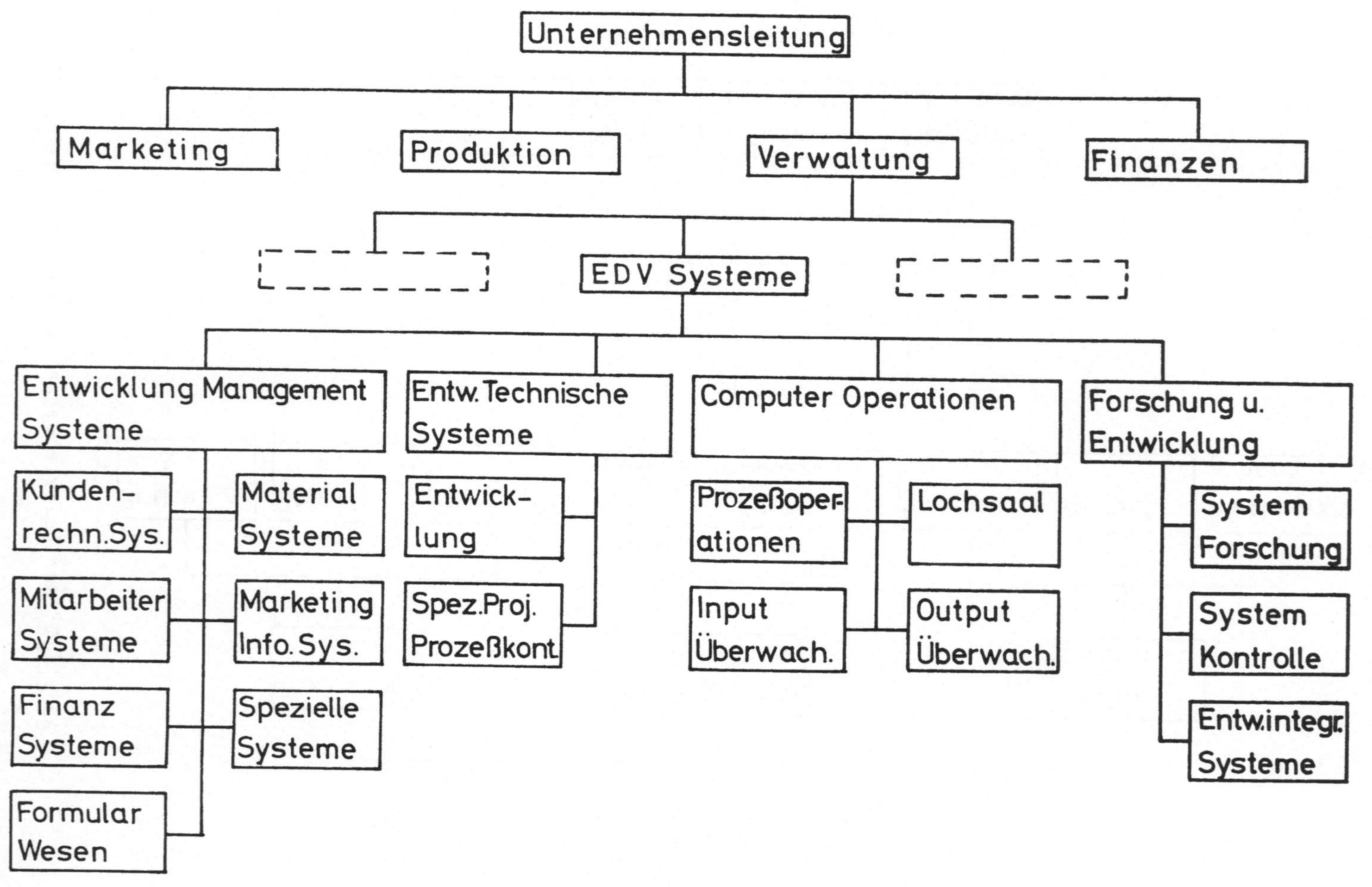

Abb. 4.3: Realisierte Organisationsstrukturen: Typ C

für Managementsysteme herrscht, daß aber insgesamt der EDV-Bereich des Unternehmens zentralisiert ist. Die Vorteile der Funktionsorientierung in der zentralen Gruppe sind in der funktionalen Spezialisierung des EDV-Entwicklungspersonals und der Existenz fester Interaktionspartner für die Funktionsbereiche zu sehen.

Eine organisatorische Dezentralisierung in wichtigen Subfunktionen der EDV ist im Fall D verwirklicht, wie aus der Abbildung 4.4 zu ersehen ist. Bei der vorliegenden mehrdimensionalen Gliederung der Unternehmung auf oberster Organisationsebene sind in den einzelnen Sparten dezentrale EDV-Gruppen angesiedelt. Dem Zentralbereich Verwaltung ist aber auch hier ein zentrales Ressort "Informationssysteme" zugeordnet, das wichtige Koordinierungs- und Zentralaufgaben wahrnimmt. Insbesondere existiert ein starker zentraler Hardware-Bereich einschließlich der Datenbanksysteme.

Dem zentralen Rechenzentrum unterstehen bei der Struktur vom Typ D einige wenige divisionale Rechenzentren. Zwischen dem zentralen Rechenzentrum sowie den zentralen Kommunikationseinrichtungen und Datenbanksystemen bestehen ständige direkte Verbindungen zu den dezentralisierten EDV-Gruppen in den einzelnen Sparten. Die dezentralen EDV-Gruppen haben grundsätzlich die gleiche Gliederung wie auf der Konzernebene. Eine solche organisationale Einkettung der EDV-Aktivitäten ist typisch für einen großen Konzern, dessen Struktur auf der obersten Ebene mehrdimensional gegliedert ist.

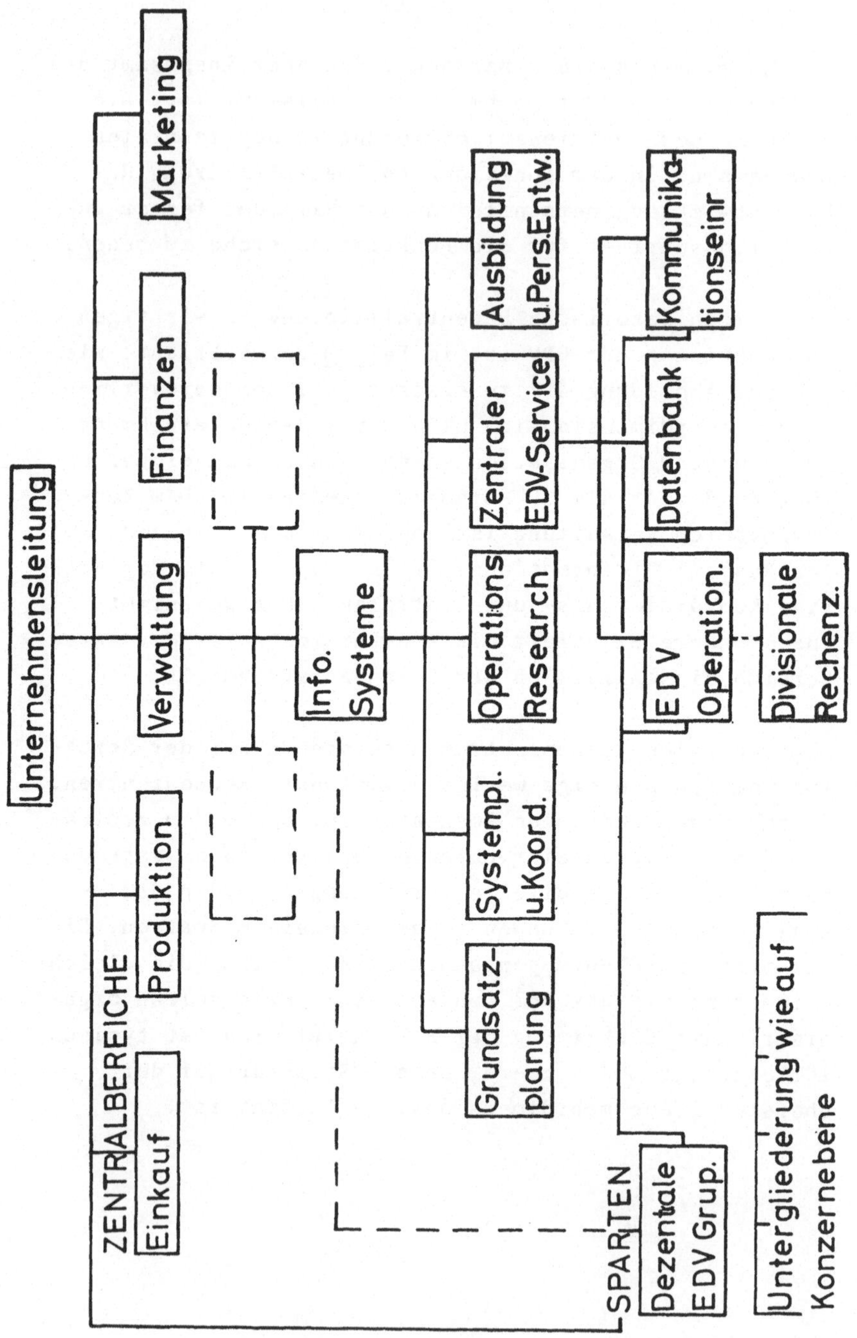

Abb. 4.4: Realisierte Organisationsstrukturen: Typ D

4.12 Strukturunterschiede und Entwicklungstendenzen

Die oben beschriebenen Typen realer Strukturen zur organisatorischen Einbettung des EDV-Bereichs spiegeln eine bestimmte historische Entwicklung wieder. Die EDV-Gruppe wurde anfangs fast immer als Stab in die Organisationen eingefügt (Typ A und B). Mit zunehmender Etablierung der EDV in Organisationen wurde die EDV-Gruppe zunehmend in die Linienorganisation eingegliedert (Typ C und D). Erst in jüngerer Zeit ist zusätzlich in einigen Unternehmen eine dezentrale Entwicklung hinsichtlich der EDV-Eingliederung festzustellen.

Die verschiedenen Erscheinungsformen der organisatorischen Einbettung der EDV und bestimmte Entwicklungstendenzen können auf die folgenden Variablen zurückgeführt werden:

1. Grad der Zentralität
2. Grad der Unabhängigkeit
3. Hierarchische Ebene
4. Laterale Verbindungen

Zu 1: Starke Zentralität scheint für die EDV das vorherrschende Prinzip zu bleiben.[1] In fast allen Unternehmen und Verwaltungen ist eine meist relativ starke zentrale EDV-Gruppe vorzufinden. Aufkommende dezentrale Tendenzen beziehen sich nur auf Teilbereiche der EDV-Funktion.

Die starke Zentralität findet ihre Begründung vor allem in den damit verbundenen positiven Synergieeffekten. Dies gilt in besonderem Maße für den Hardware-Bereich, der durch große "economies of scale"[2] gekennzeichnet

---

1 Vgl. auch Sollenberger, H.M., Information Systems Development, 1971, S. 61 ff.; Brink, V.Z., Computers and Management, 1971, S. 63 ff.; Reif, W.E., Monczka, R.M., Locating the Systems Department, 1973, S. 28 ff..

2 Vgl. auch Abschnitt 3.2 "Führungsbedingungen im Interface zwischen EDV und Management".

ist. Aber auch für den Software-Bereich und den personellen Sektor sind wichtige Synergieeffekte einer Zentralisierung vorhanden. Vorteile entstehen bei der Entwicklung von Grundlagen-Software und durch die bessere Koordination der Anwendungssubsysteme für die einzelnen betrieblichen Bereiche in Hinblick auf das Gesamt-EDV-Anwendungssystem einer Organisation. Auch dürften Parallel- bzw. Doppelentwicklungen bei der Software vermieden werden können. Auf dem personellen Sektor ergeben sich Vorteile aus der zentralen Führung und Kontrolle des EDV-Personals und der potentiell hohen Spezialisierung der einzelnen EDV-Mitarbeiter.

Das zentrale, große Rechenzentrum und eine starke zentrale EDV-Gruppe dürften deshalb auch weiterhin dominieren. Dies könnte sich höchstens durch bisher noch nicht absehbare Entwicklungen im Mikro- und Mini-Computer-Bereich[1] ändern. Die bisher schon häufiger vorhandenen dezentralen Kommunikationseinrichtungen wie Bildschirmgeräte und Terminals sollten dagegen nicht als auf die EDV-Gruppe bezogene Dezentralisierung mißverstanden werden.

Vorhandene Dezentralisierungstendenzen beziehen sich vor allem auf die Zuordnung eines Teils der Systemanalytiker und Programmierer zu Anwenderabteilungen. Durch eine funktionale Orientierung dieser EDV-Spezialisten und darüberhinaus sogar durch eine Ansiedlung des Systementwicklungspersonals in Anwenderabteilungen soll eine bessere Ausrichtung der Systementwicklung auf die Benutzerbedürfnisse erreicht werden. Diese Tendenzen, die auch engere Kontakte zwischen EDV-Spezialisten und Anwendermanagement begünstigen, können als ein wesentlicher Lösungsbeitrag zur Überwindung des Interface-Gap angesehen werden.

---

1 Vgl. z.B. Farber, D.J., Minis zum Verschwenden, 1976, S. 4 ff.; Grochla, E., Informationssysteme, 1975, S. 106.

Zu 2: In der Realität ist ein eindeutiger Trend zu einer größeren organisationalen Unabhängigkeit der EDV-Gruppe festzustellen. Die anfänglich dominierende Zuordnung zum Finanz- oder Rechnungswesen wurde häufig aufgehoben. Nach einer Studie von Schoderbeck und Babcock sank z.B. bei einem Sample von 109 Firmen die Einbettung in das Rechnungswesen von ursprünglich 69,7 % auf 45,0 % im Jahre 1969.[1] Von den Befragten meinten sogar 95,4 %, daß die EDV-Abteilung eine unabhängige Eingliederung haben sollte.[2] In einer 1973 durchgeführten Studie von Reif und Monczka hatten bei einem kleineren Sample schon 70 % eine unabhängige Position.[3] Auch die Studien von Brink und von Radnor/Neal bestätigen den Trend zur neutralen Position bzw. zur neutralen Eingliederung der EDV-Gruppe.[4]

In amerikanischen Unternehmen wird zunehmend ein Informations-System-Bereich geschaffen, der direkt einem "Vice President" unterstellt ist.[5] In den bundesdeutschen Firmen dürfte dieser Konstellation ein Zentralbereich Verwaltung vergleichbar sein, dem das Rechen-

---

1 Vgl. Schoderbeck, P.P., Babcock, J.D., The Proper Placement of Computers, 1972, S. 247 f..

2 Vgl. Schoderbeck, P.P., Babcock, J.D., The Proper Placement of Computers, 1972, S. 247 ff..

3 Vgl. Reif, W.E., Monczka, R.M., Locating the Systems Department, 1973, S. 28 ff..

4 Vgl. Brink, V.Z., Computers and Management, 1971, S. 75 u. S. 81; Radnor, M., Neal, R.D., The Progress of Management-Science Activities, 1973, S. 427 ff..

5 Vgl. Brink, V.Z., Computers and Management, 1971, S. 78 ff.; Radnor, M., Neal, R.D., The Progress of Management-Science Activities, 1973, S. 427 ff.; Stone, M.M., Tarnowieski, D., Management Systems, 1972. Nach der Umfrage der American Management Association (AMA) hatten in den Firmen die Information Systems Executives folgende Aufgabenbereiche:

	Häufigkeit der Nennung
Systems Design	84 %
Computer Programming	70 %
Hardware Planning	66 %
Computer Operations	53 %
Operations Research	29 %
Other(s)	40 %

zentrum (einschließlich Systemanalyse und Programmierung) eingegliedert ist. In der BRD ist auch noch häufig eine Zentralabteilung Organisation und EDV vorzufinden, die als Stabsabteilung dem Vorstand zugeordnet ist.[1] Auch hierdurch wird die Tendenz zu größerer organisatorischer Unabhängigkeit sichtbar.

Die Entwicklung zu größerer Unabhängigkeit der EDV-Gruppe von bestimmten Funktionen (Produktion, Rechnungswesen, Finanzwesen) läßt sich folgendermaßen erklären: Eine frühere Anbindung z.B. an das Rechnungswesen war durchaus logisch, weil die EDV in der Anfangsphase nur in diesem Bereich eingesetzt war. Bei dem gegenwärtig möglichen Einsatz der EDV zur Unterstützung von Management-Entscheidungen, von dem besondere Erträge erwartet werden, sollte die EDV-Gruppe ihre Ressourcen jedoch für alle Funktionen in gleichem Maße anbieten. Nur so können die Chancen der EDV-Anwendung zielgerichtet für die Unternehmung genutzt werden.

Eine Zuordnung zu einer Funktion erschwert die effiziente Lösung der Prioritätenprobleme, weil die Neutralität gegenüber den verschiedenen Fachabteilungen nicht gewährleistet ist. Es ist nämlich zu erwarten, daß bei einer Einbettung der EDV-Gruppe z.B. in das Finanzwesen die Aufgaben dieses Bereichs vorrangig in die Entwicklungsvorhaben einbezogen werden und so die Allokation der Ressourcen zu wenig auf die Gesamtzielerreichung der Organisation ausgerichtet ist. Falls dieses sachliche Problem in einer Unternehmung geringe Bedeutung haben sollte, ist doch zu berücksichtigen, daß die anderen Funktionsbereiche sich benachteiligt fühlen können und daraus Konflikte mit unnötigen Reibungsverlusten entstehen. Aufgrund dieser Überlegungen ist offensichtlich, daß eine unabhängige Eingliederung

1 Vgl. auch Zwicker, E., Personelle Organisation in der EDV, 1970, S. 70 ff..

der EDV-Gruppe bestimmte Einflußfaktoren und Barrieren beseitigen kann, die eine effiziente Nutzung der EDV behindern.

Andererseits sollte nicht übersehen werden, daß durch die Herauslösung aus einer Funktion die Unterstützung durch die Leitung dieses speziellen Funktionsbereichs verloren geht. Dadurch könnte das Durchsetzungsvermögen bei den erforderlichen Änderungsprozessen geschwächt werden. Aber vermutlich wird dieser in manchen Unternehmen vorhandene Nachteil insgesamt weit weniger stark wiegen als die Vorteile der Unabhängigkeit.

Bei einer unabhängigen organisatorischen Eingliederung der EDV ist vor allem auch eine verbesserte Führung der EDV-Gruppe selbst zu erwarten. Die historisch gegebene starke Einwirkung einer Fachabteilungsleitung (z.B. Finanzwesen) auf Führung und Organisation der EDV-Abteilung hat häufig wegen der besonderen Situations- und Interessenlage dieses Bereichs zu sachfremden Einflüssen geführt. Den besonderen Führungsbedingungen und -erfordernissen im Interface zwischen EDV und Management wurde dagegen im allgemeinen nicht Rechnung getragen. Die EDV gehörte vielmehr nur am Rande auch mit zum Ressort und wurde bei Bedarf lediglich als Prestigeobjekt vorgezeigt.[1]

Zu 3: Die dritte der angeführten Variablen hinsichtlich der Eingliederung der EDV, die Hierarchieebene, kann nicht isoliert von dem Faktor "Unabhängigkeit von einer Funktion" gesehen werden. Wie oben erwähnt kann die Unabhängigkeit in einem geringeren Durchsetzungsvermögen resultieren. Soll aber ein adäquates Durchsetzungsvermögen, das nach verschiedenen Untersuchungen ja besonders wichtig für den Erfolg der EDV ist[2], er-

1 Vgl. auch Appelshäuser, G., Einfluß des Computers, 1972, S. 38 ff..

2 Vgl. McKinsey & Company Inc., The Computer's Profit Potential, 1970, S. 154 ff.; Mumford, E., Banks, O., The Computer and the Clerk, 1967; Holland, E. et al., Socio-technical aspects of mis, 1974, S. 14 ff.; Lonnstedt, L., Factors to Implementation, 1975, S. 23 ff..

halten bleiben oder überhaupt erst erreicht werden, so müßte die Berücksichtigung dieses Zusammenhangs zur Ansiedlung der EDV-Gruppe auf einer höheren Organisationsebene führen. Dies wird tatsächlich durch mehrere amerikanische Untersuchungen aufgezeigt.[1] Beispielhaft soll das Ergebnis der "AMA-Research Study" zur Situation in den USA vorgestellt werden (vgl. Abbildung 4.5). In vielen Fällen zeigt sich eine Anhebung um etwa eine organisatorische Stufe für den Zeitraum von 1965 bis 1970.

Von Interesse ist auch die Hierarchieebene der Personen, denen der EDV-Leiter direkt verantwortlich ist. Die Abbildung 4.5 zeigt, daß dies schon 1972 oft die höchste oder die zweithöchste Ebene war und ein weiterer Trend nach oben erwartet wurde.[2] Diese Entwicklungen zu einer höheren Einstufung der EDV bieten im strukturorganisatorischen Rahmen gewisse Voraussetzungen für die häufig geforderte Unterstützung des Top-Managements bei der MIS-Gestaltung.[3]

Nach der Diskussion der Variablen Zentralität, Unabhängigkeit und organisatorische Ebene der EDV-Gruppe ist viertens schließlich noch die <u>Art und Ausprägung der lateralen Verbindungen</u> zu den Anwenderabteilungen zu diskutieren. Wegen der besonderen Bedeutung dieser Verbindungen wird hierauf im nächsten Abschnitt in grundsätzlicher Weise eingegangen. Die systematische Ableitung verschiedener Strukturierungsalternativen erfolgt auf der Basis eines informationalen Ansatzes.

---

1 Vgl. Reif, W.E., Monczka, R.M., Locating the Systems Department, 1973, S. 28 ff.; Schoderbeck, P.P., Babcock, J.D., The Proper Placement of Computers, 1972, S. 247 ff.; Stone, M.M., Tarnowieski, D., Management Systems, 1972.

2 Interessant erscheint hinsichtlich dieser Erwartungen auch der besonders ausgeprägte Optimismus der EDV-Spezialisten.

3 Vgl. Abschnitt 2.133 "Prozeßorientierte Analyse der Rollenverteilung".

Organisatorische Einordnung des EDV-Leiters

Hierarchieebene	vor 5 Jahren Anzahl der Nennungen		heute Anzahl der Nennungen		heute in 5 Jahren Anzahl der Nennungen	
	M	SP	M	SP	M	SP
Manager	138	191	131	133	64	64
Director	18	69	42	147	61	104
Treasurer or Controller	26	32	16	15	18	10
Vice President	15	15	18	48	68	163
Other	21	28	13	13	9	8

Position, der gegenüber sich der EDV-Leiter direkt verantworten muß

Hierarchieebene	vor 5 Jahren Anzahl der Nennungen		heute Anzahl der Nennungen		heute in 5 Jahren Anzahl der Nennungen	
	M	SP	M	SP	M	SP
Director	14	29	9	29	4	18
Treasurer or Controller	93	153	62	80	44	30
Vice President	74	94	113	138	105	123
President	23	31	30	76	53	150
Other	13	30	4	33	14	35

M = Manager

SP = EDV-Spezialisten

Abb. 4.5: Hierarchische Ebene der EDV

Quelle: Stone, M.M., Tarnowieski, D., Management Systems, 1972, S. 32.

4.2 Organisatorische Gestaltung im Interface auf der Grundlage eines informationalen Ansatzes[1]

4.21 Grundlagen

Organisationsgestaltung dient neben der Ordnung der Aufgabenverteilung und neben der Durchsetzung legitimer Machtansprüche vor allem der zieladäquaten Abstimmung aller Einzelentscheidungen. Zu diesem Zweck müssen zwischen den Entscheidungsträgern Koordinationsinformationen ausgetauscht werden. Hierfür gilt: Die Menge der Koordinationsinformationen, die während der Aufgabendurchführung zwischen den Entscheidern ausgetauscht werden muß, ist umso größer, je mehr Ungewißheit bei einer Aufgabe herrscht. Auf diesem Zusammenhang basiert der informationale Ansatz von Galbraith.[2]

Variationen in der Organisationsgestaltung sind deshalb vor allem zu sehen als Reaktionen auf unterschiedliche Grade von Unsicherheit.[3] Die Organisationsstruktur nämlich ist elementares Instrument, um die einzelnen Entscheidungsträger in eine durch "bounded rationality" (begrenzte Rationalität) gekennzeichnete Entscheidungssituation zu bringen.[4] Das heißt, für das einzelne Organisationsmitglied werden mittels der Organisationsstruktur übersehbare Subumwelten geschaffen, um Komplexität und Unsicherheit der Aufgabe zu vermindern.

---

1 Vgl. Galbraith, J.R., Organization Design, 1974; Galbraith, J.R., Determinants of organization structure, 1975.

2 Vgl. Galbraith, J.R., Organization Design, 1974, S. 28 ff..

3 Dieses Konzept ist in enger Verbindung zu dem häufig genannten Organisationskriterium Flexibilität bzw. Anpassungsfähigkeit zu sehen; vgl. hierzu Grochla, E., Unternehmungsorganisation, 1972, S. 148 ff..

4 Vgl. March, J.G., Simon, H.A., Organizations, 1958, S. 202 ff.; Thompson, J.D., organizations in action, 1967, S. 54.

Der in Abbildung 4.6 wiedergegebenen Systematik organisatorischer Gestaltungsalternativen[1] liegt ein zunehmender Grad von Unsicherheit in der Organisationsumwelt zugrunde. Daraus ergibt sich die grundsätzliche Reihenfolge der Alternativen. Die ersten Alternativen (1.) Regeln und Programme, (2.) Hierarchie und (3.) Koordination über Ziele sind als die Basisinstrumente anzusehen. Wenn diese Instrumente klassischer Organisationsgestaltung nicht ausreichen, weil die Umwelt zu komplex und unsicher ist, müssen weitere Gestaltungsalternativen entweder zur Reduzierung der Informationsbelastung oder zur Erweiterung der Informationsverarbeitungskapazität der Organisation eingesetzt werden. Als wichtigste Instrumente für die Erweiterung der Kapazität zur Verarbeitung von Koordinationsinformationen sind bei modernen, komplexen Organisationen laterale organisatorische Verbindungen anzusehen.

4.22 Basisinstrumente der Organisationsgestaltung

(1.) Regeln und Programme. Die Ausrichtung der Einzelentscheidungen auf die Organisationsziele kann dann besonders effizient bzw. rational vorgenommen werden, wenn sowohl die Probleme, d.h. die zu lösenden Aufgaben, als auch Umfang und Qualität der zur Verfügung stehenden Mittel bekannt sind.[2] Dann nämlich ist die Etablierung einer Organisationshierarchie nicht notwendig, vielmehr die exakte Regelung der Aufgabendurchführung durch Planung möglich.

1 Vgl. zur Systematik der Alternativen und zur folgenden Diskussion vor allem Galbraith, J.R., determinants of organization structure, 1975, S. 105 ff.; Galbraith, J.R., Organization Design, 1974, S. 28 ff..

2 Vgl. auch Thompson, J.D., organizations in action, 1967, S. 52 f..

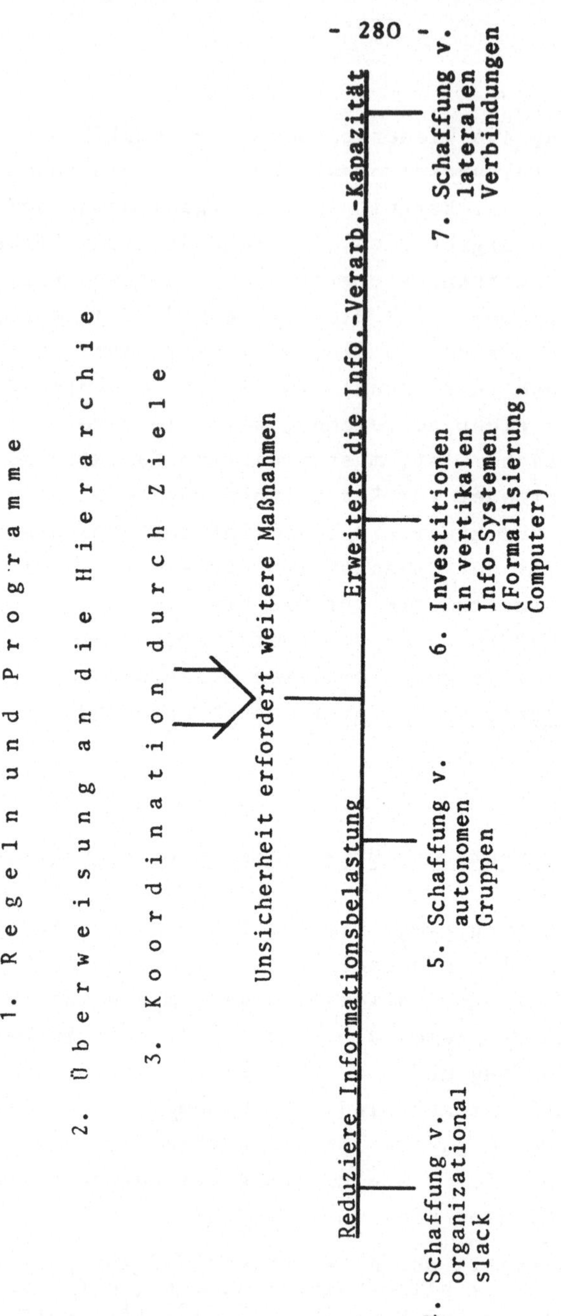

Abb. 4.6: Systematik der Organisationsgestaltung auf informationstheoretischer Grundlage

Quelle: Galbraith, J.R., Organization Design, 1974, S. 30.

Bei Ausnahmen vom Routineablauf, die grundsätzlich bekannt sind, bei denen aber Unsicherheit darüber besteht, wann welches Ausnahmeereignis eintritt, können Entscheidungen durch Regeln festgelegt bzw. programmiert werden. Für diesen Zweck kann insbesondere auch die EDV als organisatorisches Instrument eingesetzt werden.

Im Zusammenhang des Interface-Gap sind jedoch Regeln und Programme als Instrument organisatorischer Gestaltung ohne Bedeutung. Bei der Entwicklung und Implementierung innovativer[1] EDV-Anwendungen sind beide oben genannten Voraussetzungen einer besonders effizienten Nutzung der Ressourcen einer Organisation nicht gegeben. So besteht Unsicherheit nicht nur über die zu lösende Aufgabe, sondern auch über Umfang und Qualität der einsetzbaren Mittel.

(2.) Überweisung an die Hierarchie. Die Organisationshierarchie und ihre Ausgestaltung stehen stark im Vordergrund der Organisationslehre. Einlinien-, Mehrlinien-, Stablinienorganisation; funktions-, produkt-, gebietsorientierter Aufbau; Kontrollspanne[2]; das sind bekannte, zentrale Begriffe, welche die unterschiedlichen Möglichkeiten des Hierarchieaufbaus zeigen. Unter dem Aspekt Koordination aller Entscheidungen dient die Hierarchie dazu, bei dem Eintritt nicht vorhergesehener Situationen zieladäquate Entscheidungen zu ermöglichen. Basisprinzip ist, daß die Entscheidung jeweils demjenigen Entscheidungsträger auf höherer Ebene vorbehalten bleibt, der Zuständigkeit für alle involvierten Teilbereiche besitzt.

---

1 Innovativ = für die betrachtete Organisation (subjektiv) neuartig; vgl. Witte, E., Innovation, 1973, S. 24, Fußnote 1.

2 Die entsprechenden Konzepte sind in allen Lehrbüchern zur Organisation enthalten. Vgl. z.B. Hill, W., Fehlbaum, R., Ulrich, P., Organisationslehre, 1974; Grochla, E., Unternehmungsorganisation, 1972.

Ein Beispiel soll verdeutlichen, wie das Instrument Hierarchie bei der EDV-Anwendung wirkt. Nehmen wir an, es wird ein EDV-Programm für den Marketing-Bereich entwickelt. Im Plan soll das Projekt 120 000 DM kosten und nach 3 Monaten abgeschlossen sein. Am Ende des zweiten Monats ist das Budget von 120 000 DM ausgeschöpft, aber nicht einmal sicher, ob das Projekt überhaupt erfolgreich abgeschlossen werden kann. Diese Problematik dürfte zuerst von den beteiligten EDV-Spezialisten wahrgenommen werden. Die Information darüber müßte weitergegeben werden an den Gruppenleiter, dann an den EDV-Leiter, von dort an den nächsten Vorgesetzten, z.B. Chef allgemeine Verwaltung und weiter an den Leiter der Gesamtorganisation (Unternehmensleitung). Erst dieser nämlich ist der für alle beteiligten Bereiche verantwortliche Entscheider. Bei ihm müßte bei streng hierarchischer Ordnung außerdem eine Information des Finanzbereichs über die Ausschöpfung des Budgets eingehen. Damit auf dieser höchsten Unternehmensebene nun eine zieladäquate Entscheidung getroffen werden kann, müssen noch aus dem Marketing-Bereich Informationen über die Bedeutung des Projektes beschafft werden.

Dieses Beispiel zeigt deutlich, wie schnell bei strenger Einhaltung des Hierarchieprinzips gerade wegen der wenig vorhersehbaren Entwicklung beim EDV-Einsatz die Hierarchiespitze mit Koordinationsinformationen überlastet werden kann. Bei der großen Unsicherheit und Komplexität der Entwicklung computergestützter Systeme sind deshalb weitere organisatorische Mechanismen zur Koordination der Entscheidungen erforderlich.

(3.) Lenkung durch Ziele. Kann der Unsicherheit und Komplexität in Entscheidungssituationen der Organisationsteilnehmer nicht durch Regeln sowie durch Überweisung an die Hierarchie adäquat begegnet werden, dann sollte zunächst die Koordination der Einzelentscheidungen durch Lenkung über Ziele angestrebt werden.[1] Das Verhalten der Organisationsmitglieder wird hierbei nicht mehr direkt festgelegt, sondern indirekt über Ziele und über die Kontrolle der Zielerreichung gesteuert. Die Einzelentscheidungsbereiche werden durch die Formulierung von Subzielen koordiniert. Da die Teileinheiten der Organisation jetzt weniger Entscheidungen an die Hierarchie überweisen müssen, wird die Informationsbelastung entscheidend vermindert.

Voraussetzung der Koordination durch Ziele ist aber, daß operationale Subziele abgeleitet werden können. Für die betriebliche EDV-Anwendung erscheint dies nur in relativ geringem Maße möglich, weil das Interface zwischen EDV und den Fachabteilungen insbesondere durch komplexe Interdependenzbeziehungen und durch Unsicherheit der einzelnen Entscheidungssituation gekennzeichnet ist. Trotz Festlegung von Zielprogrammen dürfte deshalb auch weiterhin die Hierarchie mit Informationsprozessen zur Koordination der Entscheidungen überlastet werden, insbesondere bei großen Organisationen.

Über die bisher genannten klassischen organisatorischen Instrumente hinaus werden weitere Regelungen erforderlich. Zwei grundsätzliche Strategien sind möglich, nämlich entweder Maßnahmen zur Verminderung der Informationsbelastung oder aber zur Erhöhung der Informationsverarbeitungskapazität der Organisation.

---

1 Vgl. auch March, J.G., Simon, H.A., Organizations, 1958, S. 151 ff..

4.23 Gestaltungsinstrumente zur Reduzierung der Informationsbelastung

Organisatorische Maßnahmen zur Reduzierung der Informationsbelastung in der Hierarchie sind die Schaffung von "organizational slack" und die Schaffung autonomer Aufgabenbereiche.

(4.) Schaffung von "organizational slack".[1] Diese Strategie beinhaltet im wesentlichen eine Führung der Organisation "am langen Zügel". Um die Zahl der Ausnahmen, mit denen sich die Hierarchie zu befassen hat, zu senken, werden Planungsziele gelockert, Budgets erweitert. Je größer die Unsicherheit in der Organisationsumwelt, desto mehr müssen Terminziele und Budgets Spielraum haben, um auch bei unvorhergesehenen Ereignissen weiterhin gültig sein zu können. Diese Maßnahmen bedeuten einen Verbrauch zusätzlicher Ressourcen, um Interdependenzen zwischen Teilbereichen zu reduzieren. Dadurch wird Zahl und Umfang der notwendigen Informationsprozesse zur Koordination dieser Bereiche reduziert.

Die Gewährung von "organizational slack" scheint bei der Entwicklung computergestützter Management-Informationssysteme eine häufig angewandte Strategie gewesen zu sein. Vor allem ergab sich diese Strategie oft auch automatisch, weil nicht genügend andere organisatorische Instrumente eingesetzt wurden. Termin- und Budgetüberschreitungen waren bei EDV-Projekten fast die Regel. Obwohl die Strategie der Schaffung von "organizational slack" nicht ganz zu vermeiden sein wird, sollten i.d.R. andere organisatorische Maßnahmen eingesetzt werden. Denn grundsätzlich bedeutet "organizational slack" eine Verschwendung organisationaler Ressourcen bzw. Energien.

---

1 Vgl. zu diesem Begriff u.a. March, J.G., Simon, H.A., Organizations, 1958, S. 126 u. S. 149.

(5.) Schaffung autonomer Aufgabenbereiche. Bei Anwendung dieser Strategie werden Organisationseinheiten geschaffen, die einen bestimmten Output autonom erstellen. Zur Erstellung des festgelegten Output werden den Einheiten alle notwendigen Input-Ressourcen zur Verfügung gestellt.

Im Gesamtrahmen einer Organisation entspricht der Schaffung autonomer Aufgabenbereiche die sogenannte Divisionalisierung.[1] Wird ein Unternehmen divisionalisiert, dann können selbstverständlich diesen autonomen Einheiten auch EDV-Gruppen zur Verfügung gestellt werden, die gegenüber der Zentrale autonom sind. Die normalerweise notwendigen Informationsaustauschprozesse innerhalb des Gesamt-EDV-Bereichs entfallen hierbei. Die so eingegliederte Gruppe kann schneller auf Ereignisse in der Systemumwelt reagieren und dürfte außerdem das Interface zu den Anwendern relativ gut überbrücken können.

Selbstverständlich ist die EDV-Gruppe hier nicht vollständig autonom, sondern der Division zugehörig. Vollständige Autonomität der EDV kann erreicht werden, indem der EDV-Bereich als ein selbständiges Dienstleistungsunternehmen auch rechtlich ausgegliedert oder ihm in praxi eine vergleichbare Stellung eingeräumt wird und die Anwenderabteilungen für die EDV als Dienstleistung zahlen müssen.

Eine weitere Alternative der Schaffung autonomer Gruppen besteht darin, für bestimmte Projekte wie die Entwicklung eines computergestützten Management-Informationssystems diese Gruppen zu bilden. Für den zu erstellenden Output, nämlich die Entwicklung des MIS, werden der gesamte notwendige Input bereitgestellt,

1 Vgl. u.a. Grochla, E., Unternehmungsorganisation, 1972, S. 187 ff.; Hill, W., Fehlbaum, R., Ulrich, P., Organisationslehre, 1974, S. 178 ff..

d.h. Sachmittel und Personal. Die Schaffung solcher autonomer Einheiten dürfte jedoch nur in Ausnahmefällen zielgerecht sein, nämlich wenn die Größe des Projektes eine sinnvolle Ausgliederung von Sach- und Personalmitteln erlaubt. Im Normalfall müßte dabei auf zuviel Vorteile einer Spezialisierung des EDV-Personals verzichtet werden, und es müßten unnötige Doppelkapazitäten bereitgehalten werden. Außerdem dürfte eine solche Ausgliederung das Interface-Gap eher verstärken als verringern.

4.24 Gestaltungsinstrumente zur Erhöhung der Informationsverarbeitungskapazität

Zur Erhöhung der Informationsverarbeitungskapazität können Investitionen in vertikalen Informationssystemen vorgenommen sowie laterale Beziehungen in der Organisationsstruktur geschaffen werden.

4.241 Investitionen in vertikalen Informationssystemen

Bei dieser Strategie (vgl. Punkt (6.) der Abbildung 4.6) geht es vor allem darum, Informationsverarbeitung durch Systematisierung und Formalisierung sowie durch Beseitigung von Redundanz von Ballast zu befreien, um dadurch die Informationsverarbeitungskapazität vor allem der Entscheidungsträger auf hoher Organisationsebene zu erhöhen. Mittel hierzu sind zunächst effiziente Regelungen der Kommunikationsprozesse. Mögliche Vorschriften können z.B. sein: Empfehlungen für Geschäftsaktionen müssen schriftlich eingereicht werden, haben festgelegte Formate und eine vorgegebene Gliederung einzuhalten, dürfen eine bestimmte Seitenzahl nicht überschreiten.

Zur Systematisierung und Komprimierung quantitativer Daten kann auch die EDV selbst eingesetzt werden. Insgesamt gibt es für solche Investitionen in vertikalen Informationssystemen sicherlich noch viele, bisher unausgeschöpfte Chancen. Angesichts des Interface-Gap scheinen jedoch die Kommunikationsschwierigkeiten zwischen EDV-Spezialisten und Management zu verlangen, daß zunächst andere organisatorische Mechanismen eingeführt werden. Erst nach Beseitigung des Communication-Gap dürfte die Kommunikationskapazität der im Interface verantwortlichen Manager durch Formalisierung und Komprimierung von Informationen erhöht werden können.

4.242 Schaffung lateraler Beziehungen

Diese hier zuletzt aufgeführte Strategie (vgl. Punkt (7.) der Abbildung 4.6) organisatorischer Gestaltung dürfte die komplizierteste sein. Sie erscheint aber als die wichtigste zur Überbrückung bzw. Beseitigung des Interface-Gap, weil die Unternehmensleitung durch die Festlegung von Verbindungen entscheidende Weichen für eine effiziente EDV-Anwendung stellen kann.[1] Diese Strategie tritt grundsätzlich bei moderner Organisationsgestaltung für komplexe Organisationen immer mehr in den Vordergrund. Ihre verschiedenen Alternativen werden unter besonderer Berücksichtigung des Interface-Gap zwischen Management und EDV-Spezialisten im folgenden dargestellt.

---

1 Vgl. hierzu auch die positive Wirkung festgelegter Kommunikationskanäle auf die Qualität von Kommunikation (siehe Abschnitt 2.113).

4.242.1 Basisformen lateraler Beziehungen[1]

Direkte Kontakte zwischen Entscheidungsträgern. Obwohl meist formal nicht festgelegt, finden sehr oft direkte Kontakte zwischen Organisationsmitgliedern verschiedener Abteilungen statt. Der Instanzenweg über den nächsten gemeinsamen Vorgesetzten wird vermieden, um möglichst schnell auf ein eintretendes Ereignis reagieren zu können und um die Entscheider der höheren Ebenen von der Informationsbelastung zu befreien.

Die vorhandenen Kommunikationsbarrieren dürften die informale Entstehung solcher direkten Kontakte zwischen EDV-Spezialisten und Funktionsmanagern sehr erschweren bzw. ganz verhindern. Sollte eine direkte Verbindung zwischen einem EDV-Spezialisten und einem Funktionsmanager notwendig sein, dann ist deshalb hier eine formale Festlegung dieses horizontalen Weges besonders wichtig. Anpassungen bei der Entwicklung eines EDV-Programms (z.B. für eine Marketing-Aufgabenstellung), die wegen neu auftretender Probleme relativ häufig notwendig sind, können dann schnell vorgenommen werden. Die direkte Koordination zwischen Systemanalytiker und betroffenem Marketingmanager entlastet vor allem die Hierarchie.

Kommissionen. Bei größeren Aufgabenstellungen und bei vielfältigen Interdependenzen in komplexen Organisationen reichen individuelle Kontakte zwischen Organisationsmitgliedern nicht mehr aus. Will man auf neue Situationen bei relativ instabiler Umwelt schnell reagieren können, dann muß hier horizontale Koordination zwischen einer Mehrzahl von Entscheidern aus verschiedenen Abteilungen erfolgen. Für die Entwicklung computergestützter Informationssysteme erscheint die Etablierung von Kommissionen grundsätzlich sinnvoll, um die

1 Vgl. zu den folgenden Alternativen neben anderen Galbraith, J.R., Organization Design, 1974, S. 28 ff.; Wagner, H., Gestaltungsmöglichkeiten, 1975.

höheren Organisationsebenen von den Informationsverarbeitungsprozessen zur Koordination des EDV-Einsatzes weitgehend zu befreien. Die Kommissionen sollten sich dabei aus Mitgliedern der EDV-Gruppe und aus Mitgliedern der jeweiligen Fachabteilungen zusammensetzen. Entscheidungen können nur bei Einstimmigkeit getroffen werden. Ist diese nicht gegeben, dann muß wieder Koordination über die Hierarchie erfolgen.

Liaison-Rollen. Eine organisatorische Alternative der horizontalen Koordination, die in besonderer Weise den Kommunikationsbarrieren zwischen EDV-Spezialisten und Funktionsmanagern Rechnung trägt, dürfte in der Schaffung von Liaison-Rollen bestehen. Hierzu können sowohl in der EDV-Abteilung als auch in der Anwenderabteilung Positionen geschaffen werden, deren Inhaber mit der Wahrnehmung der erforderlichen Koordinationskontakte zwischen EDV und Anwendern betraut sind. Die Schaffung lateraler Verbindungen im Interface durch eine solche Einrichtung von Liaison-Rollen wurde in großen Firmen häufig durchgeführt.[1] Die Möglichkeiten sind hierbei recht vielfältig. So können z.B. in der EDV-Gruppe einige Systemanalytiker ausschließlich mit abteilungsexternen Kontakten betraut sein. Oder der Assistent eines Linienmanagers erhält diese Aufgabe zusätzlich. Oder ein Manager einer Anwenderabteilung wird für einen längeren Zeitraum hauptamtlich für die notwendigen Koordinationskontakte abgestellt etc.. Auch die befristete Abordnung von Anwendermitarbeitern in die EDV-Abteilung oder umgekehrt kann besonders erfolgreich sein, weil dadurch eine dauerhafte Überwindung von Kommunikationsbarrieren erreicht werden kann.

---

1 Vgl. Kegerreis, R., Conflict and Contrast, 1971, S. 7 ff.; Sollenberger, H.M., Information Systems Development, 1971, S. 79 f.; Huse, E.F., Impact of Computerized Programs, 1967, S. 282 ff.; Brink, V.Z., Computers and Management, 1971, S. 72 ff..

Derartige Liaison-Rollen entlasten wiederum die vertikale Hierarchieverbindung entscheidend von Kommunikationsprozessen. Den großen Unsicherheiten bei der Entwicklung eines Management-Informations-Systems kann somit schon recht befriedigend begegnet werden.

4.242.2 Projektmanagement

Beim Projektmanagement werden organisatorische Strukturen neben der eigentlichen Aufbauorganisation geschaffen[1], die ganz gezielt auf die sachliche und zeitliche Abwicklung eines Projektes ausgerichtet sind, welches als zeitlich begrenzter, wichtiger und innovativer Aufgabenkomplex definiert ist.[2] Das Projektmanagement stellt somit eine speziell geschaffene laterale Verbindung dar, um die Quer-Koordinationsbedürfnisse in einer Organisation zu regeln. Entsprechend der Kompetenzausstattung und der Zuweisung von Personal sind verschiedene Formen des Projektmanagements zu unterscheiden.[3] Bei Projekten der Entwicklung und Implementierung computergestützter Management-Informations-Systeme können abhängig von der spezifischen Situation einer Organisation alle Formen potentiell eingesetzt werden.

In der einfachsten Form hat der Projektmanager keine Entscheidungskompetenz und verfügt über keine speziellen Ressourcen. Ihm ist jedoch die Verantwortung für das Projekt, d.h. vor allem die Aufgabe der Koordination und Überwachung des Projektes anvertraut. Die

---

1 Vgl. auch Grochla, E., Unternehmungsorganisation, 1972, S. 205.

2 Vgl. Hill, W., Fehlbaum, R., Ulrich, P., Organisationslehre, 1974, S. 201 f.; Steiner, G.A., Ryan, W.G., Project Management, 1968, S. 1.

3 Vgl. Hill, W., Fehlbaum, R., Ulrich, P., Organisationslehre, 1974, S. 201 f.; Grochla, E., Unternehmungsorganisation, 1972, S. 205 ff..

Entlastung der Hierarchie von Informationen und Entscheidungen aufgrund neuer Ereignisse erfolgt hier dadurch, daß der Projektmanager zentral Informationen über Störungen im Projektablauf erhält und die notwendigen Reaktionen bzw. Entscheidungen durch Kontaktaufnahme mit den Linienmanagern herbeiführt. Bei der Entwicklung eines computergestützten MIS wurde meist ein Projektmanager bestimmt.[1] Dieser war i.d.R. ein EDV-Spezialist, weil umfangreiche Koordination vor allem in der EDV-Abteilung selbst notwendig ist und weil auch Funktionsmanager kaum bereit sind, diese Rolle zu übernehmen.

Da ein Projektmanager ohne Entscheidungskompetenzen nicht die volle Verantwortung für ein EDV-Projekt übernehmen kann, wird er zum Teil mit Entscheidungskompetenzen ausgestattet. Ein noch größeres Gewicht bekommt das Projektmanagement, wenn dem Projektmanager Personal direkt unterstellt ist, das entweder ganz für das Projekt abgeordnet wurde oder aber die neue Aufgabe neben den bisherigen Tätigkeiten durchführt. Hierdurch entsteht eine parallele Linienorganisation mit dem Projektleiter an der Spitze neben der normalen Organisationsstruktur. Diese Form wird auch als Task-Force Organisation bezeichnet.[2]

In Abbildung 4.7 ist eine Task-Force Organisation dargestellt, wie sie bei komplexen EDV-Anwendungen bei verschiedenen Firmen angewandt worden ist. Auf höherer Unternehmensebene werden die Aktivitäten durch ein Steering Committee gelenkt. Dem Projektmanager ist ein

---

1 Vgl. Meffert, H., Computergestützte Marketing-Informationssysteme, 1975, S. 77 ff.; Köhler, R., Informationssysteme, 1971, S. 27 ff.; Brink, V.Z., Computers and Management, 1971, S. 50; Zuberbühler, H., Elektronische Datenverarbeitung, 1972, S. 121 ff. u. S. 56 ff..

2 Vgl. Hill, W., Fehlbaum, R., Ulrich, P., Organisationslehre, 1974, S. 203; Soltis, R.J., Managing Change, 1970, S. 7.

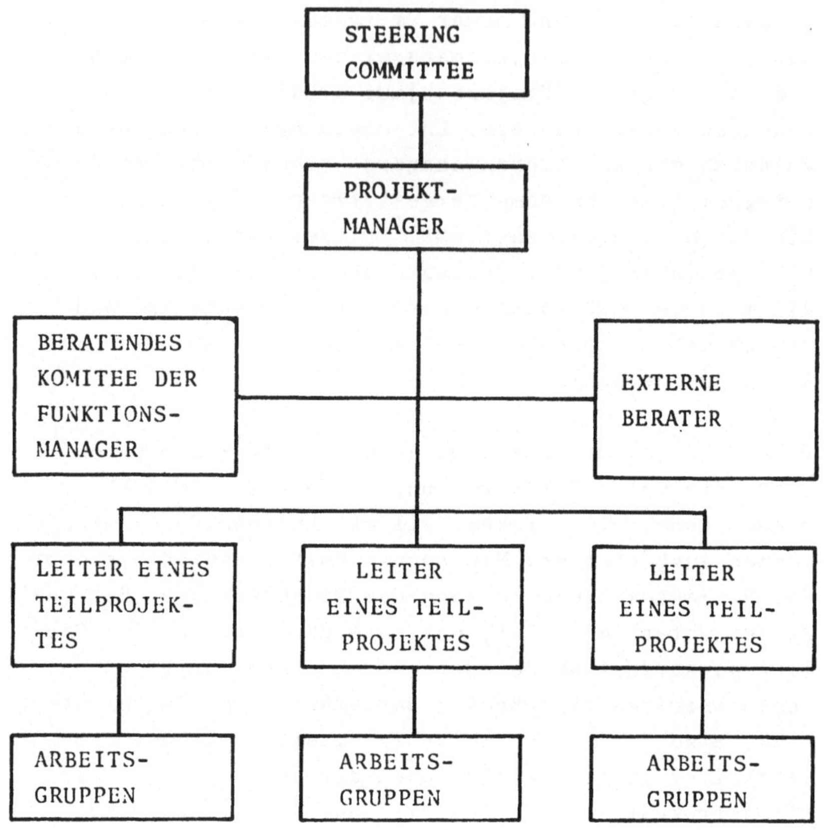

Abb. 4.7: Task Force Organization

Quelle: Soltis, R.J., Managing Change, 1970, S. 7.

beratendes Komitee aus den betroffenen Anwenderabteilungen zugeordnet. Außerdem können hier auch externe Berater eingebunden sein. In der hier vorgestellten Form ist überdies das gesamte EDV-Projekt in drei Teilprojekte aufgegliedert. Die entsprechenden Projektgruppen werden wiederum von Projektleitern auf untergeordneter Ebene geführt.

4.242.3 Matrixorganisation

Eine dauerhafte und wohl die konsequenteste Verwirklichung lateraler Verbindungen in einer Organisation wird durch die Matrixorganisation[1] ermöglicht. Sie bedeutet eine gleichzeitige Strukturierung nach mehreren Dimensionen auf einer Organisationsebene, wobei in der Praxis vor allem die zweidimensionale Form relevant ist.[2] Wenn Gliederungskriterien z.B. Produkte unf Funktionen sind, so werden Leitungsfunktionen nach diesen zwei Dimensionen aufgeteilt. Diese grundsätzliche Verantwortungsteilung läßt ein Gleichgewicht der Macht zwischen den Subsystemen Funktionen und Produkte entstehen und bewirkt einen ständigen Zwang zur Kooperation und Koordination auf mittlerer Organisationsebene. Die Spitzen der Subsysteme Produkte können in Hinblick auf die vorgestellte Systematik auch als mit Entscheidungskompetenzen und Macht versehene und dadurch aufgewertete laterale Rollen (Träger der horizontalen Verbindung) verstanden werden, die gleichberechtigt zu den ursprünglich nur funktionalen Leitungsrollen geworden sind.

---

1 Vgl. zu Matrixorganisation u.a. Grochla, E., Unternehmungsorganisation, 1972, S. 205 ff.; Schneider, S., Matrixorganisation, 1974; Dullien, M., Flexible Organisation, 1972.

2 Vgl. auch Schneider, S., Matrixorganisation, 1974, S. 17.

Im Interface zwischen EDV und Anwenderabteilungen kann eine Matrixstruktur in der Weise verwirklicht werden, daß die EDV-Gruppe a) nach EDV-spezifischen Funktionen wie MIS-Entwicklung, Programmierung, Dateiverwaltung, Systemwartung, Kommunikationseinrichtungen, EDV-Operationen und b) nach einer Orientierung auf die verschiedenen Benutzer hin gegliedert ist. Neben der Gliederung nach EDV-Funktionen sind dann Mitglieder der EDV-Gruppe Anwenderbereichen wie dem Finanzbereich, dem Marketingbereich, der Produktion zugeordnet. Im Ansatz ist eine solche zweidimensionale Struktur in manchen Unternehmen vorhanden, indem das Systementwicklungspersonal benutzerorientiert differenziert ist.[1] Aber dies kann noch nicht als echte Matrix-Struktur angesehen werden.

Eine echte Matrix-Struktur im Interface zwischen EDV und Anwenderabteilungen ist erst dann gegeben, wenn die Verantwortung für die Entwicklung eines MIS zwischen Anwendern und EDV geteilt ist und die Mitglieder der Systementwicklungsgruppe gleichzeitig gleichrangigen Vorgesetzten aus der EDV und der Anwenderabteilung unterstellt sind.

Um den besonderen Notwendigkeiten zur Überbrückung bzw. Überwindung des Interface-Gap adäquat Rechnung zu tragen, könnte die Form einer teamorientierten Matrixorganisation[2] im Interface zwischen EDV und Fachabteilungen eine besonders vielversprechende Alternative sein. Hierbei würden Mitarbeiter aus der EDV und Mitarbeiter aus den Anwenderabteilungen in Teams zusammengeführt, deren Aufgabenstellung der optimale Einsatz der EDV in der jeweiligen Fachabteilung ist. Auch diese Teams sind gleichzeitig EDV- und Anwenderabteilung unterstellt.

---

1 Vgl. u.a. Sollenberger, H.M., Information Systems Development, 1971, S. 61 ff.; De Maagd, G.R., Matrix Management, 1970, S. 46 ff..

2 Vgl. zu "teamorientierter Matrixorganisation" Schneider, S., Matrixorganisation, 1974.

Durch die notwendige ständige Zusammenarbeit im Team sollte die Beseitigung vieler der festgestellten Störfaktoren sozialer und kommunikativer Art im Interface möglich sein.

Eine weitere Variante einer matrixförmigen Organisationsstruktur kann im sogenannten "Gypsy Staff"[1] gesehen werden. Grundsätzliches Prinzip ist hierbei, daß das Systementwicklungspersonal auch räumlich den jeweiligen Anwenderabteilungen zugeordnet ist. Gleichzeitige Unterstellung des Personals unter Anwenderabteilung und unter EDV-Abteilung wird auch hierfür gefordert. Die räumliche Zuordnung der EDV-Spezialisten zu den Anwendern würde helfen, einen in der Analyse des Interface-Gap als wichtig erkannten Distanzfaktor, nämlich die räumliche Distanz zu beseitigen.

Eine matrixförmige Organisationsstruktur im Interface zwischen Anwendern und Management ist die höchste Stufe der Schaffung lateraler Verbindungen zur Koordination von Entscheidungen auf mittlerer Organisationsebene, aber auch die komplizierteste und teuerste. Sie sollte jedoch dann angewandt werden, wenn ihre Kosten, die vor allem durch zusätzliche Managementgehälter entstehen, durch die Kostenersparnisse, die durch einen dann effizienteren Einsatz der EDV erreicht werden, weit aufgewogen werden.

1 Vgl. zu diesem Modell Tomaszewski, L.A., Decentralized Development, 1972, S. 61 ff..

5 Zusammenfassung der Untersuchung

Die Aufgabe der vorliegenden Forschungsarbeit bestand darin, Führungs- und Organisationsprobleme bei der Gestaltung computergestützter Informationssysteme zu erfassen und zu analysieren. Bisher vereinzelt und unsystematisiert vorhandene Berichte und Untersuchungen sollten in einem integrierten organisatorischen Ansatz einbezogen werden. Dabei stützte sich der Verfasser auf empirische Studien aus dem deutschsprachigen Raum und aus den USA und England. Die gewonnenen Erkenntnisse wurden mit Konzeptionen der verhaltenswissenschaftlichen Organisationstheorie verbunden und dadurch strukturiert.

Insgesamt ist diese Arbeit erstens als ein Beitrag anzusehen, wesentliche Ursachen des Interface-Gap zwischen Managern und EDV-Spezialisten und ihre Bedeutung für den EDV-Einsatz in Unternehmen zu erklären. Zweitens konnten - mit dem gebotenen Vorbehalt - bestimmte Zusammenhänge zwischen diesen Ursachen und möglichen Lösungsaktivitäten aufgezeigt werden. Drittens ist durch diese Arbeit eine systematische Basis für zukünftige empirische Forschung geschaffen worden.

Deshalb erscheint es abschließend sinnvoll, wesentliche Ergebnisse dieser Untersuchung zum Interface-Gap in Hypothesen zusammenzufassen. Zur leichteren Überprüfbarkeit sind diese Hypothesen nach der Gliederung der Arbeit geordnet. In Klammern sind jeweils die hauptsächlich betroffenen Gliederungspunkte angegeben.

H 1: Wegen der Komplexität ihres Kommunikationsnetzes messen die Manager der Verbindung zu den EDV-Spezialisten nur nachgeordnete Bedeutung zu (2.111; 2.132.1).

H 2: Zwischen Managern und Spezialisten existieren Kommunikationsbarrieren sowohl auf syntaktischer und semantischer als auch auf pragmatischer Ebene. Diese Barrieren behindern direkt den Informationsaustausch und bewirken zusätzlich eine Verminderung der Kommunikationsintensität (2.112.1).

H 3: Kommunikationsstörungen zwischen Managern und Spezialisten sind umso größer, je mehr räumliche, zeitliche und rangmäßige Distanz herrscht (2.112.2; 4.23).

H 4: Die Identifizierung und Förderung von Personen mit Gatekeeper-Funktion, eine Verlagerung der Ideenentwicklung für EDV-Projekte zum Anwendermanagement und die Festlegung von Kommunikationswegen für den innovativen Informationsaustausch zwischen Managern und Spezialisten sind Maßnahmen, die zu wirtschaftlich erfolgreicheren EDV-Systemen führen (2.113; 4.22).

H 5: In der gegenwärtigen Reifephase der EDV-Anwendung haben die Manager mehr Macht als die EDV-Spezialisten, weil sie von größerer zentraler Bedeutung für das Unternehmen sind, weil sie weniger ersetzbar sind und weil sie in höherem Maße für die übrigen Organisationsmitglieder Unsicherheit bewältigen (2.122; 2.123).

H 6: Machtprozesse zwischen Managern und Spezialisten vergrößern ein existierendes Interface-Gap (2.12).

H 7: Die unterschiedlichen Rollen von Managern und EDV-Spezialisten in Unternehmen schaffen Distanz zwischen diesen Gruppen. Hierdurch wird vor allem auf der sozio-emotionalen Ebene ein Interface-Gap geschaffen (2.132).

H 8: Wegen der wenig festgelegten Rollen von Managern und Spezialisten treten vor allem Rollenkonflikte auf (2.132; 2.133).

H 9: Die latente Rollenorientierung der Manager kann als tendenziell "lokal", die der Spezialisten als tendenziell "cosmopolitisch" angesehen werden. Die hierin begründete Distanz vergrößert das Interface-Gap (2.135).

H10: Der kognitive Stil von Managern ist tendenziell heuristisch, der von Spezialisten tendenziell systematisch. Je unterschiedlicher die kognitiven Stile, desto größer sind die Entwicklungs- und Implementierungsprobleme bei computergestützten Informationssystemen (2.22).

H11: Wenn als Verbindungsglied zwischen EDV und Management ein Individuum bestimmt wird, dessen kognitiver Stil eher in der Mitte des Kontinuums angesiedelt werden kann, dann kann die Bindegliedfunktion erfolgreicher wahrgenommen werden (2.22).

H12: Das Interface-Gap ist umso größer, je stärker Manager und EDV-Spezialisten unterschiedliche Ausbildung hatten und aus unterschiedlichen beruflichen Erfahrungsbereichen stammen (2.11; 2.13; 2.2).

H13: Die Entwicklung und Einführung computergestützter Informationssysteme wird erfolgreicher für eine Unternehmung sein, wenn der Entscheidungsprozeß nach bewährten Managementprinzipien geführt wird (3.3).

H14: Die EDV-Aktivitäten können besonders erfolgreich von einem Organisationsmitglied geführt werden, das in anderen Unternehmensbereichen als erfolgreicher Manager anerkannt gewesen ist. Weniger bedeutsam ist, ob dieses Individuum seine Karriere als EDV-Spezialist begann oder ein Manager mit EDV-Interesse ist, der nie EDV-Spezialist war (3.33).

H15: Je mehr die Entwicklung computergestützter Systeme in ausgewogene und abgeschlossene Teilprojekte aufgeteilt ist, wodurch schrittweise Implementierungen und Erfolge möglich werden, desto erfolgreicher ist die EDV-Anwendung (3.312; 3.4).

H16: Je weniger klar die Verantwortlichkeiten zwischen Managern und Spezialisten abgegrenzt sind, desto ineffizienter ist der EDV-Einsatz in Unternehmen (2.133; 3.3; 3.4).

H17: Je stärker in einer Organisation laterale Verbindungen berücksichtigt werden, desto effektiver werden die Möglichkeiten der EDV genutzt (4.22; 4.23).

Diese Hypothesen werden durch die bisher vorliegenden empirischen Studien gestützt. Sie werden zum Zwecke der Verifizierung weiterer empirischer Forschung anempfohlen.

Die Ergebnisse der Untersuchung legen vor allem nahe, daß erfolgreichere EDV-Anwendung nicht so sehr ein Durchsetzungsproblem der Spezialisten[1], sondern ein Problem qualifizierter Führung und Gestaltung im Interface zwischen Managern und Spezialisten ist.

---

1 Siehe hierzu S. 5 ff..

Literaturverzeichnis

Ackoff, R.L., Management Misinformation Systems, in: MS, December 1967, S. 147-156.

Ackoff, R.L., Gupta, S.K., Minas, J.S., Scientific Method: Optimizing Applied Research Decisions, New York 1962 (Scientific Method).

Adam, D., Entscheidungsorientierte Kostenbewertung, Wiesbaden 1970.

Adams, W., New role for top management in computer applications, Financial Executive, April 1972, S. 54-64 (New role for top management).

Allen, T.J., Communications in the Research and Development Laboratory, in: Hinton, B.L., Reitz, H.J. (Hrsg.), Groups and Organizations, Belmont (Cal.) 1971, S. 108 ff. (Communications).

Allen, T.J., Cohen, S.I., Information Flow in Research and Development Laboratories, in: ASQ, March 1969, S. 12 ff. (Information Flow).

Amstutz, A.E., The Marketing Executive and Management Information Systems, in: Hass, R.M. (Hrsg.), Science, Technology and Marketing, Chicago 1966, S. 69-86 (Marketing Executive and MIS).

Anshen, M., Automation and Management, in: AMJ, 1960, S. 81 ff.

Anthony, R.N. (Hrsg.), Automatic Data Processing Conference, Boston 1956.

Appelshäuser, G., Der Einfluß des Computers auf die Arbeitsweise im Unternehmen, in: Datascope, Heft 6, 1972, S. 38 ff. (Einfluß des Computers).

Argyris, Ch., Management Information Systems: The Challenge to Rationality and Emotionality, in: MS, February 1971, S. B-275 ff. (Management Information Systems).

Arvey, R.D., Hoyle, J.C., Evaluating Computing Personnel, in: Datamation, July 1973, S. 69 ff.

Atteslander, P., Konflikt und Kooperation im Industriebetrieb, Köln und Opladen 1959 (Konflikt).

Badura, B., Sprachbarrieren - Zur Soziologie der Kommunikation, Stuttgart 1973.

Baker, N.R., Freeland, J.R., Structuring Information Flow to Enhance Innovation, in: MS, September 1972, S. 105-116.

Baker, N.R., Siegmann, J., Rubenstein, A.H., The Effects of Perceived Needs and Means on the Generation of Ideas for Industrial R & D Projects, IEEE Transactions on Engineering Management, Vol. EM-14, No. 4, December 1967 (Perceived Needs and Means).

Bakke, E.W., The Fusion Process, New Haven (Conn.), 1955.

Bales, R.F., The Equilibrium Problem in Small Groups, in: Parsons, T., Bales, R.F., Shils, E.A. (Hrsg.), Working Papers in the Theory of Action, Glencoe,(Ill.) 1953.

Bales, R.F., Instrumentelle und soziale Rollen in problemlösenden Experimentalgruppen, in: Kunczik, M., Führung - Theorien und Ergebnisse, Düsseldorf und Wien 1972 (Instrumentelle und soziale Rollen).

Barkin, S. (Hrsg.), technical change and manpower planning - co-ordination at enterprise level, Organisation for Economic Co-Operation and Development, Paris 1967 (technical change).

Barnard, Ch.J., The Functions of the Executive, Cambridge 1938, 22. Aufl., 1972.

Bartram, P., Die innerbetriebliche Kommunikation, ihre organisatorische Gestaltung und ihre ungeregelte Entwicklung im Betriebsgeschehen - Ein Beitrag zur zweckmäßigen Organisation des betrieblichen Informationssystems, Berlin 1969 (Kommunikation).

Bennis, W.G., Changing Organizations, New York usw. 1966.

Bennis, W.G., Benne, K.D., Chin, R. (Hrsg.), The Planning of Change, London 1969.

Bergmann, J., Zapf, W., Kommunikation im Industriebetrieb, Frankfurt 1965.

Blau, H., Sind EDV-Spezialisten Fachidioten?, in: BTA, 1971, S. 666 ff.

Blau, W., Die Kommunikationsbarriere in der Organisation und Datenverarbeitung, in: BTA, Januar 1976, S. 28 ff. (Kommunikationsbarriere).

Blau, P.M., Exchange and Power in Social Life, New York 1964 (Exchange and Power).

Bonini, C.P., Jaedicke, R.K., Wagner, H.M. (Hrsg.), Management Controls: New Directions in Basic Research, New York usw. 1964 (Management Controls).

Bößenecker, H., Die Angst der Bosse vor dem Computer, in: Die Zeit, 29.11.72, S. 12.

Bottler, J., Horvarth, P., Kargl, H., Methoden der Wirtschaftlichkeitsberechnung für die EDV, München 1972 (Methoden der Wirtschaftlichkeitsberechnung).

Breitung, A.F., Management-Informationssysteme - Ein methodologischer Beitrag zur Analyse von Datenverarbeitungsprozessen in Marketing-Informationssystemen, Diss. Münster 1974 (Management-Informationssysteme).

Brewer, R.J., et al., Waiting for the data base, in: JoSM, November 1973, S. 32 ff.

Brill, A.E., The alienation of the systems analyst, in: JoSM, January 1974, S. 26 ff.

Brink, V.Z., Computers and Management - The Executive Viewpoint, Englewood Cliffs 1971 (Computers and Management).

Budd, J.M., Employee motivation through job enrichment, in: JoSM, August 1974, S. 34-38 (Employee motivation).

Burns, T., The directions of activity and communication in a departmental executive group, in: Human Relations, 1954, 7, S. 73-97 (directions of communication).

Buss, D., Die Rationalisierung des computerisierten Berichtswesens - Ein Beitrag zur Eindämmung der Informationsflut, in: ZfD, 1973, S. 452-454 (Rationalisierung).

Büttner, R., Sind die heute realisierten EDV-Lösungen benutzerfreundlich? - Die organisatorische Abhängigkeit der Fachabteilungen von der EDV, in: ZfD, 1974, S. 445-451 (EDV-Lösungen benutzerfreundlich?).

Büttner, R., Der Weg zum gegenseitigen Verstehen, in: ZfD, 1974, S. 600 ff.

Cartwright, D., Influence, Leadership, Control, in: March, J.G. (Hrsg.), Handbook of Organizations, Chicago 1965, S. 1-47.

Cartwright, D., Achieving Change in People: Some Applications in Group Dynamics Theory, in: Applewhite, P.B., Porter, D.E. (Hrsg.), Studies in Organizational Behavior and Management, Scranton 1964, S. 640 ff. (Achieving Change in People).

Cartwright, D. (Hrsg.), Studies in Social Power, Ann Arbor 1959.

Caruth, D.L., Basic Psychology for a systems change, in: JoSM, Februar 1974, S. 10-13 (Basic Psychology).

Chandler, A.D., Strategy and Structure: Chapters in the History of the Industrial Enterprise, Cambridge 1962 (Strategy and Structure).

Churchman, C.W., Ratoosh, Ph., Report on Further Implementation Experiments, Center for Research in Management Science, University of California, Working Paper No. 26, Berkeley 1961 (Implementation Experiments).

Churchman, C.W., Schainblatt, A.H., The Researcher and the Manager: A Dialectic of Implementation, in: MS, 1966, S. B-69 - B-87 (The Researcher and the Manager).

Coenenberg, A.G., Die Kommunikation in der Unternehmung, Wiesbaden 1966.

Dahl, R.A., The Concept of Power, in: Behavioral Science, 1957, S. 201-218.

Dahl, R.A., Power, in: Sills, D.L. (Hrsg.), International Encyclopedia of the Social Sciences, o.O., Vol. 12, 1968, S. 405 ff.

Dahrendorf, R., Homo Sociologicus, Ein Versuch zur Geschichte, Bedeutung und Kritik der Kategorie der sozialen Rolle, Opladen 1971.

Dahrendorf, R., Sozialstruktur des Betriebes - Betriebssoziologie, Wiesbaden 1972.

Dean, N.J., The Computer Comes of Age, in: HBR, Jan.-Febr. 1968, S. 83-91.

Davis, K., Management communication and the grapevine, in: HBR, May 1953, S. 43-49 (Management communication).

Dearden, J., MIS is a mirage, in: HBR, Jan.-Febr. 1972, S. 90-99.

Dearden, J., Nolan, R.L., How to control the computer resource, in: HBR, November/December 1973, S. 68 ff. (How to control).

Diebold, J., Beyond Automation, New York 1964.

Diebold, J., Die Computer werden falsch eingesetzt, in: FB, Heft 4, 1971, S. 151 ff..

Dienstbach, H., Dynamik der Unternehmungsorganisation - Anpassung auf der Grundlage des "Planned Organizational Change", Wiesbaden 1972.

Doktor, R.H., The Development of Mapping of Certain Cognitive Styles of Problem Solving, Diss. Stanford University 1970 (The Development).

Doktor, R.H., Hamilton, W.F., Cognitive Style and the Acceptance of Management Science Recommendations, in: MS, April 1973, S. 884-894 (Cognitive Style).

Dorey, G.S., Reports on Project Activities todate, Survey of Current Practice in the United Kingdom, in: Baxter, C.W., Morris, W.E.M. (Hrsg.), Economic evaluation of computer based systems, book 2, Manchester 1971 (Project Activities).

Dreger, W., Management Informationssysteme - Systemanalyse und Führungsprozeß, Wiesbaden 1973.

Drucker, P., Praxis des Management, Düsseldorf 1956.

Duncan, W.J., The Researcher and the Manager: A Comparative View of the Need for Mutual Understanding, in: MS, April 1974, S. 1157 ff. (Researcher and Manager).

Dworatschek, S., Donike, H., Wirtschaftlichkeitsanalysen von Informationssystemen, Berlin usw. 1972 (Wirtschaftlichkeitsanalysen).

Dyckman, T.R., Management Implementation of Scientific Research: An Attitudinal Study, in: MS, June 1967, S. B-612 ff. (Attitudinal Study).

Eichholz, R.E., Kriterien für die Auswahl von Systemplanern, in: Kresse, W. (Hrsg.), Aktuelle Probleme der Datenverarbeitung und Bilanzierung, Stuttgart 1971, S. 308 ff..

Emerson, R.M., Power-Dependence Relations, in: ASR, 1962, 27, S. 31-41.

Etzioni, A., Authority Structure and Organizational Effectiveness, in: ASQ, 1959, S. 43-67, hier zitiert nach dem Wiederabdruck in: Groups and Organizations - Integrated Readings in the Analysis of Social Behavior, Hinton, B.L., Reitz, H.J. (Hrsg.), Belmont (Cal.) 1971, S. 475-488 (Authority Structure).

Farber, D.J., Minis zum Verschwenden, in: DMR, January 1976, S. 4 ff..

Faßbender, W., Wirtschaftliche Steuerung des Einsatzes automatischer Datenverarbeitungsanlagen, in: Grochla, E. (Hrsg.), Die Wirtschaftlichkeit automatisierter Datenverarbeitungssysteme, Wiesbaden 1970, S. 67-95 (Wirtschaftliche Steuerung).

Fiedler, F.E., Chemers, M.M., Leadership and Management, in: McGuire, J.W. (Hrsg.), Contemporary Management - Issues and View-points, Englewood Cliffs 1974.

Fischer, G., Die Spezialisten im neuzeitlichen Rechnungswesen und ihr Einfluß auf den betrieblichen Führungsstil, in: Aktuelle Probleme der Datenverarbeitung und Bilanzierung, Kresse, W. (Hrsg.), Stuttgart 1971, S. 290 ff. (Spezialisten).

Franzen, H.M., Management-Informationssysteme (MIS) - Ein Lernprozeß, in: Lindemann, P., Nagel, K. (Hrsg.), Management-Informationssysteme - Beiträge aus der Praxis, Neuwied und Berlin 1972, S. 7-78.

French, J.R.P., Raven, B., The Bases of Social Power, in: Cartwright, D. (Hrsg.), Studies in Social Power, Ann Arbor 1959, S. 150-167 (Bases of Power).

Galbraith, J.R., Designing Complexe Organizations, Reading, Mass.-London 1973.

Galbraith, J.R., Organization Design: An Information Processing View, in: Interfaces, May 1974, S. 28 ff..

Galbraith, J.R., Information processing determinants of organization structure, in: Grochla, E., Szyperski, N. (Hrsg.), Information Systems and Organizational Structure, Berlin-New York 1975, S. 105 ff. (determinants of organization structure).

Garrity, J.T., Top Management and Computer Profits, in: HBR, July-August 1963, S. 6 ff. (Computer Profits).

Garrity, J.T., Management and the computer - Who's in charge?, in: Financial Executive, June 1971, S. 38-44 (Management and the computer).

Gergen, K.J., The Psychology of Behavior Exchange, Reading, Mass.-London-usw. 1969.

Gilb, T., Kontrolle der EDV durch das Management, in: ZfD, 1974, S. 210-220 u. S. 309-313 (Kontrolle der EDV).

Gilman, G., An Inquiry into the Nature and Use of Authority, in: Haire, M. (Hrsg.), Organization Theory in Industrial Practice, New York 1962, S. 107 ff. (Authority).

Golembiewsky, R.T., Organizing Men and Power - Patterns of Behavior and Line-Staff Models, Chicago 1967 (Organizing Men and Power).

Gouldner, A.W., Cosmopolitans and Locals - Towards an Analysis of Latent Social Roles, in: ASQ, 1957-8, S. 281-306 u. S. 444-480 (Cosmopolitans).

Greenbaum, H.H., The Audit of Organizational Communication, in: AoMJ, December 1974, S. 739 ff. (Communication).

Grochla, E. (Hrsg.), Handwörterbuch der Organisation. Stuttgart 1969.

Grochla, E., Grundfragen der Wirtschaftlichkeit automatisierter Datenverarbeitung, in: ZfO, 1970, S. 329 ff. (Grundfragen der Wirtschaftlichkeit).

Grochla, E., Grundprobleme der Wirtschaftlichkeit in automatisierten Datenverarbeitungssystemen, in: Die Wirtschaftlichkeit automatisierter Datenverarbeitungssysteme, Grochla, E. (Hrsg.), Wiesbaden 1970, S. 15-33 (Grundprobleme der Wirtschaftlichkeit).

Grochla, E. (Hrsg.), Die Wirtschaftlichkeit automatisierter Datenverarbeitungssysteme, Wiesbaden 1970 (Wirtschaftlichkeit).

Grochla, E., Unternehmensorganisation, Neue Ansätze und Konzeptionen, Reinbek 1972.

Grochla, E., Das Engagement der Unternehmensführung bei der Entwicklung computergestützter Informationssysteme, in: FB, Heft 2, 1972, S. 65-72 (Das Engagement der Unternehmensführung).

Grochla, E., Betriebliche Planung und Informationssysteme, Entwicklung und aktuelle Aspekte, Reinbek 1975 (Informationssysteme).

Grössle, H.K., Der Mensch in der industriellen Fertigung - Ergebnisse der betrieblichen Sozialforschung in den USA, Wiesbaden 1957 (Ergebnisse der Sozialforschung).

Guetzkow, H., Communications in Organizations, in: Handbook of Organizations, March, J.G. (Hrsg.), Chicago 1965, S. 534.

Gutenberg, E., Unternehmensführung, Organisation und Entscheidungen, Wiesbaden 1962.

Hammond III, J.S., Do's & don'ts of computer models for planning, in: HBR, March-April 1974, S. 110-123 (Do's & don'ts).

Harsanyi, J.C., Measurement of Social Power, Opportunity Costs, and the Theory of Two Person Bargaining Games, in: Behavioral Science, 1962, Heft 7, S. 67-80 (Social Power).

Hartmann, H., Empirische Sozialforschung, Probleme und Entwicklungen, München 1970 (Sozialforschung).

Harvey, A., Factors Making for Implementation Success and Failure, in: MS, 1970, S. B-312 ff. (Factors for Implementation).

Hax, H., (Stichwort) Kommunikation, in: HWO, Grochla, E. (Hrsg.), Stuttgart 1969, S. 825.

Hedberg, B., On Man-Computer Interaction in Organizational Decision-Making - A Behavioral Approach, Gothenburg Studies in Business Administration, Göteborg 1970 (On Man-Computer Interaction).

Heinen, E. (Hrsg.), Die Betriebswirtschaft in Forschung und Praxis, Wiesbaden 1970 (Forschung und Praxis).

Heinen, E., Der entscheidungsorientierte Ansatz der Betriebswirtschaftslehre, in: Wissenschaftsprogramm und Ausbildungsziele der Betriebswirtschaftslehre, Kortzfleisch, G. (Hrsg.), Berlin 1971, S. 21 ff..

Heinrich, L.J., Gemeinsame Computerbenutzung in der Industrie, Wiesbaden 1969.

Hellfrich, Ch., Auftragsmanagement für EDV-Abteilungen, in: IO, 1974, S. 285 ff. (Auftragsmanagement).

Hellriegel, D., Slocum, Jr., J.W., Organizational Climate: Measures, Research and Contingencies, in: AoMJ, June 1974, S. 255 ff. (Organizational Climate).

Hetzler, J.O., A Sociology of Language, New York 1965.

Hickson, D.J., et al., A Strategic Contingencies Theory of Intraorganizational Power, in: ASQ, June 1971, S. 216-229, wieder abgedruckt in: Scott, W.E., Commungs, L.L. (Hrsg.), Readings in Organizational Behavior and Human Performance, Homewood-London-usw. 1973 (Intraorganizational Power).

Hill, W., Fehlbaum, R., Ulrich, P., Organisationslehre 1 und 2, Ziele, Instrumente und Bedingungen der Organisation sozialer Systeme, Bern und Stuttgart 1974 (Organisationslehre).

Hinton, B.L., Reitz, H.J. (Hrsg.), Groups and Organizations - Integrated Readings in the Analysis of Social Behavior, Belmont (Cal.) 1971.

Hoffmann, F., Entwicklung der Organisationsforschung, Wiesbaden 1976 (Organisationsforschung).

Hofstätter, P.R., Psychologie, Frankfurt 1957.

Hofstätter, P.R., Differentielle Psychologie, Stuttgart 1971.

Holland, E., et al., Socio-technical aspects of mis, in: JoSM, February 1974, S. 14 ff..

Homans, G., Social Behavior - Its Elementary Forms, New York usw. 1974, S. 70 ff. (Social Behavior).

Horton, F.W., The evolution of mis in government, in: JoSM, 1974, S. 14 ff..

Huse, E.F., The Impact of Computerized Programs on Managers and Organizations: A Case Study in an Integrated Manufacturing Company, in: Myers, Ch.A. (Hrsg.), The Impact of Computers on Management, Cambridge (Mass.) und London 1967, S. 282-302 (Impact of Computerized Programs).

Huysmans, J.H.B.M., The Effectiveness of the Cognitive Style Constraint in Implementing Operations Research Proposals, in: MS, September 1970, S. 92-104 (Cognitive Style Constraint).

Huysmans, J.H.B.M., The Implementation of Operations Research, Publications in Operations Research, No. 19, New York-London-usw. 1970 (Implementation).

Illetschko, L.L., (Stichwort) Management, in: Handwörterbuch der Organisation, Grochla, E. (Hrsg.), Stuttgart 1969.

Irle, M., Macht und Entscheidungen in Organisationen - Studie gegen das Linie-Stab-Prinzip, Frankfurt 1971 (Macht und Entscheidungen).

Irle, M., Lehrbuch der Sozialpsychologie, Göttingen usw. 1975 (Sozialpsychologie).

Jaeggi, U., Wiedemann, H., Der Angestellte im automatisierten Büro - Betriebssoziologische Untersuchung über die Auswirkungen elektronischer Datenverarbeitung auf die Angestellten und ihre Funktionen, Schriftenreihe des Bundesministeriums für Arbeit und Sozialordnung, Heft 10, Stuttgart 1963 (Der Angestellte im automatisierten Büro).

Jaeggi, U., Wiedemann, H., The Impact on Managers and Clerks in West German Industry and Commerce, in: Scott, W.H. (Hrsg.), Office Automation-administrative and human problems, OECD, Paris 1965 (Impact on Managers).

Jones, G.N., Planned Organizational Change - A Study in Change Dynamics, London 1969 (Planned Organizational Change).

Kahn, R.L., et al., Organizational stress: studies in role conflict and ambiguity, New York 1964 (stress).

Kast, F.E., Rosenzweig, J.E., Organization and Management - A Systems Approach, New York-Düsseldorf-usw., 2. Aufl., 1974 (Organization and Management).

Katz, D., Kahn, R.L., The Social Psychology of Organizations, New York-London-usw. 1966 (Social Psychology).

Keen, P.G.W., The Implication of Cognitive Style for Individual Decision Making, HBS dissertation, Harvard-Cambridge 1973.

Kegerreis, R.J., Marketing Management and the Computer: An Overview of Conflict and Contrast, in: JoM, January 1971, S. 3-12 (Conflict and Contrast).

Kennedy, D.W., What a president needs to know about MIS, in: FE, December 1970, S. 52 ff. (What a president needs to know).

Kirsch, W., Entscheidungsprozesse, Bd. III: Entscheidungen in Organisationen, Wiesbaden 1971 (Entscheidungsprozesse, Bd. III).

Kirsch, W., Betriebswirtschaftspolitik und geplanter Wandel betriebswirtschaftlicher Systeme, in: Kirsch, W. (Hrsg.), Unternehmensführung und Organisation, Bericht von der wissenschaftlichen Tagung in Innsbruck vom 23. bis 27. Mai 1972, Wiesbaden 1973 (Geplanter Wandel).

Kirsch, W., Probleme der Unternehmensführung bei der Entwicklung und Implementierung von Management-Informationssystemen, in: Die Unternehmung, 1974, S. 173-185 (Probleme der Unternehmensführung).

Kirsch, W., Esser, W.-M., Entwicklung und geplanter Wandel von Absatzkanälen, in: Meffert, H. (Hrsg.), Marketing heute und morgen, Wiesbaden 1975, S. 193 ff. (Entwicklung und geplanter Wandel).

Kirsch, W., Kieser, H.-P., Perspektiven der Benutzeradäquanz von Management-Informations-Systemen, in: ZfB 1974, S. 383-402 und S. 527-548 (Benutzeradäquanz).

Klis, M., Überzeugung und Manipulation - Grundlagen einer Theorie betriebswirtschaftlicher Führungsstile, Wiesbaden 1970 (Überzeugung und Manipulation).

Kloidt, H., Moews, D., (Stichwort) Organisationsforschung, empirische Methodik der, in: HWO, 1969, Sp. 1128 ff. (Organisationsforschung).

Knutsen, K.E., Nolan, R.L., Assessing computer costs and benefits, in: JoSM, February 1974, S. 28 ff. (Assessing computer costs).

Köhler, R., Informationssysteme für die Unternehmensführung, Der allgemeine Bezugsrahmen und eine empirische Bestandsaufnahme, mit besonderer Berücksichtigung des Absatzsektors, in: ZfB 1971, S. 27 ff. (Informationssysteme).

Koreimann, D.S., Systemanalyse, Berlin-New York 1972.

Korndörfer, W., Unternehmensführungslehre, Lehrbuch der Unternehmensführung, Wiesbaden 1976.

Kotler, P., Marketing Decision Making: A Model Building Approach, New York usw. 1971.

Krägeloh, W., Wie soll DV-Aufwand gemessen und beurteilt werden?, in: ZfD, 1975, S. 137 ff. (DV-Aufwand).

Krüger, W., Grundlagen, Probleme und Instrumente der Konflikthandhabung in der Unternehmung, Berlin 1972 (Konflikthandhabung).

Kühn, H.-W., Leistungskontrolle bei Systemanalyse und Programmierung in der EDV, in: ZfO, Heft 8, 1974, S. 443 ff. (Leistungskontrolle).

Kunczik, M., Führung - Theorien und Ergebnisse, Düsseldorf und Wien 1972 (Führung).

Kunczik, M., Der Stand der Führungsforschung, in: Kunczik, M., Führung - Theorien und Ergebnisse, Düsseldorf und Wien 1972, S. 260-291 (Führungsforschung).

Kwiatkowski, J., EDV-Projektmanagement, Frankfurt 1974.

Laing, J.D., Power, Dependence, and Interpersonal Comparisons of Utility in N-Person Supergames, in: McGuire, J.W. (Hrsg.), Contemporary Management - Issues and Viewpoints, Englewood Cliffs 1974 (Power).

Lange-Hellwig, P., Rationalisierung durch Datenverarbeitung außer Haus, Ludwigshafen 1972 (Rationalisierung).

Laux, H., (Stichwort) Pretiale Lenkung, in: Handwörterbuch der Betriebswirtschaftslehre, Stuttgart 1975.

Lawrence, P.R., Lorsch, J.W., Organization and Environment, Homewood 1967.

Lewin, K., Frontiers in Group Dynamics: Concept, Method and Reality in Social Science, in: Human Relations 1947, S. 2-38 (Group Dynamics).

Lewin, K., Group decisions and social change, in: Swanson, G.E., Newcomb, T.M., Hartley, E.L. (Hrsg.), Readings in Social Psychology, New York 1952.

Lindhorst, M., Scheduled Maintenance of Applications Software, in: Datamation, May 1973, S. 64-67 (Scheduled Maintenance).

Lippit, R., Watson, J., Westley, B., The dynamics of planned change, New York 1958.

Lipson, H.A., Darling, J.R., Reynolds, F.D., A Two-Phase Interaction Process for Marketing Model Construction, in: MSU, Fall 1970, S. 34 ff. (Interaction Process).

Little, J.D.C., Models and Managers: The Concept of a Decision Calculus, in: MS, April 1970, S. B-466 ff. (Decision Calculus).

Lonnstedt, L., Factors related to the Implementation of Operations Research Solutions, in: Interfaces, February 1975, S. 23-30 (Factors to Implementation).

Lott, A.J., Lott, B.E., Group Cohesiveness and Interpersonal Attractions: Antecedents of Liking, Consequences of Liking, in: Hinton, B.L., Reitz, H.J. (Hrsg.), Integrated Readings in the Analysis of Social Behavior, Belmont (Cal.) 1971, S. 42-62 u. S. 148-163.

Lucas, Jr. H.C., Measuring Employee Reactions to Computer Operations, in: SMR, Spring 1974, S. 59-67 (Measuring Employee Reactions).

Lucas Jr. H.C., Computer Based Information Systems in Organizations, Chicago 1973 (Information Systems).

Luhmann, N., (Stichwort) Kommunikation, soziale, in: HWO, Grochla, E. (Hrsg.), Stuttgart 1969, S. 832.

Mag, W., Die quantitative Erfassung der Kommunikationsstruktur und ihre Bedeutung für die Gestaltung der Unternehmensorganisation, in: ZfbF, 1970, S. 22 ff. (Kommunikationsstruktur).

Mann, F.C., Neff, F.W., Managing Major Change in Organizations, Ann Arbor 1961.

Mans, G., Erfolgsfaktoren für MIS-Projekte - Analyse drei getrennter Umfragen, in: ZfO, 4/1973, S. 190-196 (Erfolgsfaktoren).

March, J.G., Simon, H.A., Organizations, New York-London 1958.

March, J.G. (Hrsg.), Handbook of Organizations, Chicago 1965.

Markland, R.E., Newett, R.J., A Subjective Taxonomy For Evaluating The Stages Of Management Science Research, in: Interfaces, February 1972, S. 31 ff. (A Subjective Taxonomy).

Marschak, J., Problems in Information Economics, in: Management Controls: New Directions in Basic Research, Bonini, C.P., Jaedicke, R.K., Wagner, H.M. (Hrsg.), New York-usw. 1964, S. 38 ff..

Martin, Jr., E.W., Perkins, W.C., Computers and Information Systems - An Introduction, Homewood 1973.

Maslow, A., Motivation and Personality, New York 1954.

Mason, R., Mitroff, J.I., A Program for Research on Management Information Systems, in: MS, January 1973, S. 475 ff. (Program for Research).

McFarlan, F.W., Management audit of the EDP department, in: HBR, May-June 1973, S. 131 ff. (Management audit).

McGregor, D., The Human Side of Enterprise, New York-London 1960.

McGuire, J.W. (Hrsg.), Contemporary Management - Issues and Viewpoints, Englewood Cliffs 1974 (Contemporary Management).

McKenney, J.L., Keen, P.G.W., How manager's minds work, in: HBR, May-June 1974, S. 79 ff. (manager's minds).

McKinsey & Company Inc., Unlocking the Computer's Profit Potential, in: McKQ, Fall 1968, S. 17-31, wiederabgedruckt in: Computers and Management, Sanders, D.H. (Hrsg.), New York 1970, S. 154 ff. (The Computer's Profit Potential).

McLaughlin, R.A., 1976 DP Budgets, in: Datamation, February 1976, S. 52 ff.

Mechanic, D., Sources of Power of Lower Participants in Complex Organizations, in: ASQ, 1962, S. 349-364, wiederabgedruckt in: Hinton, B.L., Reitz, H.J. (Hrsg.), Groups and Organizations: Integrated Readings in the Analysis of Social Behavior, Belmont (Cal.) 1971 (Sources of Power of Lower Participants).

Meffert, H., Computergestützte Marketing-Informationssysteme und Marketing-Modelle, in: Hansen, R. (Hrsg.), Computergestützte Marketingplanung, München 1974 (Marketing Modelle).

Meffert, H., Absatzpolitik - Einführung in das Marketing, Manuskript eines Lehrbuches "Absatzpolitik", Münster 1975.

Meffert, H., Computergestützte Marketing-Informationssysteme, Wiesbaden 1975 (Computergestützte Marketing-Informationssysteme).

Meffert, H., Die Durchsetzung von Innovationen in der Unternehmung und am Markt, in: ZfB, 1976, S. 77 ff. (Innovationen).

Meissner, K., Datenverarbeitung auf dem Prüfstand, in: IO, 1975, S. 313 ff. (DV auf dem Prüfstand).

Meller, Studienkreis Dr. Meller, Die Gliederung der Datenverarbeitungsstelle und ihre Einordnung in die Organisation der Unternehmung, Wiesbaden 1967 (Datenverarbeitungsstelle und ihre Einordnung).

Mellwig, W., Anpassungsfähigkeit und Ungewißheitstheorie - Zur Berücksichtigung der Elastizität des Handels in der Unternehmenstheorie, Tübingen 1972 (Anpassungsfähigkeit).

Mertens, P., Die gemeinschaftliche Nutzung von Software als Weg zur Wirtschaftlichkeitssteigerung, in: Grochla, E. (Hrsg.), Die Wirtschaftlichkeit automatisierter Datenverarbeitungssysteme, Wiesbaden 1970 (Wirtschaftlichkeitssteigerung).

Messick, S., Ross, J. (Hrsg.), Measurement in Personality and Cognition, Part III: Stylistic Consistencies in Cognition, New York 1962, S. 171-215 (Consistencies in Cognition).

Mintzberg, H., The Nature of Managerial Work, New York-usw. 1973.

Morris, W.E.M. (Hrsg.), Computers and the Manager, Economic Evaluation of Computer Based Systems, Working Party Report, Manchester 1971.

Morton, S., Management-Entscheidungen im Bildschirmdialog, Essen 1972 (Management-Entscheidungen).

Mumford, E., The Human Factor, in: Data Processing, July/August 1970, S. 286 ff.

Mumford, E., Job Satisfaction - A Study of computer specialists, London 1972 (Job Satisfaction).

Mumford, E., et al., The Human Problems of Computer Introduction, in: Management Decision, Spring 1972, S. 6-17.

Mumford, E., Banks, O., The Computer and the Clerk, London 1967.

Murdick, R.G., Ross, J.E., Future Management Information Systems, in: JoSM, May 1972, S. 32 ff..

Myers, Ch.A. (Hrsg.), The Impact of Computers on Management, Cambridge (Mass.) und London 1967.

Naschold, F., Systemsteuerung, Stuttgart usw. 1972.

Neal, R.D., Radnor, M., The Relation between Formal Procedures for Pursuing OR/MS Activities and OR/MS Group Success, in: OR, 1973, S. 451-474 (Or/MS Group Success).

Neubauer, K.W. von, et al., Kommunikation in Forschung und Entwicklung, München-Berlin 1972.

Neuberger, O., Führungsverhalten und Führungserfolg - Wirtschaftspsychologische Schriften der Universitäten München und Augsburg, Berlin 1976 (Führungsverhalten und Führungserfolg).

Nolan, R.L., Plight of the EDP manager, in: HBR, May-June 1973, S. 143-152.

Nolan, R.L., Computer data bases: the future is now, in: HBR, September/October 1973, S. 98-114 (data bases).

Nolan, R.L., Business needs a new breed of EDP managers, in: HBR, March-April 1976, S. 123 ff. (EDP managers).

Organisation for Economic Co-Operation and Development (Hrsg.), European Conference: Manpower Aspects of Automation and Technical Change, Paris 1966 (Manpower Aspects).

Ortner, G., Optimierungskriterien in der Organisation der betrieblichen Datenverarbeitung, Berlin-New York 1971 (Optimierungskriterien).

o.V., Diagnosen aus der Praxis, in: DMR, 1974, S. 5 (Diagnosen).

o.V., Die Tücken des Projekts, in: DMR, Juni 1974, S. 6 ff..

o.V., Die Kunst wirtschaftlich zu rationalisieren, in: DMR, September 1975, S. 5 ff. (rationalisieren).

Papetti, S., Personnel Problems in Data Processing, Anbar Publications, Monograph no 10, 1967, hier zitiert nach Mumford, E., Job Satisfaction - A study of computer specialists, London 1972, S. 17 f. (Personnel Problems).

Parsons, T., Shils, A. (Hrsg.), Toward a General Theory of Action - Theoretical Foundations for the Social Sciences, New York 1962 (General Theory).

Parsons, T., Pattern Variables Revisited - A Response to Robert Dublin, in: ASR, No. 4, 1960, S. 481 ff. (Pattern Variables).

Pichler, J., Power, Influence, and Authority, in: McGuire, J.W. (Hrsg.), Contemporary Management - Issues and Viewpoints, Englewood Cliffs 1974, S. 400-434.

Radnor, M., Neal, R.D., The Progress of Management-Science Activities in Large US Industrial Corporations, in: OR, March-April 1973, S. 427-450 (The Progress of Management Science Activities).

Ratoosh, Ph., Churchman, C.W., Innovation in Group Behavior, Center for Research in Management Science, University of California, Working Paper No. 10, Berkeley 1960 (Group Behavior).

Raven, B.H., Rietsema, J., The Effects of Varied Clarity of Group Goal and Group Path upon the Individual and His Relation to His Group, in: Hinton, B.L., Reitz, H.J. (Hrsg.), Groups and Organizations, Belmont (Cal.) 1971, verkürzte Wiedergabe von Raven, B.H., Rietsema, J., The Effects of Varied Clarity of Group Goal and Group Path upon the Individual and His Relation to His Group, in: Human Relations, 10, 1957, S. 29-45.

Reif, W.E., Computer Technology and Management Organization, Iowa City 1968 (Computer and Management).

Reif, W.E., Monczka, R.M., Locating the Systems Department, in: JoSM, December 1973, S. 28 ff..

Rölle, H., Modellgestützte Systemanalyse, Informationssystemplanung, Matrixmanagement und Veränderungspromoter für die MIS-Gestaltung, BIFOA Arbeitsbericht Nr. 71/2, Köln 1971 (Informationssystemplanung).

Rose, M., Computers, Managers, and Society, London 1969.

Rosenstiel, L., Molt, W., Rüttinger, B., Organisationspsychologie - Sozioökonomie 1, Stuttgart-usw. 1972 (Organisationspsychologie).

Ruskin, V.W., Comparing Computer Operations, in: JoSM, December 1973, S. 34-38.

Sampson, H.L., Model for Participation, in: JoSM, January 1974, S. 30 ff.

Scharfenberg, H., Die Angst des Vorstandes vor Computern, in: Plus, Heft 9, 1971, S. 70 ff..

Scharfenberg, H., Neue Berufe im betrieblichen Rechnungswesen, in: Kresse, W. (Hrsg.), Probleme der Datenverarbeitung und Bilanzierung, Stuttgart 1971, S. 302 ff.

Schermer, E.-D., Die gleiche Sprache sprechen (Interview mit Ernst-Dieter Schermer über Maßnahmen zur Verbesserung der Kommunikation zwischen ADV-Personal und Fachabteilungen), in: DMR, März 1974, S. 3-5 (Die gleiche Sprache).

Schewe, Ch.D., The Forgotten Man, in: JoSM, January 1973, S. 30-33.

Schiefer, F., Elektronische Datenverarbeitung und Angestellte - Das Eindringen der elektronischen Datenverarbeitung in die Büroarbeit mit seinen Auswirkungen auf die Orientierung der Angestellten und die soziale Organisation des Büros, Diss. Köln 1968 (EDV und Angestellte).

Schneider, S., Matrixorganisation - Gestaltungsmöglichkeiten und Gestaltungsprobleme einer mehrdimensionalen teamorientierten Organisation, Frankfurt-Zürich 1974 (Matrixorganisation).

Schoderbeck, P.P., Babcock, J.D., The Proper Placement of Computers, in: Business Horizons, October 1969, S. 35 ff., hier zitiert nach dem Wiederabdruck in: David, H.L., Design and Management of Information Systems, Chicago usw. 1972, S. 247 ff..

Schoppan, W., et al., Effektivitätsuntersuchungen für EDV-Systeme, Berlin 1973 (Effektivitätsuntersuchungen).

Schramm, W., Kommunikationsforschung in den Vereinigten Staaten, in: Schramm, W. (Hrsg.), Grundfragen der Kommunikationsforschung, München 1971, S. 15 ff. (Kommunikationsforschung in den USA).

Scott, W.H., Office Automation: administrative and human problems, Organisation for Economic Co-Operation and Development, Paris 1965 (Office Automation).

Scott, W.E., Cummings, L.L. (Hrsg.), Readings in Organizational Behavior and Human Performance, Homewood-London-usw. 1973.

Shakun, M.F., Management Science and Management: Implementing Management Science Via Situational Normativism, in: MS, April 1972, S. B-367 ff. (Situational Normativism).

Sherwood, H.F., Kannitverstan, in: Plus, 6/1972, S. 45 ff..

Sherwood, H.F., EDV und Management, in: automatik, März 1972, S. 65-67.

Shycon, H.N., All around the model, in: Interfaces, November 1973, S. 40-43.

Siegel, S., Nonparametric Statistics for the Behavioral Sciences, New York 1956 (Statistics).

Sihler, H., Marketingorientierte Unternehmens-Führung mit Computern - Von der Informationsbeschaffung zum Marketing-Informationssystem, in: Meffert, H., marketing heute und morgen, Wiesbaden 1975.

Simon, H., Administrative Behavior - A Study of Decision-Making Processes in Administrative Organizations, 15. Aufl., New York 1970 (Administrative Behavior).

Sollenberger, H.M., Management Control of Information Systems Development (National Accountants Association), Research Study, New York 1971 (Information Systems Development).

Soltis, R.J., A Systematic Approach to Managing Change, in: Management Review, September 1970, S. 2 ff. (Managing Change).

Spencer, S.A., Computer lösen nicht nur Probleme - sie schaffen auch welche, in: FB, Nr. 3/4, 1967, S. 95 ff. (Computer).

Stewart, R., How Computers Affect Management, London-usw. 1971.

Stewart, R., Do you know what you want?, in: Data Processing, May-June 1971, S. 174 ff.

Stewart, R., Realismus in der Organisation - Grundlagen für die unternehmerische Praxis, Frankfurt-New York 1973 (Realismus).

Stichting Studiecentrum voor Administratieve Automatisering (Hrsg.), Neue Berufsbilder in der elektronischen Datenverarbeitung, München und Wien 1966 (Neue Berufsbilder).

Stone, M.M., Tarnowieski, D., Management System in the 1970's - Selling and Servising a Tougher Customer - An AMA Research Report, American Management Association, Inc., 1972 (Management Systems).

Swanson, G.E., Newcomb, I.M., Hartley, E.L. (Hrsg.), Readings in Social Psychology, New York 1952 (Readings).

Swanson, E.B., Management Information Systems: Appreciation and Involvement, in: MS, 1974, S. 178-188 (Information Systems).

Szyperski, N., Unternehmensführung als Objekt und Adressat der Betriebswirtschaftslehre, in: Wild, J. (Hrsg.), Unternehmensführung - Festschrift für Erich Kosiol, Berlin 1974, S. 3-38 (Unternehmensführung).

Tannenbaum, R., Weschler, J.R., Massarik, F., Leadership and Organization, A Behavioral Science Approach, New York usw. 1961.

Taylor, F.W., The Principles of Scientific Management, New York 1911.

Tenbruck, H., (Stichwort) Rolle, in: Handwörterbuch der Organisation, Grochla, E. (Hrsg.), Stuttgart 1969, Sp. 1466-1471.

Thibaut, J.W., Kelley, H.H., The Social Psychology of Groups, New York 1959 (Social Psychology).

Thompson, J.D., organizations in action, social science bases of administrative theory, New York-London-usw. 1967 (organizations in action).

Tomaszewski, L.A., Decentralized Development, in: Datamation, November 1972, S. 61 ff..

Touraine, A., worker's attitudes to technical change - an integrated survey of research, Organization for Economic Co-Operation and Development, Paris 1965 (worker's attitudes to technical change).

Urban, G.L., Building Models for Decision Makers, in: Interfaces, May 1974, S. 1 ff. (Building Models).

Utterbeck, J.M., The Process of Innovation: A Review of Some Recent Findings, School of Business, Indiana Univ., Bloomington 1971 Wiederabdruck aus: Wilson, G.W. (Hrsg.), Technological Development and Economic Growth, Bloomington 1971 (Process of Innovation).

Wagner, H., Die Bestimmungsfaktoren der menschlichen Arbeitsleistung im Betrieb, Bd. 2 der Schriften zur theoretischen und angewandten Betriebswirtschaftslehre, Pack, L. (Hrsg.), Wiesbaden 1966 (Bestimmungsfaktoren).

Wagner, H., Voraussetzungen und Praxis eines auf positiver Menschenführung beruhenden Führungsstils, in: Pack, L. (Hrsg.), Unternehmer-Seminar I, Band I der Schriftenreihe des Unternehmer-Seminars an den Universitäten Mannheim und Münster, Wiesbaden 1969, S. 163-175 (Menschenführung).

Wagner, H., Zielbildung und Entscheidungsprozeß bei multipolarer Struktur der betrieblichen Willensbildung, in: Boettcher, H. (Hrsg.), Theorie und Praxis der Kooperation, Band 3 der Schriftenreihe zur Kooperationsforschung, Tübingen 1972, S. 91-104 (Zielbildung).

Wagner, H., Gestaltungsmöglichkeiten einer marketingorientierten Strukturorganisation, in: Meffert, H. (Hrsg.), Marketing heute und morgen, Entwicklungstendenzen in Theorie und Praxis, Wiesbaden 1975 (Gestaltungsmöglichkeiten).

Wagner, H., Grob, H.-L., Bock, D., Systemanalyse und Systemgestaltung (Elektronische Datenverarbeitung), (Skript) Lehrstuhl für Organisation und EDV, Münster 1975.

Waldhelm, F., Ausbildungs-, Organisations- und Führungsprobleme bei der EDV, in: Der Betrieb, 1971, Heft 4, S. 153 ff. (Ausbildungsprobleme).

Ward, T.B., Computer Organization, Personnel and Control, London 1973 (Computer Organization).

Waschek, G., Management von EDV-Projekten - mit einem aus der Netzplantechnik und PAC I (Project Analysis and Control) kombinierten Verfahren, DGOR-Schrift Nr. 7 aus der Reihe "Anwendungen des OR" (grüne Reihe), DGOR-Deutsche Gesellschaft für Operations Research (Hrsg.), Frankfurt 1973.

Watson, D.A., Some Factors Involved in the Establishment of Programmer Performance Standards, in: CB, June 1969, S. 192 ff., hier zitiert nach dem Wiederabdruck in: David, H.L. (Hrsg.), Design and Management of Information Systems, Chicago usw. 1972, S. 264 ff. (Programmer Performance).

Watzlawik von, B.R., Beavin, J.H., Jackson, R.D., Menschliche Kommunikation, Bern 1971.

Weaver, W., Recent Contributions to the Mathematical Theory of Communications, in: The Mathematical Theory of Communications, Channon, C.E., Weaver, W. (Hrsg.), Urbana (Ill.) 1959, S. 95 f. (Recent Contribution).

Weinberg, G.M., The Psychology of Computer Programming, New York usw. 1971 (Computer Programming).

Weinberg, G.M., The Psychology of Improved Programming Performance, in: Datamation, November 1972, S. 82 ff. (Performance).

Whisler, Th.L., The Impact of Computers on Organizations, New York-Washington-London 1970.

Wild, J., Product Management - Ziele, Kompetenzen und Arbeitstechniken des Produktmanagers, München 1972.

Wild, J., Und was kosten Informationen?, in: FB, 1973, Heft 2, S. 73 ff. (Informationen).

Wild, J., Grundlagen der Unternehmensplanung, Hamburg 1974 (Unternehmensplanung).

Wild, J., Betriebswirtschaftliche Führungslehre und Führungsmodelle, in: Wild, J. (Hrsg.), Unternehmensführung, Berlin 1974, S. 141-179.

Wild, J. (Hrsg.), Unternehmensführung - Festschrift für Erich Kosiol, Berlin 1974.

Witkin, H.A., et al., Personality through Perception, Harper & Row, New York 1954 (Personality).

Witkin, H.A., Psychological Differentiation, New York 1962.

Witkin, H.A., Origins of Cognitive Style, in: Scheerer, C. (Hrsg.), Cognition: Theory, Research, Promise, New York 1964, S. 172-205 (Cognitive Style).

Witkin, H.A., Professional School Psychology - Vol. III, New York 1969 (Psychology).

Witte, E., Das Informationsverhalten in Informationssystemen - Die These von der unvollkommenen Informationsnachfrage, in: Grochla, E., Szyperski, N., Management-Informationssysteme, Wiesbaden 1971, S. 831 ff. (Informationsverhalten).

Witte, E., Innovationsfähige Organisation, in: ZfO, 1973, S. 17 ff. (Innovation).

Wöhe, G., Einführung in die allgemeine Betriebswirtschaftslehre, Berlin und Frankfurt 1968 (Betriebswirtschaftslehre).

Wundt, D., EDV aus der Sicht der Unternehmensführung, in: Aktuelle Probleme der Datenverarbeitung und Bilanzierung, Stuttgart 1971, S. 275-289.

Zand, D.E., Trust and Managerial Problem Solving, in: ASQ, 1972, S. 229 ff. (Trust).

Zand, D.E., Sorenson, R.E., Theory of Change and the Effective Use of Management Science, in: ASQ, December 1975, S. 532 ff..

Zangemeister, Ch., Nutzwertanalyse in der Systemtechnik, München 1970 (Nutzwertanalyse).

Zehnder, C.A., Maßstäbe beim Computer-Einsatz, in: IO, 1973, S. 113-118.

Zuberbühler, H., Elektronische Datenverarbeitung in der Industrie, Ergebnisse einer empirischen Untersuchung, Diss. St. Gallen 1972 (Elektronische Datenverarbeitung).

Zwicker, E., Personelle Organisation in der elektronischen Datenverarbeitung, Berlin 1967 (Personelle Organisation in der EDV).

Anhang

Verzeichnis der ausgewerteten Literaturbeiträge von Praktikern

Anderson, D.R., Williams, Th.A., Viewing MIS from the Top, JoSM, No. 7, 1973, S. 21-24.

Appelshäuser, G., Der Einfluß des Computers auf die Arbeitsweise im Unternehmen, in: Datascope, 6, 1972, S. 38 ff..

Barnett, A., Preparing Management For MIS, in: JoSM, January 1972, S. 40 ff..

Brewer, R., et al., Waiting for the Data Base, in: JoSM, November 1973, S. 32 ff.

Brill, A.E., The alienation of the systems analyst, in: JoSM, January 1974, S. 26 ff..

Büttner, R., Sind die heute realisierten EDV-Lösungen benutzerfreundlich? - Die organisatorische Abhängigkeit der Fachabteilungen von der EDV, in: ZfD, 1974, S. 445-451 (EDV-Lösungen benutzerfreundlich?).

Büttner, R., Der Weg zum gegenseitigen Verstehen, in: ZfD, 1974, S. 600 ff..

Coleman, R.J., Riley, M.J., The Organizational Impact of MIS, in: JoSM, Heft 3, 1972, S. 13 ff..

Daul, H., Mensch und Organisation, in: bürotechnik, 12/1971, S. 67 ff..

Frankwicz, M.J., A Study of Project Management Techniques, in: JoSM, October 1973, S. 18-22.

Helfrich, Ch., Auftragsmanagement für EDV-Abteilungen, in: IO, Nr. 6, 1974, S. 285 ff..

Jähnigen, Ch., Die Wirtschaftlichkeit der EDV - ein Organisationsproblem, in: automatik, Mai 1971, S. 147 ff..

Jenkins, W.W., What Top Management Doesn't Need to Know, in: JoSM, February 1973, S. 8-12.

Kühn, H.-W., Leistungskontrolle bei Systemanalyse und Programmierung in der EDV, in: ZfO, 8/1974, S. 443 ff..

Martin, M.P., Making the Management Report Useful, in: JoSM, May 1973, S. 30-37.

Murdick, R.G., Ross, J.E., Future Management Information Systems, in: JoSM, May 1972, S. 32.

Novalta, G.M., Management and the Systems Function, in: JoSM, Heft 2, 1972, S. 40 ff..

Pope, W.C., Nicolai, E.R., In Case of Accident Call a Computer, in: JoSM, September 1972, S. 34 ff..

Radius, D.A., Stop Controlling the Programmer, in: JoSM, June 1973, S. 21 ff..

Reif, W.E., Monczka, R.M., Locating the systems department, in: JoSM, December 1973, S. 28-33.

Riley, R.T., Williams, T.A., Predicting Information Costs, in: JoSM, June 1973, S. 26-29.

Ross, J., Schuster, F., The People Problem, in: JoSM, October 1972, S. 8 ff..

Ruskin, V.W., Comparing computer operations, in: JoSM, December 1973, S. 34-38.

Schewe, Ch.D., The Forgotten Man, in: JoSM, January 1973, S. 30-33.

Schroeder, J.G., Help for the manager-user, in: JoSM, November 1973, S. 15-17.

Smythe, C., Making Room at the Top, in: Data Systems, January 1971, S. 26 ff..

Swanson, E.B., The Binary Web, in: JoSM, July 1972, S. 22 ff..

Tilstra, C.F., Communicating MIS, in: JoSM, June 1972, S. 36 ff..

Tomeski, E.A., Lazarus, H., Information Systems in Personnel, in: JoSM, August 1973, S. 18-21.

Tomeski, E.A., Lazarus, H., Information Systems in Personnel - Part II, in: JoSM, September 1973, S. 39-42.

Waldhelm, F., Ausbildungs-, Organisations- und Führungsprobleme bei der EDV, in: Der Betrieb, Heft 4, Januar 1971, S. 153 ff..

Warren, J.H., Inclusive Method of Systems Design, in: JoSM, February 1973, S. 40-41.

Werner, D.J., Greenburg, A.G., Goldberg, M., Designing Rational Systems, in: JoSM, January 1973, S. 34-39.

Schriften zur theoretischen und angewandten Betriebswirtschaftslehre

Herausgeber:
Prof. Dr. Ludwig Pack
o. Professor der Betriebswirtschaftslehre an der Universität Mannheim (WH)

Prof. Dr. Helmut Wagner
o. Professor der Betriebswirtschaftslehre an der Universität Münster

---

Band 1: Prof. Dr. L. Pack
Elastizität der Kosten 637 Seiten

Band 2: Prof. Dr. H. Wagner
Die Bestimmungsfaktoren der menschlichen Arbeitsleistung im Betrieb 195 Seiten

Band 3: Dr. M. Seitz
Probleme der betrieblichen Planung bei im Zeitablauf wechselnden Marktverhältnissen 301 Seiten

Band 4: Prof. Dr. H. Reinermann
Die optimale Gestaltung der Arbeitszeit 191 Seiten

Band 5: Dr. K. Opfermann
Kostenoptimale Zuverlässigkeit produktiver Systeme 383 Seiten

Band 6: Dr. R. Kiehne
Innerbetriebliche Standortplanung und Raumzuordnung 271 Seiten

Band 7: Dr. U. Blumentrath
Investitions- und Finanzplanung 533 Seiten

Band 8: Dr. J. Brunnberg
Optimale Lagerhaltung bei ungenauen Daten 329 Seiten

DATENVERARBEITUNGS-LEXIKON

Zweite, neubearbeitete und erweiterte Auflage

Von Carl Schneider

388 Seiten

Das Eindringen in die Begriffswelt der elektronischen Datenverarbeitung (EDV) ist für den einzelnen meist recht mühsam; die vehemente Entwicklung auf diesem Gebiet bringt zudem oft Verständigungsschwierigkeiten und begriffliche Unsicherheiten mit sich. Hat sogar der Fachmann mit terminologischen Schwierigkeiten und „Verständnisbarrieren" zu kämpfen, so sieht sich in weitaus größerem Maße der Nichtfachmann Begriffs- und Definitionsproblemen gegenüber, wenn er sich über die Grundlagen der EDV und die Arbeitsweise der Datenverarbeitungsanlagen und andere damit im Zusammenhang stehende Dinge informieren will.

Das Datenverarbeitungs-Lexikon strebt vor allem an, in 3000 erläuterten Einzel-Begriffen dem Leser sofort das erforderliche Wissen zu vermitteln. Aus diesem Grunde erwies sich eine starke Aufgliederung des Lexikons als zweckmäßig. Zahlreiche Verweisungszeichen ermöglichen dem Leser eine weitergehende Information.

Eine besondere Hilfe zur Einprägung der fachlichen Abkürzungen wird damit gegeben, daß – soweit erforderlich – hinter den Begriffen in Klammern die jeweils gebräuchliche Abkürzung angegeben ist. Das „EDV-Lexikon" wird ergänzt durch ein Verzeichnis mit 380 Abkürzungen für Fachausdrücke und Firmennamen, ein englisch-deutsches Glossar mit 700 Begriffen, ein Verzeichnis der Symbol-Darstellungen sowie eine Zusammenstellung der wichtigsten Daten der Hardware und Software von 24 Systemfamilien.

Das „Datenverarbeitungs-Lexikon" ermöglicht es jedem Interessierten, ob Unternehmer, Angestellter, Praktiker oder Studierender, sich einen schnellen Überblick über die Definitionen und Begriffsinhalte der Fachsprache im Bereich der EDV zu verschaffen.